相信

企/业/家/要/信/点/什/么

陈建辉◉著

时代出版传媒股份有限公司
北京时代华文书局

图书在版编目（CIP）数据

相信：企业家要信点什么/陈建辉著．-- 北京：北京时代华文书局，2015.1
ISBN 978-7-80769-927-9

Ⅰ.①相… Ⅱ.①陈… Ⅲ.①企业管理－中国－通俗读物 Ⅳ.① F279.23-49

中国版本图书馆 CIP 数据核字 (2014) 第 258601 号

相 信： 企 业 家 要 信 点 什 么

著　　者｜陈建辉

出 版 人｜田海明　朱智润
责任编辑｜林少波
装帧设计｜壹品堂　王艾迪
责任印制｜訾　敬

出版发行｜时代出版传媒股份有限公司 http://www.press-mart.com
　　　　北京时代华文书局 http://www.bjsdsj.com.cn
　　　　北京市东城区安定门外大街 136 号皇城国际大厦 A 座 8 楼
　　　　邮编：100011　电话：010 - 64267120　64267397
印　　刷｜北京中印联印务有限公司　010 - 87331056
　　　　（如发现印装质量问题，请与印刷厂联系调换）
开　　本｜710×1000mm　　1/16
印　　张｜17.5
字　　数｜253 千字
版　　次｜2015 年 2 月第 1 版　　2015 年 2 月第 1 次印刷
书　　号｜ISBN 978-7-80769-927-9

定　　价｜39.80 元

相信才能看见

　　发明"商海"这个词的人很了不起。《现代汉语词典》对"商海"一词作出解释，是指充满竞争和风险的商业领域。不知道是谁第一次提出这个词，但企业家、商人明白，开工厂也好，经商也好，都如同下海，潮起潮落，只有能干的弄潮儿才不会被海水呛着、才不会翻船、才不会溺水。所谓商海，其实是一个比喻，就是把商界比喻成大海。

　　福建、台湾海峡两岸的航海人信仰守护神妈祖，信妈祖能保护航海人平安远行、平安归来。大海变幻莫测，没有坚定的信念，没有精神支柱，航海人就不会孜孜以求，也不会有奋进动力。企业家既然选择了这片商海，就要坚守信念，要坚定对中国特色社会主义的信念。不敢想象如果信念缺失、价值迷失，企业家如何驾驭企业之船航行在茫茫商海上。

　　中国走特色社会主义道路不是人为设定的，是被近代一百多年来的历史证明的，是切实可行的唯一道路。20世纪初，为救亡图存，中国大地先后出现了两百多个政党，我们什么主义都试过，什么制度都探索过，最终确定了走中国特色社会主义道路。中国特色社会主义道路也是企业之船的航道，偏离了这航道，企业之船就会迷航，迷航是危险的！企业之船要平安行驶，需要航海理论知识的指导，中国特色社会主义理论不是空洞教条和刻板说教，而是企业家掌舵手册、圣经宝典。企业之船要安全行驶，还需要制度保障，中国特色社会主义制度保护船只、船只要坚守制度。企业之船扬帆起航时，要满载理想，才能得到船员们的拥戴，才能走得稳、行得远。船长的理想是船只的理想，也是时代的理想。企业家也要将自己的理想和企业理想融在一起，要契合中国梦。

我们祝愿航海人一番风顺，因为航行不会一番风顺。海面上也许风平浪静，海面下可能波涛汹涌；此刻风和日丽，彼时狂风暴雨；还不用说有险滩、有暗礁。船长的使命是面临艰难险阻，能够指挥若定，有自信、很执著、能担当，能率领船员攻坚克难。企业家犹如船长，在经济社会环境平稳向上的环境下，经营好企业是不用费太大心机的，但是花无百日红，市场总在变化，经济发展有周期，当前我国经济下行压力较大，经济社会发展进入了新常态，经济增速从过去的10%左右降到目前的7.5%左右，按可比价格计算，2014年一季度同比增长7.4%，二季度增长7.5%，三季度增长7.3%，创近年来的新低。且这种增速放缓不仅是外部因素扰动的结果，更是经济发展阶段的根本性转换。

此外，企业经营受到环境约束、生产要素成本上涨、内需不足等因素影响，企业家要正视这一最大实际，调整心态，积极应对。但是很多企业家习惯了快速增长、粗放式发展，经济增长速度一放缓，银根一收缩，有的不适应，有的马上感受到供血不足，头晕脑眩，有些甚至抽搐，半身不遂，乃至瘫痪。很多企业家看不见未来，没有了信心。

因此，企业家树立信心非常关键，信心是一切发展的力量源泉，危难总会过去，希望就在眼前，企业家还要将信心的正能量传递给企业员工，而不能遇到挫折，就轻言放弃。有经验的企业家惯看各类危机，能淡然处之，能做好危机预案。成熟的企业家不会因为企业一时一刻发展良好，而做出狂妄的规划和决定，不切实际的野心要不得，平平稳稳发展才是正确选择，追求基业长青才是企业王道。

船只航行要服从有关部门和单位的调度，海岸、港口或河道常常设有灯塔，用以指引船只方向。任何船只对调度部门、对灯塔是服从的，也是信任的。商海上的调度部门和灯塔就是党和政府。船只对灯塔永存感恩之心，对调度能够理解。商海上的企业之船对党和政府也应有感恩之心，也应充分理解。党和政府带领全国各族人民上下求索，终于找到一条符合中国实际的社会主义发展道路，我们走在大路上。党和政府开启的改革开放为中国经济注入了活力，民营企业从无到有，从小到大，蓬勃发展，民营经济对基础设施的投入占的比重超过60%、GDP所占的比重超过60%、税收贡献超过50%、就业贡献超过80%、新增就业贡献达到了90%。没有改革开放的好政策，就没有民营经济的今天。党的十八届三中全会开启的全面深化改革，将释放出更多的红利，有助于进一步促进民营经济的更好发展。企业家应该懂得感恩。毋庸讳言，改革有反复、有试错，有些政策带有时代的局限性，有些政策不够完美，甚至是错误的；政府官员主流是好的，很多政府官员为经济发展兢兢业业、殚精竭虑，当然，不排除有小撮官员贪赃枉法、道德败坏，企业家要看到主流的、积极的一面。

船只往往贴有标签，标签是船的信誉。郑和船队让人想到大明王朝航海技术的先进、国家的强盛、天朝的礼仪，英国的五月花号让人想到清教徒和新大陆，索马里海盗船让人惊悚，日本猎鲸船让人愤慨……企业也要重视信誉。信誉是企业的眼睛，要像呵护眼睛一样呵护企业的信誉。企业要诚信经营、加强自律、重视质量、爱护员工、积极履行社会责任。坑蒙拐骗、以次充好不仅会毁掉某个产品，毁掉企业，还有毁掉一个产业。

党的十八大以来，为进一步贯彻落实中央精神，针对企业发展存在的问题和企业家存在的困惑，中央统战部和全国工商联面向广大民营企业家开展了以"民营企业家与中国梦"为主题，以增强对中国特色社会主义的信念、对党和政府的信任、对企业发展的信心、对社会的信誉为主要内容的理想信念教育实践活动，简称"四信"教育活动。"四信"教育活动影响很大，覆盖领域广泛、参加人数众多、收效非常显著，在社会上引起了强烈反响。社会和企业反映很好。有些企业家意识到"四信"的作用和价值，从被动参加到主动自我教育。很多企业家通过"四信"教育，更加相信了。因为相信，所以看见，看得见现实，看得见问题，看得见不足，看得见方向，也看得见未来。

这本书是笔者一年来的思考和心得，不代表所在单位的意见。本人愚钝，对"四信"教育活动理解还不够深入，对有些问题把握还不够准确，权当一次练习、一次资料的收集。

在写作过程中，我诚惶诚恐，唯恐误导读者，这在以前写作中很少有过。编辑林少波先生给我鼓气，说出版是遗憾的艺术，书稿无法达到完美，也不可能把事情一次性做到最好，想一次做到完美，事情就永远做不成。我一向听从少波的意见。从2004年第一本书《大师也解决不了的中国管理问题》至今，少波一直关注、支持我的写作，是我的良师益友。都说朋友是面镜子，在照镜子的时候能发现自己的优点，也能看到自己的不足，还能看到自己不断成熟的容颜和逝去的年华。10年来，我们端着镜子，一路走过、一起成长。这本小册子能够顺利出版，与少波的大力鼎助分不开，在此表示最诚挚的微末的谢意。

中国劳动保障报社的王睿女士帮我校对书稿，指出不足，让我特别感动，一并感谢！

陈建辉
2014年10月

目 录

| 第二章 | **信任**

| 第四章 | **信念**

第一章

信 心

企业家的信心源自对形势的冷静观察，非理性的恐慌只会让我们看不清形势，丧失判断力。

企业家的信心源自对信念和事业的坚守，多一步坚持，多一点坚强，可能就会走出危机的阴霾，寒冬之后迎来暖春。

企业家的信心源自国家的大力扶持和帮助，在商海浮沉，有的时候一个肯定、一个搀扶，就能为一个企业加满前进的动力。

如果说商场危机是"潘多拉盒子"，在释放了令人恐慌的灾难后，我们不应忘记，盒子中一定还保留着希望的种子，那就是比金子还珍贵的勇气和信心！

第一节
弥漫在企业家群体中的十大悲观情绪

一个人如果缺乏比外界的一切影响更高更坚强的东西，那么只要害一场重伤风，就足以使他失去常态，使他一看见鸟就认为是猫头鹰，一听见声音就认为是狗叫。在这样的时候，他所有的乐观主义或者悲观主义，以及因而产生的伟大和渺小的思想，就纯粹成了病态，不是别的了。

——契诃夫

人之所以悲观，一部分原因是源于对未知的恐惧，并且很多时候，人们对未知世界表现出来的消极一面，会阻挡人们向美好却有风险事物的前进的步伐。还有一部分人感到悲观，则是源于对进步的渴求和前进速度缓慢的焦虑，当渴求受到现实的阻碍，当焦虑得不到缓解的时候，人会很容易地流露出悲观情绪。

"我们正处在一个不确定的时代，企业家无论是个人财富命运，还是企业发展战略，都交织在一起，现实困境又是巨大风险。"《中国企业家》杂志社社长何振红有过这样的表述。在这个不确定的时代里，企业家们对未来充满了忧惧，以至于多种悲观情绪弥漫在这一群体中。

1. 弹簧门、玻璃门、旋转门：处处都有歧视门

谈到民营企业发展，就不得不提到"三重门"。这"三重门"折射出的是民营经济和国有经济在发展时候遇到的不公平待遇。

"弹簧门"——有些规定弹性太大，个别政府部门在执行规定时伸缩性太强。民营企业刚刚涉足某一领域，会被众多市场准入和进入门槛阻拦，反反复复多次之后还是不得要领，最终被"硬性政策"弹出该领域市场。很多民营企业家想发展，但政策制度不能一视同仁，想拓展领域，特别是进入某些特定垄断领域，但困难重重。

"玻璃门"——很多政策看得见摸不着，办理起来有种种限制，民企要真正享受到优惠政策并不容易。新政策、新法规、新办法都有了，民营企业看得见却进不去也拿不到，犹如隔了一层玻璃门，总之是兑现难，落实难。看着可以进去，真的想进去的时候，头上会撞出个大包。

"旋转门"——企业到政府部门办事，按程序走了一圈，什么也没办成又出来了。比如项目招标，表面上看对各种体制的企业一视同仁，可招标条件里设定了某些条款，又把民间投资推了出来挡在门外。民营企业对于某些项目，在旋转门里不

微链接

中国社科院研究员冯兴元曾指出："对民营企业的歧视性对待，可以归纳为统制主义经济风格。中国的统制主义风格介于计划经济与市场经济之间，与市场经济相比还有很远的距离。在成熟市场经济国家，民营企业的准入作为常例不设禁区，不准予进入只是例外。国有企业不与民争利，其职能是列举的，只是在竞争性和营利性领域之外发挥辅助性支持的作用，也就是遵循辅助性原则。中国的统制主义以计划、行政手段以及凯恩斯主义的短期相机抉择为特征，这种风格植根于政府部门的自由裁量权过重、政府干预过大，总体上不利于民营企业的生存与发展。"

停捣腾，转着、转着就转到了门外。

弹簧门、玻璃门、旋转门说到底就是"歧视门"。近年来，各种扶持和优惠政策迭出，但企业的抱怨声一浪高过一浪。比如小额贷款公司改制村镇银行和红筹股海外上市的有关政策，分别空转了4年多和7年多，期间竟无一家企业符合条件。还有企业家为了海外上市，更换国籍，成为太平洋上某小岛国的国民，无奈中他们自嘲为"加勒比海盗"。更有某些地方政府缺乏诚信，上一届政府签好的协议和项目，换一任领导班子就有可能不认了，所谓新官不理旧事。

"歧视门"的存在，导致民营企业家遇到贷款、用地、缴税等需要行政审批的事项时，总有矮人一等的感觉。沉重的企业税费负担、空转不能落地的相关政策，以及一些部门仍持的所有制偏见、贴标签搞差别对待等，成为民营企业发展之路上的种种障碍。

随着发展不断深入，民营经济和民营企业已经成为推动我国经济持续发展，以及社会和谐进步的主力军。但是，当前国有和民营的身份差异，仍然使得民营企业倍受歧视，使得许多民营企业的发展甚至生存都非常困难。

2. 上面很好，下面好狠：上行下不效如何办

德国诗人海涅曾说过："播下的是龙种，收获的却是跳蚤。"很多中央的好政策被个别地方政府中的"歪嘴和尚"念偏了，导致政策执行不到位，就是这句话最好的应验。

现实中，政策的落实，存在"上面很好，下面好狠""雷声大雨点小"的现状，民营企业家们对地方政府中的"歪嘴和尚"早已深恶痛绝，却无计可施。

"上面很好"的政策在下达过程中，要么"横遭拦截"，要么"变味走样"，良好开端在这里不能代表成功一半，甚至最终会以失败告终。造

成这样局面的原因很多，却不外乎以下四种：

"上有政策，下有对策。"个别地方政府对待政策像逛超市买东西——选择性执行，于己于民皆有利者坚决执行，于民有利、于己有害者则千方百计找对策、打折扣。

"决心有余，能力不足。"中央政策往往是宏观的、指导性的，粗线条的，政策从中央到地方，从宏观指导到微观操作，在逐渐落地的过程中，应该越来越具体。但是有些地方政府的工作人员知识结构老化、学习能力退化、政策水平有限，"照葫芦画瓢"，用会议落实会议、用文件落实文件，不能实事求是、因地制宜，导致政策到了基层，依然是大而空，无法具体操作。

"不担责任，惯性偷懒。"执行政策"大呼隆"，人人都是责任人，其实没有人负责。"领导决策失误"成为很多地方政府的免死金牌，一些领导者整天浮在上面，不到基层调查研究，仅凭"拍脑袋"进行决策，结果给国家和人民造成重大损失的事情时有发生，而有关领导却只需轻描淡写地检讨一句"决策失误"，即可全身而退。难怪有人嘲笑其为："明明前人已经修好了桥，某些人仍然要摸着石头过河。"

"一头一尾，政令难张。"政策的执行经常会在最先一公里和最后一公里遇到梗阻。"最先一公里"的梗阻即所谓"政令不出中南海"。中央制定了很好的政策，但是个别部门或个人因为认识不到位，或者出于部门利益考虑，对中央制定的政策不认真执行，使得好的政策难以推行。"最后一公里"指的是政策的最终执行环节。有些政策从上到下畅行无阻，但是最后因为条件不具备而无法落地，前功尽弃。

政策就是企业生存发展的土壤，为了防范"橘生淮南则为橘，橘生淮北而为枳"的悲剧，必须精心维护政策土壤。如果涉及到企业发展的好的政策迟迟得不到落实，一方面会影响政策所推动工作的发展，另一方面还会伤害企业家感情，影响其投资和发展的信心。

3. 小富即安、大富难安：谁能给我定心丸？

2013年初，全国工商联访谈了600多位企业出资人，不少人感觉"创业不荣耀、致富不自豪""不挣钱心慌，挣钱也心慌，挣得越多心越慌"，人身财产安全不能得到有效保护是他们最大的担忧。

很多企业家有这样的顾虑——"出头的椽子先烂""木秀于林，风必摧之"。企业一旦发展到一定阶段，就可能在某些人眼里成为了待宰的肥羊。名目繁多的摊派，各种官方或非官方的考察、视察就会接踵而至。此时的企业便会陷入两难之境，如果做得好，络绎不绝的考察可能会带来更多的商机和各种隐性的收益，做不好则有可能会引来审查。彼时，企业发展过程中的各种瑕疵或者被逼无奈下的潜规则等行为都可能被秋后算账，最终使企业深陷困境，企业家则可能身陷囹圄。

当前，由于地方行政部门的自由裁量权较大，致使一些地方政府以各种名目对民营企业的正常生产经营进行侵扰，甚至蓄意对民营企业家谋财害命，"重庆事件"就是一大明证。对此，柳传志曾说："以打黑为名借机没收企业家的财产，这种践踏法律的做法因为在某些老百姓眼里以为是均贫富，也得到部分老百姓的拥护，所以企业家格外的焦虑和不安。"

企业一旦成为"大树"，各种摊派也相应增加，企业的社会责任也就加重了。早在1988年4月，国务院就发布了《禁止向企业摊派暂行条例》，规定禁止任何国家机关、人民团体、部队、企业、事业单位和其他社会组织在法律、法规的规定之外以任何方式要求企业提供财力、物力和人力。然而，近年来摊派之风却愈演愈烈，经济学界甚至产生了一个新的术

微链接

据《中国国际移民报告（2012）》显示，中国正在经历第三次大规模的海外移民潮。其中，个人资产超过1亿元的超高净值企业主中，有27%已移民，47%正在考虑移民；个人资产超过1000万元的高净值人群中，近60%已完成投资移民或有相关考虑。

语——"摊派经济学"，可见经济指标摊派已经成为企业运作的负担。

"猪养肥了"，盯着的人就多了。从现在披露出来的一些案件来看，某些官员利用权力向企业家索要钱财，甚至利用权力剥夺、瓜分企业家的资产，有的达到了肆无忌惮的地步。所以，前湖北首富兰世立曾无奈地说："企业再大，一个处长都可以整死你。"

一方面是个人资产有可能朝不保夕，一方面是私人财产神圣不可侵犯，很多企业家开始用脚投票，选择移民。

诚然，企业家移民有其合理的一面，然而，让他们甘愿放弃庞大事业基础和社会地位选择移民的根本原因却源于不安全感，且随着财富地不断积聚，企业家的不安全感也就越强烈。

正如律师陈有西所言——"按照现行法律的逻辑和罪名，如果刻意寻找的话，中国的企业家人人都是戴罪之身。如果想用公检法的力量来剥夺一个企业、一个富人的财富，只是分分钟的事。"

4. 不转型等死、转型找死：路在何方？

企业转型升级过程，可谓是九死一生，所以有"不转型是等死，转得不好是找死"的说法。

"新的革命性的技术、颠覆性的技术出现是对中国企业最大的威胁。"经济学家汤敏这样认为。提高技术创新能力，促进企业转型升级，这既是内生动力，也是外生动力。

任何一个企业，无论从事什么行业，必须顺应技术和社会趋势的潮流，如果不能，就要被历史翻篇。当然，具体到行业和企业，顺应变化的方式是不一样的。像很多大公司，可以通过投资代表未来趋势的企业来实现价值，也可以通过改变业务方向，用转型的方式来实现。相对而言，中小企业应对科技转型的能力就弱了很多。互联网的革命和智能手机的普及正在不断改变人们的生活方式，而一些传统行业也在变革中应声而倒。在汤敏看来，中国企业很可能被甩出第三次工业革命。原因包括中国的教育体制、社会机制等对创新的支持不足。

随着科技进步的不断推进，市场竞争的压力逐渐加大，管理成本的不断增高，土地、资源等越来越紧张的趋势，转型成为企业不得不直面的问题，企业不转型只有死路一条。

但转型谈何容易?

转型路径的选择是一大难题。现在不少人，一谈到转型，就期待是一个颠覆式的转型，是一个绝对的创新，其实真正颠覆式创新非常少。企业转型必须根据市场和待进入行业的特点来调整，有的是替代式，有的只能是增补式、外延式，他们各不相同，不能一概而论。

在转型过程中，很多企业进行盲目的多元化扩张，造成"转型过度"，特别是国家推出新兴战略性产业之后，在品牌延伸方面过于冒进，多元化的产品超越了一个品牌所能承载的界限；财务过度透支，最终导致企业现金流紧张。曾经在多元化经营方面吃过亏的李宁，在2011年左右开始进军房地产。这种转型方式，实际上是短视趋利的表现。

在转型实施过程中，"人才荒"也是制约公司转型的关键因素。一位制造业公司相关人士表示："以前公司只做出口，业务模式非常简单，只要在制造生产方面做扎实，就能获得客户认可。现在外贸形势不好，我们准备拓展内销，自己做品牌。问题就出现了，公司没有做品牌和渠道的相关人才，去外面引进人才，又会遇到对公司和行业不理解的情况，人才往往水土不服。"

如此多的问题，让企业家们不禁发出喟叹——不转型等死、转型找死，究竟路在何处?

5. 人心散了，队伍不好带

从"用工慌"到"用工荒"，近年劳动力市场供求发生彻底逆转。

　　"用工荒"加剧，工人吃紧的地方不仅局限于珠三角、长三角，像安徽这样的传统劳务输出地区也开始出现人工紧缺现象，"用工荒"成为了全国性问题。可以说，"用工荒"正年年上演，且一年更胜一年。

　　除了"用工荒"，人才不足、劳动力成本上升也成为企业头疼的问题。很多企业家都在感叹招不到人才，特别是高级人才。

　　除了人才招聘，人才管理更是企业家经常遇到的重大难题。这表现在高端人才不好管理，动不动就和老板分道扬镳，另立山头。中层管理人员和人才流动性很高，除了工资，还要股票期权，还要带薪休假。基层员工，技工和普工也不稳定，动辄辞职，越来越重视维权。这其中又数高端人才管理最让企业家头痛。

　　企业家总是想把企业做大，但要把企业做大，仅靠自己一个人又不行，所以一定要雇佣一些经理来帮忙管理。从这个意义上讲，一个企业发展壮大，也就是企业的委托—代理关系不断延伸，不断扩展。但如何控制代理人的行为就成为一个关键问题。

　　顾名思义，"代理"就是让别人替你干事。但要想使员工、高级经理能够按照你的意旨实现你的理想，就一定要给他们授权，使他们有机会接触企业的核心资源、客户、技术，要把他们放在一个非常关键的岗位上。但是当这些员工、经理获得了企业的核心资源，或者知道得到这些核心资源的渠道后，他们可能会想："我为什么要为你干？为什么不利用这些技术自己干，自己创业，与你竞争？"这可能是我们好多民营企业面临的非常残酷的现实。

　　很多时候，一个副总、部门经理离开企业的时候，往往会带走其手下的一大批人。著名的英特尔公司，其两位创始人罗伯特·诺伊斯和戈登·摩尔，一个是前仙童半导体公司的总经理，一个是研发部主任。曾经，仙童半导体公司的一个技术人员发明了一种新的芯片，而这个芯片后来却成为英特尔的核心技术。如今，英特尔几乎垄断了全球的芯片市场，仙童半导体公司却已经几不可闻了。据《INC》杂志统计，全球500家增长最快的企业中，71%的核心技术都来自于他原来企业的雇员，所以西方企业中有一个忠告：从来不要让你的员工干你对你过去的雇主干过的事情。

此外，现在职场是80后和90后的天下，当企业家面临着管理和60后、70后完全不同的这群新新人类时，难题便出现了，80后和90后年轻人在价值观、工作态度上都和父辈不一样，致使企业管理难度加大。他们自我意识较强，对事业忠诚度往往高于对公司的忠诚度，一有不顺就辞职不干。

之前，作为"弱势群体"的工人总是随时面临着被解雇的境况，毕竟中国拥有太多的劳动力。而劳动密集型企业，大多员工的准入门槛非常低。因此，众多的企业有了更广泛的选择。

2008年《劳动合同法》实施后，这种不平衡的劳资关系，有了明显改善。而社保法规和环境法规的强化实施，更使越来越多的企业家抱怨企业的生产与经营成本因此而提高。

除了人力成本提高，还有一个影响就是企业完全丧失了自主权。有的老板说："旺季我需要1000名员工，而淡季我只需要500名，现在要解除劳动关系必须是员工有问题，企业的手脚都被绑住了。劳动密集型企业，哪个不加班加点的？一旦老板和员工的关系处理不好，员工把企业告了，企业就吃不了兜着走啦。这样一来，似乎企业成了弱势，员工成了强势，员工说走就走，连招呼都不打，造成的损失谁负责？"

保护企业家的利益和保护员工的利益同等重要，如果处理不好这一对关系，企业家的信心就要丧失。

6. 头上悬着几把达摩克利斯之剑

达摩克利斯之剑——时刻存在的危险。

不确定性已经成为当今时代的基本特征，《黑天鹅》一书作者纳西姆·塔勒布指出，现代世界是由那些极端的、未知的和非常不可能发生的

微
链接

达摩克利斯之剑，中文或称"悬顶之剑"，对应的英文是The Sword of Damocles（希腊文：Δαμόκλειο σπάθη），用来表示时刻存在的危险。源自古希腊传说：迪奥尼修斯国王请他的大臣达摩克利斯赴宴，命其坐在用一根马鬃悬挂的一把寒光闪闪的利剑下，由此而产生的这个外国典故。意指令人处于一种危机状态，"临绝地而不衰"；或者随时有危机意识，心中敲起警钟等。

"黑天鹅"事件所主导的。比如，就最近十余年而言，从亚洲金融危机到美国新经济泡沫破灭，从次贷危机到全球金融海啸，企业所处的经营环境可谓跌宕起伏、波谲云诡。面对高度不确定性的外部环境，企业必须因势利导，顺势而为。所谓"势"，就是未来的趋势、世界的发展和宏观的变化。

不知未来者无以评判当下，不知宏观者无以处理微观，不知世界者无以理解中国。

2011年以来，我国中小企业面临由前所未有的"融资难"、十分严峻的"用工荒"、来势凶猛的"高成本"等多种因素叠加交织造成的生存困境。再加上社会稳定、安全事故、环境保护、产品质量等诸多因素，严重影响企业发展，甚至将全盘否定企业工作，让企业被一票否决。这些影响因素就像是悬在企业头顶的达摩克利斯之剑，让其难以喘息。

柳传志公开表达过他的焦虑："如果环境好了，就多做一点；环境不好，就少做点；环境真不好了，比如不能如宪法所说保护私有财产，企业家就会选择用脚投票。"

民营企业家最看重的无疑是企业的投资环境和营商环境，一旦企业家感受到其生存空间变小，或者生存环境有了威胁，他们对企业的发展环境就会失去信心。

企业家信心不足，与中国中小型民营企业的风险管理水平普遍偏低也有关系。一项针对中国境内企业的调查显示：目前已经建立完善信用风险管理制度的企业仅占11.2%，而这11.2%中，又有93.4%是大型跨国公司在华机构、外商投资企业、部分大型外经贸企业集团，而基数最为庞大的中小型民营企业，建立完善信用风险管理制度的不到0.7%。因为没有很好的防范措施，所以企业家们更怕风险的发生，因为一旦发生，将有可能是致命的。

如果企业的这些困境无法得到有效缓解，将会导致中小企业大量停产、半停产，大量民间资本游离于实体经济之外，造成实业空心化、民资热钱化，这不仅会影响经济增长，更会影响就业，进而危害社会稳定。

7. 仇富心态何时休：社会舆论

据英国媒体报道，全球知名民意调查公司GlobeScan曾就"本国多数富人是否配得上其财富"这一问题对23个国家的1.2万名受访者进行调查。

该媒体根据调查结果绘制了一张图表，展示了对这一说法持同意态度者在各国受访者中所占的比重。根据这张图表，"仇富"情况最少的5个国家分别是澳大利亚、加拿大、美国、中国和印度。

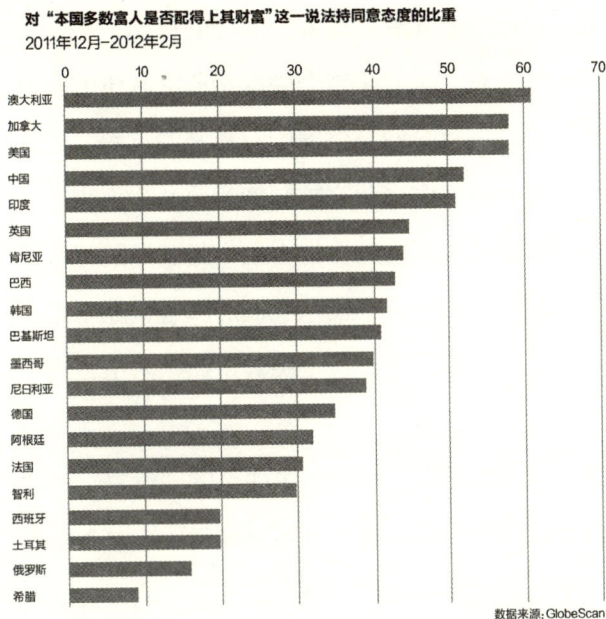

对"本国多数富人是否配得上其财富"这一说法持同意态度的比重
2011年12月-2012年2月

数据来源：GlobeScan

其中澳大利亚对"本国多数富人能够配得上其财富"持同意态度的受访者比重超过60%；加拿大与美国的比重相当，均不到60%；而中国和印度则都略高于50%。

"仇富"情况最严重的3个国家分别是希腊、俄罗斯和土耳其。其中，土耳其对"本国多数富人能够配得上其财富"持同意态度的受访者比重仅为20%，俄罗斯仅为16%，希腊还不到10%。

据经济之声报道，这份"仇富榜"能否如实展示受调查国家的财富公平情况和贫富差距现状呢？著名财经评论员叶檀有所质疑，她认为这份榜单虽然在一定程度上反映了经济危机背景下，希腊等一些经济状况"内忧外患"的国家贫富差距不断扩大的现实，但对于中国这样一个人口基数庞大的国家来说，调查所选择的受访者比例和权重未必能反映出真实的经济心态。

有人说，民营企业家都有"原罪"，背着这样的包袱，企业家们就是活在了众人的口诛笔伐之中。

北京大学张维迎教授指出，现在中国企业家面临的舆论环境是1992年以来最不好的，首先是企业家"原罪"问题的提出，接着是在社会上，舆论界又兴起了一股妖魔化、丑化整个中国企业家队伍的言论。有些人将民营企业的发展看作是民营企业家盗窃国有资产的过程。还有一部分言论甚至认为过去十年涉及到中国企业产权制度的改革全部错了。这种不和谐的社会杂音是由部分学者与某些媒体结合在一起营造的，有些学者打着学术自由、保护国有资产、保护中小股东权益的旗号，在不遗余力地否定过去国有企业改革、产权制度改革，否定民营企业家队伍，这是非常值得我们注意的。

这些社会舆论不断升级，发展到了如今的"仇富"。"仇富"心理在当下，就像潜规则一样，表面上大家不愿提及，不过不管怎么粉饰，"仇富"已经是中国社会的一种真实写照。不断产生的社会群体性事件，有相当部分是因为"仇富"情绪引起的,却很少有人探究"富"的根源。一种是勤劳、智慧致富,而另一种则是贪腐、官商勾结致富。有的人把这两类混为一谈,使得正当经营的企业家感到忧虑。

"原罪清算说"从根本上说,表现出来的是中国私有财产法制保障的不健全。如果不能在全社会树立私有财产不可侵犯的法治理念,不能保护民营企业和出资人的人身财产权益,就无法激发创业创新创富的积极性,甚至可能诱发社会仇富心态,对先富起来的人形成排斥,导致社会资源的严重流失。所以我们说,只有完善并落实保障私有财产权制度,切实营造公平、公正的生存经营环境,才能让中国的民营企业家重拾信心,全心全意搞发展。

中国企业家面临着一个"很不利"的生存环境,加之仇富心理的普遍存在,企业家们感到不安全。

世界上既有有缘有故的爱,也有无缘无故的爱,但是,却不会有无缘无故的恨。毋庸讳言,当前社会上存在仇富现象。比尔·盖茨富可敌国无人仇恨,科学家获百万大奖没人嫉恨,奥运冠军成为百万富翁没人切齿。但是,利用价格"双轨制"牟利的"倒爷"、利用要素市场化进行"寻租"的"贪官仔"、共谋倒卖农地的"影子老板"、强制拆迁放火烧房的恶霸、恶意上市圈钱坑害股民的财富"枭雄"、骗取银行贷款且逃废银行债务的金融"大鳄"、"官煤勾结"的黑心矿主、黑白两道通吃的"企业家"、官商勾结的走私巨富、开宝马轧人花钱摆平的歹毒富人、蓄意拖欠农民工工资的痞子大款,以及制假贩假、污染环境、压榨员工的"血汗工厂"等无良商人,老百姓能不恨吗?!仇恨是天经地义的,"没有眼泪,没有悲伤"则是不正常的。一言以蔽之,老百姓仇恨的是"黑、灰、恶、暴、假、劣、奸、诈、赖"等九类非法暴富、为富不仁的有罪富人,并不是所有富人。

8. 易碎品：我的权益谁保护

全国工商联副主席庄聪生说："没有强有力的法治保障，民营企业就是一个'易碎品'，民营企业就无法跨过各种隐性壁垒。"

近年来，随着我国企业自主创新能力逐年提升，企业品牌实力逐年增强，一大批具有自主知识产权新技术、新产品的创新型企业，每年都面临自有专利商标、知识产权被侵权的问题，这不仅给企业带来巨大经济损失，也给企业品牌形象带来负面影响。

知识产权维权难，似乎已经成了共识。

首先是维权成本很高，相对而言，侵权成本却极低。知识产权维权成了一场不利于知识产权权利人的极不对称的抗争。侵权人可以用极小的时间成本、资金成本和人力成本进行侵权，而被侵权企业如果想通过司法程序维护权利，则需要在确定侵权人、保存证据、聘请法律服务人员到判决的执行等整个过程中花费数倍于侵权人的成本。

此外司法判决中赔偿数额的限制，更加加剧了这种不对称性。知识产权赔偿数额基本上为了赔偿被侵权企业的经济损失，但是由于对经济损失举证困难，使得企业实际获得的赔偿数额往往远低于其期望值，这将重挫企业维权的决心和信心。

另外，有些司法与行政机关没有充分认识到建立知识产权制度的重要性，在执法中还时有地方保护主义倾向出现，这使得本已困难重重的知识产权保护更增加了不确定性。

在知识产权方面，企业还面临着众多隐患，例如人才流失带走技术无法追究。公司引进人才和培养投入大量的精力和经费，由于人才的流失，这些成本成了沉没成本，没有办法追回。

除了产权维护上的难题，政府官员以权谋私，更成为企业的噩梦。当企业家遭到官员和黑社会打压，往往只能是仰天长叹，却无能为力。企业家因为接受调查或协助调查，公司就可能会因此而倒塌。

在搜索网站检索"企业家被政府迫害"，映入眼帘的是"梅州市政府暗箱操纵迫害企业职工利益""揭露庞各庄镇政府官商勾结迫害企业内幕""地方政府有法不依，湖北优秀企业家被迫害案调查""无辜民营企业家受上海市闸北区政府迫害蒙冤入狱""'太子奶'是否遭迫害政府不能再沉默"等众多负面新闻。

近来，随着雾霾、水污染以及多地发生的环境突发事件，公众对环境部门的政策执行、监管责任也日益关注。对环境问题的问责高峰悄然来临，随之而来的则是多位环保官员下马。

在多起环保官员腐败案件中，腐败形式十分多样：环保部门掌握大量环保项目资金，有的企业和基层环保官员勾结，套取这些资金；有的环保官员通过向企业"推荐使用"环保设备，收受设备供应商回扣；还有的则直接敲诈勒索企业。

"在中国，老板再大，一个科长就能灭你。"

2014年两会期间，很多人反映：要想经营好企业，首先要"经营"好部门；"经营"好部门，必先"经营"好处长。不少人把这种"经营"归纳为"处长经济"或"科长经济"现象。

事实确实如此，能让企业轻易毁于一旦的，正是某些官员手中没有受到法治约束的审批、监督、管理等权力。一个处长、一个科长就导致一个项目拖了很长时间甚至拖黄了的事，太多了。为了生存，很多企业家们不得不把很多时间和精力耗费在与各种政府人员建立关系上，而这也为企业发展埋下了隐患。

一位来自企业的全国人大代表讲述，他所在的企业三年前准备上马一个利用农作物秸秆生产燃料乙醇的项目。历时三年多项目一直没审批下来。"国家曾把这个审批权限下放到省发改委，可省发改委相关处长给我们的理由是，还要向上级请示，我们多次联系都遭到推诿。"这位代表说，企业的生产线都试运行成功了，但没有批文，不能生产。准备了三年多，投入四五亿元的项目，"说废掉就废掉了"。企业每年10万吨的秸秆废渣只能烧掉，能再利用的资源就这样浪费了。

而山西10座煤矿因政府出台的文件"互相打架"而3年不能顺利办理"采矿证"，长期无法建设投产，导致逾50亿元的损失，使为数众多的闽、浙投资人被深度套牢，陷入绝境。而长期拖欠职工工资又引发了部分煤矿职工的上访；同时，当地村级利益的无法正常兑现也激化了村矿矛盾。

在政府之手伸得过长、政府和市场的边界不清、公权力的制约体系不够完善、合法权益容易受到威胁的背景下，企业家们不得不考虑在当前的政治环境下，企业未来是否得以顺畅发展以及个人私有财产如何才能放心地守住。"只要不是通过违规、违法手段所得，财富就必须受到宪法和法律的保护，国家就必须通过法律来确保个人财产保护制度和产权界定更加清晰，强调合法的私有财产神圣不可侵犯。"政协委员刘汉元的这番话无疑代表了广大民营企业家的心声。

企业的权益很容易被损伤，还有一个表现就是企业经常要为政府的错误决策埋单，生产经营常常因为政府官员的错误决策而被迫终止，因为产业政策或地区发展政策而被动改变。

1992年，史玉柱的巨人公司决定建造巨人大厦，最初设计18层，准备自用。后来一位中央领导视察，说"位置很好，为什么不盖高一点"，巨人大厦被增加到54层；1994年初，大厦工

微链接

全国工商联原副主席保育钧在谈及民营企业家的想法时表示，现在企业家感觉很不安全。一些地方政府不遵守法制，给企业家胡乱扣帽子：第一个罪名是偷税漏税，第二是非法融资，第三是侵吞国有资产，再没有，第四个罪名那就是黑社会、黑势力。真是"欲加之罪，何患无辞"，一句"莫须有"就足以造成千古奇冤。说句难听的话，民营企业被当作羔羊，他们不知道哪一天挨宰。长此以往，民营企业怎么搞发展？

程动土，又一位中央领导要视察，细心人突然想到，"64"这个数字不吉利，领导会不高兴，索性定在70层。为了建造这座当时中国第一高楼，投资从2亿追加到12亿。巨人集团的资金链最终被这座飘浮于史玉柱及很多领导脑中的地标性建筑拖垮，迅速盛极而衰。

2013年11月20日美国《赫芬顿邮报》刊文称，一份最新报告显示，美国"汽车之城"底特律破产不应归咎于政府给工人发放退休金和抚恤金，而应归咎于"大萧条"和当地官员的错误决策。

据报道，前高盛公司银行家、现任美国自由智库Demos高级研究员华莱士·特布维尔认为，底特律市2014财年的现金短缺将会达到1.98亿美元（约合12亿人民币）。自从大萧条以后，底特律的税收收入持续下降，到目前已下降20%。自2011财年来，财政收入的下降约占底特律市总收入下降的三分之一。他同时指出，自经济衰退开始以来，底特律的经营开支减少38%，2300名员工失业，因此企业工资支出也大幅度下降。

根据Demos智库提供的数据，在2005年和2006年，即前底特律市长夸梅·基尔帕特里克在职期间，华尔街银行家们与底特律市签订了价值高达14亿美元（约合85亿人民币）的一系列极其复杂的互惠信贷协议。自那时起，居民福利被削减，这还不够，需要资金注入才能保证财务运转。

底特律政府也一反常态地不采取发行一般责任债券的做法，而是建立起非营利性机构和公司来解决政府债务问题，并且购买利率掉期作为对冲，期待利率上涨带来收入。《底特律自由报》评价2005年的协议为"危险的双倍加注"，把底特律市推向法定债务限额。最终，底特律赌输了。2009年，利率大幅度下滑。根据《底特律自由报》数据，在接下来的22年里，底特律政府减少的一系列福利津贴将高达7.7亿美元（约合47亿人民币）。

9. 百年老店难圆梦：交接班的罗生门

葡萄牙有"富裕农民 – 贵族儿子 – 穷孙子"的说法，西班牙也有"酒店老板－儿子富人－孙子讨饭"的说法，德国人更直接，他们说"创造－继承－毁灭"。这些无一不是说明"富不过三代"这个国际通行的企业铁律。

今天，当我们大谈特谈苹果、IBM的时候，已很少有人记得，二十多年前，一位叫王安的华人在美国领土上创办的王安电脑公司一度让IBM畏惧，他也一度成为美国第五大富豪。

不过最后，一切都输在了选择接班人这个问题上。王安并没有像美国人那样，把公司交给代理人或职业经理人管理，而是采用典型的中国式做法，让儿子王烈接班。

交接之初，跟随王安创业的元老纷纷离去，企业元气大伤。王烈无法重组精干的管理团队。雪上加霜的是，王烈能力平平，执掌企业后失误频频，由他带领的王安电脑公司一败涂地。接班一两年之后，王安电脑迅速进入巨亏状态。1989年9月，病危之中的王安，不得不亲自宣布王烈辞职，另请高明。1990年王安去世后，王安电脑申请破产保护。

视线回到国内，企业继承者问题更是成了众多企业家的心病。一份名为《中国家族企业的接班人危机》的调查显示，国内18%的"第二代企业家"愿意并主动接班，有多达82%的"接班人"不愿意、非主动接班，其重要原因是他们看到太多父辈们的辛苦与无助。

20多岁的小历目前正在杭州一所大学念大二，她算是典型的"民企二代"，父母在浙江台州市经营一家塑料模具厂。不过，在小历未来的规划中，并未把"接班"纳入进去。

小历说，希望以后能在一家外资企业上班，有一份稳定的工作，而不是继承家族企业。她亲眼目睹自己父母为家族企业打拼，脾气变得急躁，又总是早出晚归，对孩子的照顾十分有限，自己一旦成为家族企业继承人后，家庭幸福指数会大打折扣。

在澳大利亚留学的一名"富二代"每年暑假都会回国，参加父亲的见客应酬，来来去去都是吃饭喝酒，但极少谈正题，"这种耗时费力的饭桌交际我实在接受不了"。另一位"富二代"回国已经3年了，"最头疼的是逢年过节，该如何打点复杂的社会关系"。还有一位"富二代"觉得自己永远也学不会父辈们的心灵嘴巧、人情练达。

调查显示，在中国300多万家民营企业中，由于找不到合格的接班人，95%以上的企业无法摆脱"富不过三代"的宿命。中国第一代民营企业创业者已面临集体退休，企业传承成为关系中国民营企业特别是家族式企业未来生死存亡的战略问题。在打造"百年老店"的雄心壮志下，接班已是迫在眉睫的问题。

调查显示，90%的家族创始人希望子女接班，但是80%以上的子女却不愿意接班。国内很多历史名店都面临着没有接班人的难题，有的虽然有接班人，但其价值观和父辈相差甚远，这让老店很难持续发展下去。有近70年历史的香港仔山窿谢记鱼蛋，由于近年鲜鱼价格飙升及货源大减，加上无人接班，最终不得不结业。

企业继承的问题始终是一个无法回避的问题，甚至成为企业兴衰存亡的关键因素。香港中文大学教授范博宏常年研究华人家族企业的治理问题。他发现，在继承的长期过程中，家族企业面临着巨大的财产损失，在继承年度及此前5年，家族上市公司的市值平均蒸发了60%。父辈们自身商业才能与关系网络，被认为是家族企业最核心的竞争力。交班后，竞争力的延续问题便成为企业存在的风险。或者说，是家族企业必然面临的阵痛。

重庆力帆集团的董事长尹明善曾说过："如果我把班交给家族成员，我们的企业就会慢慢死掉，而如果我急急忙忙地交给职业经理人，我们企业就会快快死掉。在慢慢死掉和快快死掉之间，我选择慢慢死掉。"

有人预测未来5到10年，中国的家族企业必然有相当一部分要在交接班中消亡。这不得不说是企业家们最担心的事情。

10. 国际化遭遇现实困境：如何走出去

在全球经济一体化的大背景下，中国企业走出去是无可避免的大趋势。

伴随着一些大型国企走出去的步伐，中国的民营企业也开始试水海外投资。

"出国或许是唯一的出路。"很多企业家感叹。这其中的原因，一方面是由于外贸顺差过大，国家开始频频鼓励企业走向海外；另一方面，是人民币升值、劳动成本上涨等因素逼着企业不得不把目光转向海外。

然而出海之路并非一帆风顺，特别是国企在海外并购中屡屡受挫。其中，中铝收购力拓失败案是有一定的代表性。由于中国国企负责人普遍具有双重身份，比如中铝集团前总经理肖亚庆曾是中共十七届中央候补委员。这使澳大利亚政府和民众对中铝产生了莫名的敌对情绪。"中国政府是否会试图控制澳大利亚的资源，是澳大利亚国内始终担心的问题。"澳大利亚前任工业部长伊恩·麦克法兰说。最终导致并购失败。

与此相对，越来越多的民营企业开始抄底国际产业链上游的产业——并购海外资源矿产产业。民企"中科矿业"持有秘鲁Mina Justa铜矿70%的股权；收购了澳洲一座名为Lady Annie的铜矿，并附带该矿周围约3000平方公里的勘探权矿。

国有企业"走出去"受阻，而民营企业则有相对优势，它们在人才、管理、资金运作等方面积累了一套成熟的经验，有的甚至是行业龙头，它们船小好掉头，随着不断发展，在我国"走出去"战略中，民营企业由新兴力量变成"走出去"的主力军。民营企业"走出去"改变了我国对外投资的格局，对中国企业形象的树立将发挥越来越巨大的作用。

微链接

时代出版传媒股份有限公司是全国首家以出版作为主业整体上市的出版集团，该公司通过打造精品，实施文化"走出去"战略。2013年，公司全年实现净利润3.56亿元，持续保持全行业领先地位。目前，时代出版已形成版权输出、合作出版、出版物实物出口、文化及电子传媒产品出口、境外投资创办实体、文化装备出口等6大"走出去"板块，辐射100多个国家和地区。

但是，在看到成果的同时，我们必须要了解不足。发展国际贸易，比想象中困难，"走出去"的企业也失败了一大批。中国企业"走出去"，听起来很美，但操作不易，需且行且珍惜。

"中国企业特别是民营企业'走出去'，70%以上不盈利。"中国出口信用保险公司总经理助理谢志斌在2014年莫干山会议上表示。例如中国电力投资集团在缅甸经营多年的密松水电站项目，因为缅甸格局的变化"泡汤"；浙江某民营企业在俄罗斯种树，投入几十亿，但因地方政府"翻脸"，数十亿打了"水漂"。这样的例子不胜枚举。

目前，民营企业对外投资呈加速态势，其境外投资技术含量也在不断提高。但由于民营企业资金、技术、关系等方面的限制，仍表现为数量多、合同小，与国内大公司的成熟运作还有较大差距。所以，对于民营企业"走出去"过程中遇到的各种国内外困难，政府、行业协会、金融机构等需要从各方面给予关注和扶持。

中国企业"走出去"是一个长期和复杂的过程，面临的困难比"引进来"更为艰巨，特别是在全球经济复苏前景不明，不确定因素增加的情况下，将遇到来自各方面的诸多障碍。

针对民企对外投资的困难，中国民营经济合作商会会长郑跃文就列出了长长的清单：金融问题、项目审批问题、国内外市场对接问题、涉外法律问题、国际文化协调问题、国际人才问题等。而国际贸易保护的方式越来越隐蔽，各类层出不穷的"绿色壁垒"已渐成风潮，增大了民营企业应对的难度。

有一些民营企业家为了能在海外顺利上市，不得不移民至诸如"加勒比岛国"等小国，其背后隐含的都是民企老板为寻求上市融资，逃避国内繁杂的审批手续以求企业发展的无奈。

上述这些难题中，很多都是政策性的，民营企业无法通过自身能力将其解决。这让企业家们"走出去"的信心大打折扣。

第二节
为何失去了信心

> 或许悲观主义者最绝望地哭泣，正是因为世界并不像他想象的那样糟糕。
>
> ——伯纳德·贝伦森

我们的企业家为什么变得越来越没有自信，而且，他们其中不少人都带有浓厚的悲观情绪？

我们是该好好找一找原因了。我们不要把责任全部推给国内政策和国际局势，有目共睹，有的企业在同样的环境下发展得依旧很好，企业家的心态也很积极，而为什么有的企业家却觉得"世界如此险恶，内心强大也不好使呢"？

据美国全国广播公司网站2014年2月27日报道，在问及中国人心目中的理想国家时，约35%的中国人认为是美国。这与美国和英国的调查结果截然不同：美英两国的受访者大多选择自己的国家为理想国家，不论是现在，还是10年以后。

近年来，自信心的缺失使中国以富人为主体的又一次移民潮来势汹

微
链接

　　《中国国家形象全球调查报告2013》中，有几组耐人寻味的数据：根据对包括中国在内的7个国家民众的调查，认同"中国将会发展成为世界第一大国"的，中国自己人的信心指数只有13%，在7个国家中排在倒数第二（巴西24%、南非22%、印度19%、俄罗斯18%、英国14%）；而对于"中国未来发展具有不确定性"的认同度，中国民众则以16%，在7个国家中高居第二（第一为美国17%）。

汹。2013年底，胡润百富公布的调查结果显示，2013年已经移民、正在申请移民和正考虑移民的富豪比例加起来，比2012年上升了6.7%，达到64%，其中，已经移民的亿万富豪已经占到了富豪总数的三分之一。

　　信心的缺失让我们缺少了前进的勇气和动力，在我们一步步丧失自信的时候，我们是应该找原因了，也许原因找到了，中国企业人的自信心就会慢慢树立起来了。

1. 转型之痛：如何变是个难题

　　《系辞传》：易穷则变，变则通，通则久。

　　几乎所有的企业家都将面对这样一个严酷的事实——无论组织设计得如何完美，在运行了一段时间以后都必须进行变革。

　　因为周围环境和政策一直在改变，因为其他精明的商人都乐于尝试新鲜事物，所以，大多数企业都会在今后的10年中越来越频繁地进行变革。而如果他们一直坚持自己过去的做法和行为，那么对于世界的很多变化将无法应对。

　　只是，如何变，成了难题。

　　我国的企业，大部分为中小微企业，它们活跃在我国经济的各个领域，在繁荣市场经济、创造社会财富、增加就业、维护社会稳定等方面做出了巨大贡献，是中国经济的重要力量。然而，近几年来国际市场低迷，世界经济复苏动力不足，国内产能过剩、环境污染等问题严峻。在如此错综复杂的形势下，长期以来制约广大中小微企业发展的融资难、税费负担重、自主创新能力不强、管理水平不高等问题仍未得到根本改善。新老问题叠加交织，中小微企业发展面临诸多困难。

中小微企业不得不转型升级。中小微企业转型与升级是一项浩大的系统工程，需要政府营造转型与升级的环境，包括公平竞争的环境、产业发展良好预期的环境等。而对于中小微企业本身来说，不能光依赖政府帮扶，更关键的是要充分发挥市场机制的作用。另外，在政府的支持当中，除了融资方面的扶持，税收、财政方面的补贴，还应该有人才培训、公共服务平台建设方面的投入。资金是硬件，而服务和环境是软件，软件、硬件缺一不可。

企业升级转型就是优胜劣汰的过程，中小微企业死亡率高是国际惯例，也就是说，不可能所有中小微企业都能成功实现转型。大多数中小微企业虽然命中注定要早夭，但其存在又是必需的。因为他们作为竞争对手，为少数成功者提供了转型的动力和压力，也为其培育了市场需求。

中小微企业转型升级虽然迫在眉睫，但绝不能纸上谈兵，更不是一蹴而就的。在雷厉风行要去转型的时候，不妨也静下心来，好好思考一下应该怎样做，符合社会发展规律地循序渐进。

信牛公司曾是业内一家较有实力的广告公司。但是随着1999年到2001年中国股市的牛气冲天，信牛也开始了涉足证券业的战略转型。

为了不影响原来的广告业务，信牛先是与一家著名股票分析软件开发商合作。作为该软件的区域销售代理，信牛的证券业务很快实现了赢利。而随着这款软件销售的异常火爆，自认为已经驾轻就熟的信牛也禁不住诱惑，不再满足做吃苦受累的销售代理了。

最终，经过全体高层讨论，信牛决定自己开发软件。随后，老板通过个人关系为公司找到了相应的人才进行软件开发，开始了边继续代理销售边自主研发的阶段。半年后，信牛研发的股票分析软件一经推出，市场反应非常好。

于是，信牛的销售队伍在3个月内迅速扩张到300人。但随之而来的，就是工资成本、市场拓展费用、广告投入等各种成本费用的大幅增加，而投入产出比却在持续下降。不久，随着全流通试点的启动，中国股市陷入了长达4年的熊市，而因此产生的多米诺骨牌效应，也使信牛软件深陷困境。

虽说信牛软件的启动很顺利，但资金需求量比较大。于是，信牛从原主业广告公司的业务利润中抽调资金来支持软件开发，从而影响了公司广告业务的开展，使其处于勉强维持的状态。但当信牛软件迅速低迷、前期运作成本居高不下时，原来的广告业务不仅无力支援，自身也已然崩溃了。

不久，全线溃退的信牛开始大规模裁员，继而发不出工资，而后债主纷纷堵在门口……仅仅三个月，曾经红极一时的信牛公司就在"转型"声中灰飞烟灭了。

我们不难发现：此类悲剧在其他行业也时有发生。比如：1998年大量家电企业转型涌入计算机制造业，1999年近百家上市公司转型进入生物工程产业，以及近几年很多企业都在纷纷进入汽车制造业、手机业等。其结果也大多如同此案例一样，是血本无归。大企业尚且如此，小企业更悲惨。

从2012年起，中国经济走上了"减速、换挡"的转型坡道。谁受影响最大？当然是企业。截至2011年底，中国有企业约960万家。这些企业在2013年过得怎么样？中国企业联合会的冯立果等人，做了一份研究报告，从一个时间截面上扫描500强情况。从中可以窥见各色各样的企业在阵痛中遭遇的转型之苦，值得玩味。当然这只是一个时间截面上的状况，过了这段时间，也许又不一样了。

近三年的中国500强企业发展报告，深刻反映了中国经济正在遭遇"减速、换挡、转型"的变化之痛。

当下，中国500强企业的整体表现，体现出我国经济内部根深蒂固的深层次矛盾和问题，也体现出我国正力争以最小的成本和最稳妥的政策方式促进经济转型。中国500强企业已经开始了一场"自我革命"的转型进程。

企业是有生命的。有些企业会在这场"自我革命"中倒下去，也必然有更多的企业经过"凤凰涅槃"成长为更有竞争力和创新力的市场主体，后者将成为"中国经济升级版"的基础力量。

阿里巴巴的马云曾说过一句话："今天是一个很糟糕的日子，明天可能是一个更糟的日子，但后天，是一个阳光明媚的日子。"阿里巴巴能有今天，就是因为它在互联网的寒冬中能"熬"。因此，意欲转型的企业要对自己所处的市场环境、财务状况、人才储备、业界地位等进行全方位的评估。如果自己具有熬过这个"冬天"的实力，可以等到"阳光明媚"的那一天，我们又何必冒着诸多不确定性风险去转型呢？此时，固守也许比去蹚一个不知深浅的水要好一些。

转型需谨慎，可认清环境又是不容易的。转型之痛，痛在稍有不慎，就会满盘皆输。

要知道，转型一定会有风险。因此企业家首先要对自己的企业进行评估，是否到了非转型不可的地步，而企业自身又是否有充足的实力去应对转型中的各种风险。

2. 权大于法依然存在

新中国成立后，我国开启建立健全各项法律法规的进程。但直到今天，权大于法的事情仍然时有发生。

官员不按规则出牌成为公认的"潜规则"，权钱交易更是见怪不怪，法律的无限权威被一次次践踏。这样的情形，让市场公平很难得到保障。

河北省某县政府在一起涉及土地权属纠纷的行政诉讼中成为被告，河北省高级人民法院下达判决书，判令其撤销错误行政行为。然而，该县政府签收判决书逾2年之久，却拒不执行法院判决。主管副县长称："把事实弄清楚之后再做决定。"

该县这起土地"一女二嫁"引发的权属纷争长达10年，但"事实"其实并不复杂。根据《法制日报》记者的梳理以及法院判决，问题主要出在该县政府没有按照《土地登记规则》和《关于变更土地登记的若干规定》的相关法规政策进行办理，违反法定程序，以行政命令形式处置公民的私有财产，导致一宗土地上有两个土地使用证重叠。然而，就是这么一个"事实清楚、证据确凿"的事，愣是快被县政府弄成了"葫芦案"。

而在此期间，该县国土局居然再一次擅自且违法地变更了该块土地的权属，将土地证颁发给了"新来的"某房地产开发有限公司。从而让纠纷的当事方越来越多，难怪这么一起并不复杂的土地纠纷，拖了10年都无法解决。

别的不说，单就政府"对抗"法院判决的事件，这些年就发生了不下几十起。若不能改变司法与行政系统间的制衡关系，将权力关进法律的笼子，那么切实保护公民合法利益恐将沦为一句空话。

"将权力关进法律的笼子"，不然民众的公平正义感消失得就越来越多，长此以往，还何谈"培养公民对于法律的信仰"？

企业家需要的是一个安定的发展环境。"权大于法"，暴露的是危机，是随时可能到来的不稳定。在有的地方，常出现以政府红头文件的形式，违法或违规实施土地征收；还有一些地方，很不慎重地出台与现行法律法规和国家政策不一致的文件，支持违法违规用地；更有甚者，对涉嫌非法用地的项目，提供弄虚作假的政府文件，不经处罚而直接转为合法。这类公权力违法、"权大于法"的现象，严重损害了政府的公信力、土地法治。

政府红头文件，代表的是公权力，怎能公然为违法违规行为开脱，甚至知法犯法？如果以地方发展受到影响为由，就可以让非法用地合法化，或对有政府背景的项目睁一只眼，闭一只眼，使其逃脱法律制裁，就会助长错误的发展观和发展方式，公平、公正和法律正义何在？法律"为经济发展而折腰""因权力干预而摧眉"，经济社会发展就会走向危险的方向。

过去支撑我们高速成长的资源、能源、土地、劳动力、环境都已经不堪重负。中央政府提出要把经济增长方式由过去重速度、重大项目、重规模转到重结构、重质量、重效益、重民生，这是非常明智的选择。这为企业的改革提出了更高的要求。

党的十八届四中全会强调，各级领导干部不得违法行使权力，更不能以言代权、以权压法、徇私枉法。相信随着依法治国不断推进，民营企业面临的政治法律环境将越来越好。

3. 没有规矩，不成方圆；有了规矩，无所适从

由于我国很大一批企业在创业初期更多面临的是生存问题——提高产能或销量，所以企业从上至下，老板和员工都是在主攻产品生产或销售，其他一切都可从缓。随着不断发展，很多企业已经走过初创期，需要谋求更好的发展。而政策环境和外部竞争对手的改变，也推动着企业做出相应的调整。

政策对于企业犹如大气层对于地球，是经济发展的宏观环境。哈佛商学院教授辛西娅·蒙哥马利认为，政策环境是企业生存与发展的第一要素，违背这个原则，企业是不可能发展的，这是企业制定战略的第一考虑因素。随着管理体制的完善，企业经营制度规则越来越严格，很多中小企业家逐渐开始无法适应现行的规章制度。

近年来，政府各个部门对经济活动的调控越来越频繁。然而，政府对市场的干预，提高了未来的不确定性，这让很多民营企业家们疲于应对，甚至感到不安。

《中国企业家生存环境调查报告（2010）》显示，近八成（77.6%）的企业家认为国家政策变动对其企业的影响程度较大，其中有24.3%的企业家认为影响"非常大"。

进入21世纪，知识经济的浪潮迅速改变着世界的经济格局，经济全球化、金融一体化的风暴以势不可挡的态势席卷了全世界。没有哪个时代的企业像今天这样面临着如此多变而又难以把握的外部环境。

现代企业家们不得不花更多的精力去关注并主动适应这种变化，在变化的环境中寻找企业新的发展机会，避免由于不能适应变化而被社会所淘汰。改革开放多年，中国的大部分企业已抛弃了过去"等靠要"的旧观念，逐渐适应了社会主义市场经济体制，竞争观念有所加强，对企业持续发展战略、企业管理、技术革新等问题也开始重视起来，但对企业外部环境变化可能对企业造成的重大影响则还明显重视不够。这其中特别是外部政策环境的变化，很多企业家由于没有思想准备和意识，无法适应政策的快速变化。

对于国家大力调控的房地产行业，受政策影响的程度更大。某项针对21位房地产企业老总的调查显示，有19位老总表示政策变动对其企业有影响，比例高达90.4%；其中9位认为"影响比较大"，10位认为"影响非常大"。

在此次调查中，很多企业家表达了这样一个观点，即在经济环境、政策环境、法律环境、舆论环境和市场环境中，目前中国民营企业面临的最大挑战还是政策方面的问题。企业家纷纷表示疲于应对的是政策而非市场。

万达老总王健林曾被媒体问道："你最担忧什么？"

微链接

2013年，北京市完成污染企业调整退出288家，超额完成年度退出200家污染企业的任务目标，涉及建材、化工、家具、铸锻造等11个行业。

对不符合首都功能定位的工业行业，北京市果断调整，对落后生产工艺和设备及时退出，北京市经信委每年都发布调整、退出的指导目录。2013年，北京市建材行业中的建筑渣土烧结砖生产线已全部关停；水泥行业减排明显，金隅顺发水泥、平谷水泥实现停产，减少水泥产能150万吨，减少煤炭消耗11万吨，提前两年实现"十二五"水泥产能压减目标。

根据北京市清洁空气行动计划，2015年前，东城区和西城区两个核心区实现无煤化；2016年，基本完成全市规模以上工业企业锅炉"煤改气"，削减燃煤200万吨；2016年，四大燃气热电中心全部建成；2017年，全面关停燃煤机组，削减燃煤920万吨。

王健林答："最希望国家安全，政治安全，经济环境安全。"

广东某大型纸业集团董事长认为，"企业家怕政府的根源在于文化根底，中国到现在其实还是重政轻商的。从商的人，得跟着政策走，特别是跟着执行政策的人走。" 所以在中国，要想自己企业发展得好，跟紧政策、跟对政策成了民营企业家必修功课。因此，为了做好功课，企业家们往往会在与政府保持良好关系上花费更多时间和精力，以应对不确定性带来的影响。

此外，环保政策从严，正在洗牌中小企业。

为了更好地治理环境，中央和各级地方政府相继出台了更加全面的环境治理方面的政策，但这让很多中小企业感到吃力。尤其对高耗能、高污染企业来说，不仅项目建设的环评压力增大，其上市、发债、贷款等融资行为也将受到环保部门的严格监管。

随着全社会重视程度的提高，环保成为大家普遍关心的话题。从原国家环保总局到如今的环境保护部，环保部门发挥作用的空间越来越大，调控手段也从行政指令逐渐向经济政策演变：从2005年开始刮起的"环保风暴"，2007年的"绿色信贷"和"流域限批"，到之后的"绿色保险""绿色信贷"和"绿色贸易"，一系列环境经济政策相继出台。"绿色信贷"的推出，让不少企业因为环保不达标，在银行贷款上吃了"闭门羹"。

"两高"企业（高耗能、高污染）必须承担保护环境的社会责任，不仅项目建设的环评压力增大，其上市、发债、贷款等融资行为也将受到环保部门的严格监管。对于妄想逃脱环保责任的企业来说，这些措施无异于"釜底抽薪"。

这样的政策对于中小企业来说，显得更加残酷。部分高污染行业的龙头企业因为拥有规模优势，环保设施建设较为完善，环保投入增加对企业业绩的影响比中小企业要小得多。

2014年初，湖北省黄石市召开"五小"企业关闭和工业企业重点污染源整治工作推进会。会议透露，目前黄石市共有"五小"企业365家，已关闭314家。

据当地政府工作人员介绍，这两家厂都是开办了十年以上的老企业，其中昌发钢材厂年利税上千万元。关闭后，该企业正谋求转型，打算做机械加工。

工作人员介绍，关闭"五小"企业和整治污染源，政府职能部门要给企业施压，加大督办力度，积极与企业沟通协调，协调不成的，由公安机关介入。下一步，各县市区要把主要精力投入到整治污染源工作当中。6月30日，黄石市政府对"五小"企业关闭情况进行验收，10月30日，对环境污染源整治工作进行验收，不达标的，将对相关责任部门问责。

以前先上车再买票的方式不行了，先发展后治理环境的方式也行不通了。这意味着企业必须要适应新政策，寻求改变了。

在国内外发展低碳经济的环境下，中国的中小企业已别无选择，唯有拿低碳减排这把"瘦身容器"来衡量自身。国家和环境将促使中小企业走新能源之路，走创新发展之路。所以，中小企业应该在发展低碳经济中抓住机会，不然，也就要被淘汰了。

还有些政策连珠似炮，企业疲于应付。

每一次重大的政策出台对企业来说都是一场新竞争的开始。

2003年，央行印发了121文件，同年8月国务院印发《关于促进房地产市场持续健康发展的通知》（简称18号文件）。

这两个文件的接连发布，让房地产商们经历了从天上到地下，再由地下到天上的悲喜交加。

前一个文件非常严厉地规定了今后银行关于房地产贷款的规定，对于这个规定，SOHO中国有限公司董事长潘石屹评价，这是"近10年来见过的对房地产最严厉的一个通知"；华远房地产开发有限公司董事长兼总裁任志强感慨道："房地产业的冬天来了！"

就在大家认为房地产业要经历大的动荡的时候，18号文件又迅速出台。18号文件明确提出，房地产业已经成为国民经济的支柱产业——这种说法是首次见于国务院文件。

虽然18号文件的出台让房地产商们紧张的神经终于可以松弛了，但是这个事件却给他们上了生动的一课——政策有可能成为企业发展的最大制约因素。

2008年央行对存款准备金率的5次连续调高，不仅造成股市震荡，而且使中小企业面临融资难、融资贵的困难局面。根据中国人民银行南京分行的测算，存款准备金率每上调一个百分点，就会冻结江苏地方法人金融机构可用资金约60亿元。

南京海宁丽欣服饰有限公司负责人认为，企业发展受银行控制贷款规模的制约明显。出口形势好、企业红火的时候，各家银行争着抢着主动上门放款。而调控政策一出，企业成了"受控单位"，即使争取到一点贷款，也要以比原优惠利率提升30%~50%为代价。

4. 习惯了粗放管理方式

目前中小企业的管理方式，基本上采取任务管理或目标管理，以结果为导向，从客观上使各企业养成粗放式管理的习惯。现在这一批从创业初期打拼到现在的企业家，甚至是员工都已经习惯了粗放式管理。企业的粗放式管理表现在很多方面，人事制度就是其中很明显的一个方面。

任何一个现代企业，仅靠个人权威、情感管理是不够的，没有法制建设，没有组织程序，是不可能持续健康发展的。现在很多中小企业，尤其是家族式企业，对员工的选拔和管理凭个人好恶，靠情感去维系，无法接受员工不好管的现状。

企业家对员工的启用经常靠个人好恶，任人为亲，使企业自闭于社会管理资源，而企业的发展壮大，亟需人才加盟，如果都从自己已有人脉中选取，就难免鱼龙混杂。现在很多家族企业核心管理成员也往往是同一家族的成员，有的即使不是亲属，也起码是私交甚密的朋友、故交之类，因此阻碍了外来人才的进入，挫伤了人才的积极性，致使企业内部管理效率低下，失去企业发展的动力。

现在的企业家经常埋怨人事管理难，老员工用不好，新员工不好用。企业家们很头痛，他们希望解决问题。企业家也知道，如果这些问题不及时解决，长此以往是很危险的。特别是一些中小型企业，关键性人才一旦离开了，企业会面临灭顶之灾，所以企业家们不得不重视。

然而，企业家们又不知道从哪入手。因为有的中小企业员工的成长速度超越了企业的发展速度，所以老板留不住他们。可是老板又不甘心让员工离开，怎么办？如果招聘新员工，他们什么都不懂，不培训嘛，员工没有能力做不成事，等到培训好了，有能力了就跳槽。老板培训员工也不是，不培训员工也不是，左右为难啊！

如果一个老板管不住老员工，那么他在新员工面前也会失去威信。老员工对新员工的影响远远超越了老板对新员工的影响。所以一家企业的老板一定要把老员工用好，管好。否则，老员工管不好，新员工也无法管。

有些老板，经常让员工学习，却不知道最需要学习的是自己。结果员工学得越多，越看不起老板，老板管理越来越困难。因为员工毕竟不是子女，子女不管走到哪里都是自己的儿女。他们不管有多大的成就都是父母的骄傲。然而，企业不一样，也许有些员工昨天还在你的企业工作，今天离开了你的企业就会说你的坏话、挖你的客户，有的员工甚至工作时早就是"身在曹营心在汉"。对于这种员工，企业绝对不能纵容。否则，叛逃的员工将越来越多。老板为了企业长期的发展，必须痛下决心，清除毒瘤。

《2014年深圳罗湖区高校毕业生就业分析报告》显示，2013~2014年的就业大军开始以90后的毕业生为主，应届毕业生半年内离职率为38%，一年内离职率为51%，两年内离职率高达69%。

企业家们对90后员工非常不满意，觉得他们不好好工作，要求的福利待遇越来越高，会提出更多的条件。企业家们不否认90后员工的能力和素质，却无法适应90后不羁的性格。然而，现在的劳动力资源已经发生了变化，也许企业家们该认清现状了，90后们有着有别于父辈的价值观，他们对于付出和劳动有着不一样的认识，他们将是现在人力资源市场的主流，所以，企业家们该去试着适应他们了。

5. 忘却来时路，失了眼前人

不忘初心，方得始终。

现在企业家们抱怨现在的市场环境艰辛，的确，环境是很艰辛，但过去创业之路更苦更难，我们不也风里来雨里去的么。

陀思妥耶夫斯基说："我只担心一件事，我怕我配不上自己所受的苦难。"

　　现在很多成功的企业家回忆起过去的创业艰难，只是将其作为一种炫耀，面对现在已经远远好于过去的经营环境，表现出了嫉妒的不满。他们忘记了艰苦创业时候的脚踏实地，更多的是想要一蹴而就。"走千山万水、吃千辛万苦、想千方百计、说千言万语"的创业精神似乎正与我们渐行渐远。

　　《庄子》里讲过一个故事：一个悠闲的周末早晨，某人想挂幅画在墙上点缀家居，发现钉子太小挂不住，就想垫一个木楔；于是找来块木头，由于劈不开，就向邻人借来斧子劈木头，劈开后要细加工，于是又去找锯子……折腾了一天下来，面对眼前的一堆工具，忘记了自己到底要做啥。

　　这个故事犹如纪伯伦说过的那句话："我们已经走得太远，以至于忘记了为什么而出发。"

　　山东某企业办公大楼的装修奢华程度直逼五星级大酒店标准。该企业家津津乐道地向参访者介绍各个房间的装修情况，镶着金丝的地板、大理石的栏杆……基本所有的物品都是定制的。

　　总经理办公室更是别有洞天，红木系列办公家具，帝王象征的座位，十分抢眼。该老总举手投足间的帝王之气十足，傲视天下、唯我独尊。但谈及经营管理和市场情况，却感到十分无奈，管理和人才让他最为头疼：身边无人可用，外面挑不到合适人选。

　　也许并不是没有合适人选，因为这位企业家就曾这样告诉自己花百万年薪聘来的职业经理人："你没有资格跟我谈管理，我白手起家20年，你所知道的不过是点皮毛。"

　　一个企业家经营风格甚至人格的形成除了大的文化环境熏陶，与他们的成长经历直接相关，他们早期的苦难与强烈的出人头地的欲望，让其在成功之后形成了一种帝王式"顺我者昌，逆我者亡"的成功学。

　　他们走得太远，以致忘记了当时为什么出发。

6. 做实体毛利率不到2%，不如把钱存余额宝

"现在，全社会都不愿干实体经济。"前国家统计局总经济师、著名经济学家姚景源在分析中国的经济发展时表示。他举例说，温州的一个企业家曾经讲他一个一千多人的企业一年的利润就一百多万，他太太在上海炒房子赚了一千多万，所以干实体经济不赚钱，而且既辛苦又不赚钱。经过这么多年实践检验，炒房的都赚了钱了，所以是我们的制度设计有问题。

在福建晋江，早年恒安、七匹狼、安踏等一批龙头企业上市融回巨资，资本的优势让他们一下子将后来者抛在了背后。资本市场的"暴富"效应让不少民营企业家渐渐失去了做好实业的耐心。"做上市"而不是做企业，已成为不少企业家的普遍想法。在晋江这个以服装、运动鞋等传统产业为主的县城，目前的上市公司已达数十家，列全国县级单位前茅。有当地干部就表示，上市无疑对企业发展大有帮助，但如此多的上市，不乏有急功近利者。

如果不能靠技术创新推动经济增长，而是都搞资本运作，就全社会来说无太多建设性，只是将财富从一个口袋转到了另一个口袋。

"卖商品不如倒资本""不求百年基业，但求资产增值"，类似的论调不绝于耳。在近年来资本市场、房地产市场"赚钱效应"和一个个"创富神话"刺激下，"以钱生钱"的资本经营理念也开始影响企业家们，越来越多原先以"实业为本"的民营企业家们显得躁动不安。

近几年，中国经济发展面临很多问题，虚拟经济发展过盛，实体经济发展受到抑制，经济危机的阴霾一直笼罩着中国经济。一些企业家发现，真正搞实业的净资产收益率能达到10%~15%就是很高了，但是搞一次创业板投资可能利润就高了60~70倍。于是一些企业家就开始放弃自己的主业，转而投资房地产、股市等虚拟经济。

现在很多大型民营企业的资本配比基本实现"三三制"，即主业、房

地产、金融证券投资三分天下，后两块投资比例出现了越来越高的趋势，而且由于收益可观，进一步限制了民间资本对主业的投资。

宁波雅戈尔集团作为国内最大的服装类企业，被浙江资本界戏称为"最不务正业"的企业，目前其在房地产业和股权投资领域的投资比例和收益早已超过传统服装业。

除了大量资本从实体经济溢出，不少企业甚至把主业作为融资平台，从银行套取资金后投入资本市场搏取高额利润。中国银行浙江省分行风险管理人员说，他们在对企业资金流向监控中发现，一些制造业企业贷款后，钱进入集团公司，再从集团公司流向房地产或其他领域，银行很难监控。

现在的企业家们已经不大有人愿意做实业了，金融危机期间停工的产企业大部分没有恢复正常生产，产业"空心化"已经非常严重，让人担忧。

在当下的中国，走到大多数地方，你如果问及企业的目的是什么，人们似乎不要思索便可以回答：赚钱！

许多经济学家、管理学家都在告诉我们，企业存在的目的就是利益最大化，就是赚钱。有人说，不赚钱做企业干什么？认为做企业就是为了赚钱。但是，许多中国500强企业，那些赚很多钱的企业不是以赚钱为目的的；而以赚钱为目的的企业，反而总是做不大，也赚不了多少钱。

在近年的温州事变中，在鄂尔多斯动荡中，那些一心赚钱的企业制造了多少人间悲剧，已是充分的证明。

当代中国很多企业和企业家都是"闪存"，如烟花般腾空跃起，然后迅速消亡或没落。晋商的理财潜质曾为商界一绝，但当今山西煤商的庞大军团已发展成为中国奢侈品消费的代名词，北京、上海的高档楼盘一个接一个地去山西推广，全球奢侈品牌一个又一个地算计着山西商人需要的东西，这个中国北方煤炭大省的成千上万小煤窑主们，把他们大把的钱购置了为过去困苦生活洗刷记忆的奢侈品上。

当企业家们把本应作为资本进行生产经营的钱用来消费奢侈品时，当一个土豪老板的女儿结婚把钱花得像流水似的，就如同《了不起的盖茨比》中展示的20世纪20年代纸醉金迷的美国般奢靡，一场真正的衰落即将到来。

7. 环境变了，自己没有跟着变

这个世界上有两种人，一种是强者，一种是弱者。强者给自己找不适，弱者给自己找舒适。想要变得更强，就必须要学会强者的必备技能，那就是让不适变得舒适。

这个世界变化很快，稍稍贪恋此刻的安逸，就可能被历史的车轮碾过。政策环境、市场环境发生了变化，企业家再因循守旧只能是画地为牢，走向衰落。

品牌中国产业联盟主席艾丰曾提出了"三个层次"理论。他认为环境可分为三个层次，第一个层次叫大环境，第二个层次叫中环境，第三个层次叫小环境。对待大环境，艾丰认为没法改变，只能认识，不管喜欢不喜欢；中环境是个选择问题，大环境里的中环境各有不同，要选择适合企业的；小环境则是营造问题，企业的本事，就在于是否能营造适合自己的小环境。

犹如春夏秋冬无法改变，只能认识，但同时也要

微链接

世界变化之快令人瞠目结舌，尤其进入到"秒变"的移动互联网时代，"优胜劣汰，适者生存"这个自然界的永恒规律的运转被无限加速了。

不少传统企业的老板在移动互联网时代没跟上节奏。正如海尔集团轮值总裁周云杰在合益集团国际峰会上所说："没有成功的企业，只有时代的企业。"传统世界的领军人物，如果不能够顺势而变，则很有可能被新生力量替代，一个企业在2~3年之间迅速崛起，又在瞬间陨灭的案例屡见不鲜。作为创业者或者企业家，如果不能适应时代变革的节奏，则处境岌岌可危。

有预见性，秋天就准备过冬的物品，冬天就要准备春天的计划。中环境在于选择，怕冷的冬天可以上三亚，怕热的夏天可以去东北。小环境是自我营造的，衣服的增减，房屋的建设，暖气和冷气的加入，都是要将环境变得舒适。

企业家在三个层次对待环境，不要一说大环境坏了就没辙了，因为还有中环境和小环境，主要的本领在于营造。埋怨环境的企业家是没有见识的企业家。好环境有利于出业绩，严酷的环境有利于提素质，有许多工作都可以做，把着力点选准，就是智慧。

环境变了，企业家就要跟着去改变，学会去营造，这才是企业长久的生存之道。

当下日益复杂的环境需要越来越多的专业知识，但有的企业家不愿意去学习，个人学识已经跟不上时代节奏。过去搞房地产开发，很多人文化水平并不高，这些曾经虽无知却无畏，因而发财的人，面对知识经济时代的滚滚洪流，变得无所适从了。

8. 人心不足蛇吞象，知识经济时代的迷茫

互联网经济、新经济催生了很多传奇故事。

2010年，福布斯中文版发布中国年度商业人物，百度CEO李彦宏、阿里巴巴董事局主席马云、腾讯CEO马化腾同时当选该刊年度人物。

福布斯中文版指出，在中国所有的行业中，互联网是唯一在竞争的条件下、通过本土创新、完全由民营企业产生的一个赢得世界尊重的行业。

相对于银行、能源等领域的国有巨无霸而言，这三个互联网企业市值尚小，但如果考虑到这个行业兴起才不过十来年，而且几乎是在一种完全市场化的环境中成长起来的，这三家公司便在某种程度上成为代表中国制造最新进展的一张标签。

一部分传统企业家看到了别人的成功，觉得别人如此轻松就赶超了自

己，十分愤慨，在没有掌握足够资源的情况下，就盲目投入到陌生行业。

2013年4月2日，上线仅一个月的众贷网宣布破产，成为史上最短命的P2P网贷公司。该公司在"致投资人的一封信"中表示，由于整个管理团队经验的缺失，造成了公司运营风险的发生，所有的投资都造成了无法挽回的经济损失。资料显示：众贷网注册资金1000万，隶属于海南众贷投资咨询公司，总部在海口市，定位为中小微企业融资平台。同时也自称是"P2P网络金融服务平台"，提供多种贷款中介服务。据第三方网贷平台统计，众贷网运营期间，共计融资交易近400万。

众贷网的投资模式与大部分P2P一致，投资人通过第三方支付或银行将投资款打给众贷网，拍标完成后再由众贷网将此笔款打给借款人。对于公司倒闭的具体原因，该公司法人代表卢儒化曾对媒体表示，由于缺乏行业经验，众贷网破产是"栽"在了一个项目上。

众贷网不是第一个也不是唯一一个倒闭的P2P公司，P2P网贷在我国爆发性增长的核心因素是因为理财市场和小贷市场有效对接与监管存在真空，促使行业规模高速增长。高利差和监管套利保证行业的高盈利，不断吸引着新的进入者。但P2P行业有着与银行类似的风控模式，主要面对银行不愿意放贷的高风险客户群，这样的模式必然十分脆弱。除掉那些专为制造骗局，赤裸裸地骗取投资跑路的，更多的是凭着一股热情入行，既没有金融背景，也没弄清风险，仅因为这个行业暴富机会大而盲目进入，众贷网的例子显然属于后者。

知识经济时代，企业家只有通过不断提升核心竞争力，才能为企业发展提供持续动力。

第三节
信心何来

> 中国的民营企业家是战争年代成长起来的将军。我们永远在风浪中前进，虽然企业不大，却能历练出真正的企业家精神。
>
> ——李河君

"只要你想成功，你就一定能够成功！"

这是卡耐基响彻世界的名言，影响了千千万万渴望成功与致富的普通人。这也是许多成功学家反复强调的一种积极的心态，一种强大的心理资本，它是信心，是对自己能成功的坚定信念。

对于企业家而言，他们的信心是企业自身素质、发展状况和发展环境的直接反映，它来自于自我肯定，以及对外界环境的充分信任。

梦想之旅，从来就不是一路坦途，一帆风顺。梦想之路越近，新情况、新问题就越多。企业发展起来之后遇到的问题，一点儿也不比发展之初少，可以说其解决难度更甚。

企业距离梦想越来越近，需要付出的努力也就更艰辛。越是在这样的时刻，越需要我们满怀信心，振奋精神，凝聚力量，沿着中国自己的道路坚定不移地走下去。

对我们所处的时代要有信心。《道路自信：中国为什么能》中说：中国所有的问题都说得清，中国所有的问题都有解，事在人为，中国没有过不去的沟，也没有过不去的坎。未来30年，只要我们有坚定的信念和决心，中国就能打赢经济仗，打赢制度仗，打赢信念仗，打赢虚拟世界的传播仗。到那时，中国人将会对自己国家不同于西方的道路和制度深怀自信，中国模式也将为世界所尊重。

我们常说，凡事要有信心。信心何来？

来自已有的成就，来自对问题的把握，来自我们对强大祖国的信任和爱。

1. 昔日崎岖君记否，路长人困蹇驴嘶

有位互联网企业家说："没有成功，我觉得我们远远没有成功，我们还是个很小的企业，但是我觉得最大的经验就是千万不要放弃，要永往直前，而且不断地创新和突破，突破自己，直到找到一个方向为止，而且我觉得还有更重要的一点，我们今天面对将来的信心是来自于我们前5年的残酷经验，我们坚信明天更加残酷。"

老一辈企业家们创业的时候也用这样一句话来形容，"走千山万水、吃千辛万苦、想千方百计、说千言万语"。这些千辛万苦给了中国企业家们今天面对未来残酷考验的经验，这就是当下信心的源泉。

吃过的苦、受过的伤结成痂，成为企业家们最坚韧的品格，对抗这个世界的未知。

现在成长起来的一代人很难想象老一辈企业家们创业初期的艰难，当时很多人辞去公职，下海经商，还有很多人抵押了所有资产，投身创业，前途未卜。

当时，人们普遍的思想观念是"捧铁饭碗、拿死工资"。然而，一部

分有着强烈经商意识的人却不安于现状，主动把"铁饭碗"打碎，一头扎入"商海"，一批民营企业在各地几乎同时涌现。特别是在党的十四大确立了市场经济以后，更是风起云涌，在全国形成一个大热潮。"下海"也成为中国社会当时出现频率最高的词汇之一。

1983年，王石离开广东省外经委来到深圳。当他看到如同一个巨大建设工地般的深圳，"兴奋，狂喜，恐惧的感觉一股脑涌了上来，手心汗津津的"。王石强烈地意识到这块尘土飞扬的土地孕育着巨大的机会。

在深圳做什么呢？他心里还没有数。但很快，王石发现一个买卖玉米的生意。王石打听到，香港大量需要玉米，而香港本土并不产玉米，几乎都是从国外进口。王石想为何不从东北直接运到香港呢？于是王石的第一单玉米生意开始了。有了第一桶金，王石在1984年组建深圳现代科教仪器展销中心，这就是万科的前身。

几年之后，深圳万科股份有限公司成立，公开向社会发行2800万股股票，并正式涉足地产业。1991年1月29日，万科在深交所挂牌交易，成为内地首批公开上市的企业。2000年8月，华润成为万科的第一大股东，万科成为专一地产公司，中国地产第一品牌。

几乎是在王石下海的同时，很多人都不约而同地选择了同样的路，王健林、柳传志、刘永行、宗庆后、郭家学，今天这些当年勇于第一个吃螃蟹的人，都成了今日中国民营企业家中的翘楚。还有无数名气虽不那么响亮，但至今仍在商海遨游的人。在他们身上，我们能看到属于那个时代的精神标签，那就是艰苦奋斗。在艰苦条件下成长起来，他们有着异于常人的韧劲。

现在的企业想要发展起来，有着相对完备的社保体系，有着更便捷的融资条件，有着更加透明的市场信息，企业家们应该更有信心，也可以有信心。

昔日崎岖君记否，路长人困蹇驴嘶。走过了艰辛，接下来的路还有什么理由彷徨呢？

经济学家约翰·梅纳德·凯恩斯用"动物精神"来突出企业家信心对经济后果的重要作用：如果要使国家恢复市场经济秩序，带动经济走向繁荣，投资家和企业家必须在预期并不明朗时依靠他们的勇气或冒险精神，把他们的钱再度投入到市场之中。

企业家们，你们还有什么理由不相信自己能成功呢？

2. 我们走在大路上——道路自信

我们沿着中国道路取得世界瞩目的成就，这是不争的事实。中国道路是成功的，这个成功缘自正确的领导，缘自社会主义制度的优势。

改革开放以来，从国民经济濒临崩溃边缘到经济总量跃居世界第二；从缺衣少吃、温饱不足到告别短缺、总体小康；从关起门来搞建设到走出国门办企业，变化的是人民生活、国家实力和民族面貌，不变的是我们以经济建设为中心的国家战略和有效实现这一战略的路径选择。改革开放创造的发展奇迹昭示，中国特色社会主义道路是一条通向国家富强、民族振兴、人民幸福的光明之路。

中国走自己的路并迅速发展，令世界瞩目。今天，西方有识之士反思

微链接

中国特色社会主义道路，是实现社会主义现代化、实现民族复兴的新途径。它反映着中国社会发展的历史要求，也体现着人类文明进步的趋势和走向。面对中国特色社会主义道路给中国社会发展带来的巨大进步，我们党和人民对坚持这条道路有了前所未有的自觉自信。这种自觉自信，来自于理论上的不断创新和成熟，来自于全党全社会有共同的理想追求，来自于社会主义体制的不断更新和社会主义制度的不断完善，也来自于党的政治优势的充分发挥。

自己制度问题时的参照系几乎都是中国。2012年10月，西班牙前首相费利佩·冈萨雷斯访华后在西班牙《国家报》上撰文说："每一次访问中国，无论时隔多久，反映世界新局势的历史现象都会令人感到惊讶：中国以异乎寻常的速度崛起，而欧洲人在挣扎着不要沉没""我们不知道如何阻止这一进程，更不用说逆转了。"

吉利集团董事长李书福说了这样一句话，很好地表达了企业家群体的心声。他说："中国的企业家跟党和国家政策分不开，实际上这个路和梦想，党和政府根本已经设定好了，关键我们如何把路走好，这是我们的使命。"

企业家要坚定道路自信，时刻牢记我们走在大路上，只要方向正确，总会抵达终点。

企业家要增强道路自信，坚定不移地沿着中国特色社会主义道路奋勇前进。作为非公经济的带头人，民营企业家更要坚信中国特色社会主义道路，认识到没有改革开放，就没有民营企业的生存和发展空间，就没有民营企业的发展壮大；要深刻认识到企业家是坚定的市场经济守卫者，同时是市场经济的受益者，也是市场经济的建设者。市场经济对于企业家尤其是民营企业家来说，是生命、是血液。同时，对国家、政府、市场要充满信心，要始终高扬改革创新的大旗，坚决支持改革开放，坚定地做好非公经济企业，发挥好非公经济的重要作用。

坚定地走社会主义道路，企业家们要认清我国深化改革、扩大内需带来的发展活力，认清我国改革红利、市场潜力带来的发展机遇，以奋发有为的精神状态、坚韧不拔的顽强意志、一往无前的勇气锐气、永不满足的上进思想，为打造中国经济腾飞贡献才智与热情。

道路问题是最根本的问题。习近平总书记指出，无论是搞革命、搞建设、搞改革，道路问题都是最根本的问题。30多年来，我们能够创造出人类历史上前无古人的发展成就，走出了正确道路是根本原因。现在，最关键的是坚定不移走这条道路、与时俱进拓展这条道路，推动中国特色社会主义道路越走越宽广。

《道路自信：中国为什么能》一书作者专访了世界银行前高级副行长兼首席经济学家林毅夫，问道："你也看到房价高涨、收入分配不公、腐败、环境污染等问题对民众信心的影响，你对中国发展前景仍然感到乐观，这是为什么？"

林毅夫说："我一再讲我不是乐观者，我是客观者。乐观者忽视问题的存在，只讲可能性，把可能性当成现实性。悲观者只看到问题，看不到机会，变成'中国崩溃论'。客观者是说，潜力我们知道，问题我们也承认，然后看看这些问题有没有可能解决、怎么解决。你也说了，我看到了目前一些问题对民众信心的影响，我并不回避问题。所以我不是一个乐观主义者，我是一个客观主义者。当前出现的增长放缓，我认为主要是周期因素。当然，我并不是说中国没有结构性的问题，还是具体问题必须具体分析。"

3. 社会主义优越性——制度自信

中国应对危机的实践凸显了社会主义的优越性：社会主义社会是公平正义的社会，是和谐发展的社会，它能够让最大多数人获得解放和自由。

新中国成立后特别是改革开放以来，我们党紧紧依靠人民，把马克思主义基本原理同中国实际和时代特征结合起来，开创并坚持和发展中国特色社会主义，我国社会生产力、经济实力、科技实力不断迈上新台阶，人民生活水平、居民收入水平、社会保障水平不断迈上新台阶，综合国力、国际竞争力、国际影响力不断迈上新台阶。

中国社会主义制度优越性表现在诸多方面，我们可以通过一些具体的事件，如汶川地震、玉树地震等，看出来。

2008年，美国发生了次贷危机，这很快演变为世界性的金融危机。

从发达资本主义国家到新兴市场国家、发展中国家，从金融领域到实体经济等都无一幸免，被这场危机所波及。虽然说，中国在这场金融危机中也无法独善其身，但中国经济仍然保持了良好的发展势头，这亦是世所罕见的，由此引起了世界各国，尤其是西方发达资本主义国家对具有中国特色的社会主义市场经济模式的高度关注，而且对中国经验或者"模式"给予了充分的认可。在对资本主义制度进行深刻反思的同时，我们充分相信，中国寻找到了符合自己国情的发展道路，那就是中国特色的社会主义市场经济道路。无疑，金融危机发生的根本原因，在于资本主义的政治、经济制度的弊端。尽管中国在这场危机中也受到不同程度的影响，但我们选择了中国特色的社会主义市场经济体制，党中央、国务院充分利用市场主导和政府宏观调控这"两只手"的作用，促使我国经济在世界范围内率先复苏。

我们有理由相信，社会主义制度能为我们提供更好的经济发展环境，能够更好地应对"黑天鹅"。

2013年11月，习近平总书记在山东如意科技集团有限公司走访，听说企业在依靠科技创新发展的同时努力为员工提供住房、医疗保障，注重保持劳资关系和谐，习总书记很高兴。他叮嘱企业负责人发挥社会主义优越性，多关心职工，多谋福利，多为社会和谐作贡献。

我们知道，从各个方面热情周到地关心职工，真正帮助职工解决面临的实际困难，这是和谐社会应有之义。

习近平总书记强调，面对党和国家事业发展的新要求，重温党和人民共同走过的光辉历程，在新的历史条件下坚持和发展中国特色社会主义，必须坚持走自己的道路，必须顺应世界大势，必须代表最广大人民的根本利益，必须加强党的自身建设，必须坚定中国特色社会主义自信。

正如习近平总书记指出的，"没有坚定的制度自信就不可能有全面深化改革的勇气，同样，离开不断改革，制度自信也不可能彻底、不可能久远"。

张五常曾经在2008年说过，"中国的经济制度是人类历史上最好的制度"。我们要牢牢抓住时代机遇，勇于突破，敢于担当，坚定不移地践行社会主义制度。

4. 要相信，环境一直在变好！

高尔基说："我们的目的是要鼓舞青年热爱生活，对生活满怀信心，我们要在人们身上培养英雄主义精神。必须使每一个人明白：他是世界的创造者和主人，他对地球上的一切不幸负有责任，而争取生活中的一切美好事物的荣誉，也都是属于他的。"

让我们查看这样一组数据：2013年，全国新登记注册企业250.27万户，比2012年增长27.63%，其中私营企业232.73万户，增长29.98%，个体工商户新登记注册853.02万户，增长16.39%。工商登记制度改革实施后，2014年3至8月，全国新登记注册市场主体659.59万户，同比增长15.75%，注册资本（金）10.79万亿元，增长66.70%。截至2014年8月底，中国全国实有各类市场主体6581.13万户，同比增长13.21%，注册资本（金）119.59万亿元，增长24.94%。

数据说明，不管舆论怎么评价，现在每年新增注册的企业总量之大、增长速度之快，让很多唱衰中国经济的人也不得不刮目相看。

微链接

在2008年的"中国社会状况综合调查"中，当问及是否同意"在我们这个社会，工人和农民的孩子与其他人的孩子一样，都能成为有钱有地位的人"时，有63.3%的人表示很同意或比较同意；而在2011年的调查中，这一比例上升到72.7%；在2013年的调查中也有70%的人同意这一看法。这表明改革开放以来，人们的个人发展空间得到了很大的扩展。这组数据表明中国人对创业环境的认可，对起点公平的肯定。

如果创业环境不好，怎么可能有这么多的人申办企业呢？

企业发展环境一直在变好，这是不争的事实。

近年来，国务院连续出台了《关于鼓励支持和引导个体私营等非公有制经济发展的若干意见》《关于进一步促进中小企业发展的若干意见》等重要政策，为中小企业提供了新的发展契机。

为了给企业发展营造更好的环境，国家制定了针对性更强的金融政策。2011年，国务院常务会议决定对小微企业中月销售额不超过2万元的增值税小规模纳税人和营业税纳税人，暂免征收增值税和营业税。出台这一政策，凸显了政府对小微企业发展、稳定经济增长、鼓励创业、促进就业的重视和支持。

近年来，国家对符合条件的小型微利企业减按20%的税率征收企业所得税，将增值税小规模纳税人的征收率由6%和4%统一降至3%，对年应纳税所得额低于3万元的小型微利企业，其所得减按50%计入应纳税所得额，减按20%的税率缴纳企业所得税。2011年以来，国家又陆续出台了一系列扶持小微企业的政策：扩大小型微利企业减半征收企业所得税优惠政策适用范围并延长执行期限；免征金融机构对小微企业贷款印花税；对小微企业免征管理类、登记类、证照类行政事业性收费等。

此外，随着利率市场化的推进，部分信贷资源将逐步向收益较高的中小企业贷款项目转移，这将改善中小企业的融资环境。基础设施建设拉动经济增长的作用也日益显现，为中小企业发展提供了强大支撑。

为了营造更公平的发展环境，法律服务环境实现了新变化。法律服务环境是企业依法开展经贸活动的重要保障，各地践行"阳光司法"，增强审判透明度和裁判可接受度。司法机关建立服务企业改革发展的长效机制，组织开展"法律服务进企业活动"，建立健全企业法律风险防范机制，收到了很好的效果。

"十二五"规划提出："大力发展中小企业，完善中小企业政策法规体系。促进中小企业加快转变发展方式，强化质量诚信建设，提高产品质量和竞争能力。推动中小企业调整结构，提升专业化分工协作水平。引导中小企业集群发展，提高创新能力和管理水平。创造良好环境，激发中小企业发展活力。建立健全中小企业金融服务和信用担保体系，提高中小企业贷款规模和比重，拓宽直接融资渠道。落实和完善税收等优惠政策，减轻中小企业社会负担。"2015年是"十二五"的收官之年，回首近几年，中小企业的发展环境切切实实大为改观。

在国家大计方针的引导下，我们要相信，企业发展环境一定会更好！

5. 强有力的政府，强有力的服务

你不是一个人在战斗，你的身后有着强有力的支撑。企业发展是利国利民的好事，党和政府没有丝毫理由不支持。

国家支持民营企业发展，不是叶公好龙，不是摆姿态，而是真的需要民营经济、民营企业家。民营企业靠自己的努力证明了自己的社会地位和作用。

民营企业已经无可争议地成为社会主义市场经济的重要组成部分。首先，民营企业在经济社会发展中，表现出了公有经济所不可替代的作用。民营企业充分调动了生产者积极性、促进了生产力发展、吸收了大量城乡就业人员、减轻了社会压力。其次，社会主义市场经济体制的建立也离不开民营企业的发展。民营企业作为非公有制经济，它与市场经济天然相容，互为发展条件，其一切生产经营活动都必须通过市场去实现。因此，建立社会主义市场经济体制，绝不能将非公有制经济排斥在外。第十届人大三次会议《政府工作报告》中指出："鼓励支持和引导非公有制经济发展。为非公有制企业创造平等竞争的法制环境、政策环境和市场环境，进一步放宽非公有制资本进入的行业领域，拓宽非公有制企业融资渠道，依法保护私有财产和非公有制企业的权益。"这个论断十分明确地指明了民营企业在现实经济生活中的地位。

可以说，重视和保护民营经济已经成为党和政府的一种自觉的行动。强有力的政府为企业发展正想尽办法，提供强有力的服务，企业家们自己怎能丢掉信心呢？

为了更好地服务于经济发展，各地政府围绕企业最关心的发展问题，引导非公有制经济人士认清我国深化改革、扩大内需带来的发展机遇，积极应对发展中的困难和挑战。同时，努力创新服务方式，帮助企业解决困难，坚定企业发展信心。天津、浙江、安徽等地党政主要领导主持召开民营企业家座谈会，听取企业的意见并协调解决实际问题。有些地区党政教育把教育实践活动作为一项全局性工作来抓，不仅通过增加工商联编制和经费，推动活动开展，还组织中小企业政策落实专项推进活动、政银企推进会等专项活动，帮助企业解决实际问题。甘肃、陕西、云南等地建立党政领导干部帮扶联系企业的办法，定期到企业联系点调研，协调解决企业发展难题。湖北省组织"百名书记面对面"活动，全省各级统战部门和工商联近千名干部进企业，结合"进万家民企、促跨越发展"活动，为企业办实事、解难题。

河南成立小微企业服务中心，与银行合作为小微企业提供无抵押贷款5.6亿元。山西工商联积极争取，省政府安排专项财政资金1500万元，用于小微企业出资人培训，同时为340家中小企业争取补贴7000多万元。贵州开展"访千家企业、办千件实事"和"安商百日行"活动。辽宁召开非公有制企业转变发展方式经验交流会，探索转型升级思路，相互借鉴成功经验，把发展立足点转到提高质量和效益上来。针对民营企业"签证难"等问题，全国工商联与外交部领事司共同开展民营企业外事服务调研，为民营企业"走出去"的便利化建言献策。

企业家们应记住，在企业经营的道路上，你永远不是一个人在战斗。成功人士的经验，能让你少走很多弯路；强有力的政府以及强有力的服务，能给你提供的帮助更多。

有了这些，就来充分发挥你的聪明才智吧。作为创业大军的一员，你准备得越充分，成功离你就越近。正所谓"近水楼台先得月，向阳花木易为春。"

6. 熟悉政策，用足政策

发展遇阻的时候，企业最盼望的就是能获得政策的"照顾"了。为了帮助企业在困境中迎头而上，中央和地方政府出台了很多有针对性、扶持和支持企业发展的政策，不同类型的企业可以享受到不同类型的优惠政策。

但是，政府"有政策"不等于企业"会用政策"。有相关调研发现，多数企业对政府出台的政策不熟悉，信息了解的滞后，影响了企业将政策"为我所用"，最终也无法享受到政策带来的便利。

大数据时代，很多企业家对政策不熟悉，不主动去了解，政府有责任，企业家自身更有责任。在这样信息爆炸的时代，企业家要生存和发展，应该主动去了解外部世界，而不能等政府主动普及相关政策，毕竟政府提供服务是需要人力和财力的。

有些企业了解政策，但不在意，对该享受的政策不积极，总感觉那是一个陷阱，不相信天上会掉馅饼。实际上，很多政策的出台，政府是做了大量调研和研究的，是为了促进某些产业更快发展，是为了促进就业、引导创业的，政策的出发点是明确的，举措是具体的。企业家应该积极去争取。

某市2011年的产业扶持资金有8000多万没有"用出去"，结转到2012年。一方面是企业不知道政策没有申请，另一方面是产业扶持资金8000多万的结余，这种信息不对称的局面让扶持政策的效应无法真正实现。据某机构2011年对中山62家外贸企业问卷调查结果显示，有85.5%的小微企业对中小企业的各种扶持政策"不熟悉或略有了解";有90.3%对各项贸易协定优惠情况"不熟悉或略有了解"。

这些属于自己的权益,就这样稀里糊涂地被我们放弃了,这是企业的悲哀,更是国家的创伤。

浙江省工商局长郑宇民曾说到,浙商的成功经验,一是听党的话,二是按市场规律走。

他讲了这样一个故事:领导到鲁冠球的企业视察,问鲁冠球需要什么。鲁冠球说:"我不要项目,不要资金,只要看文件。"从此,浙江省委机要室多了一个除省厅单位之外需送文件的部门,而鲁冠球则多了阅读红头文件的权利。

而被网友誉为"最给力工商局长"的郑宇民,也一再倡导在民营企业内建立党支部,他认为"浙江民营企业建立党支部起到的是眼睛的作用,帮助民营企业看准方向。在中国这样的政治经济体制下,把握不住政策动向,就像盲人。"熟悉国家政策方向,及时做出调整,永远占得先机。

熟悉政策,用足政策,在当今中国,是民营企业不得不学会的生存哲学。

第四节
信心不是野心

> 中国的企业家有三大劣根性：浮躁、投机取巧和思维僵化。而浮躁正是其中最致命的因素。
>
> ——郎咸平

每一个企业家都有他独特的想法或思想，以及他一步步追求的心理过程，我们可以将其称之为雄心或野心。但很多时候，野心太大，让很多企业折戟沉沙。

1. 野心是野心者的墓志铭

（1）牟其中想炸掉喜马拉雅山

斯威夫特说："野心常常诱使人们做出最卑贱的事情，于是往上爬就表现如同卑躬屈膝地蠕动。"

1989年，牟其中的南德公司用500车皮罐头、皮衣等商品，从俄国换回4架飞机，这项业务历经3年而功成圆满。1992年，牟其中对外称，飞机贸易业务为南德公司赚了8000万元到1亿元。

自此，牟其中走上了商业狂想的道路，一发而不可收。继飞机贸易成功之后，牟其中又继续他的"壮举"，比如做卫星。之后，他眉头一皱又要往陕北投50个亿，顺嘴一说又想把喜马拉雅山炸个大口子让暖风带来雨水造福中华各族人民。手笔之大，气势磅礴，令人咋舌。

将喜玛拉雅山脉炸开一个宽50公里的缺口，把山峰降低2000米，让南印度洋的暖流涌入大西北，彻底改善该区域干旱少雨、土地广阔不肥沃的生态环境。由此又引出一个更大的计划：将西南和四川五条大河之水引至黄河源头，让下域的吾土吾民共享"清水"之福。

牟其中不止是想一想，他开始郑重其事地行动起来了。事实上这个被许多人嘲笑的项目，南德集团做得最卖力。

牟其中召集在京的气象、地球物理、工程爆破等方面的几十名专家，就该项目进行了广泛探讨。关于牟其中的"金色狂想曲"通天河计划，时至今天仍有评价说他是"中国的大疯子！""登峰造极的狂人"。

牟其中的金色狂想曲最终是怎样破灭的，大家有目共睹，无需赘述。牟其中是中国企业家里不得不提的人，他曾是中国第四大富豪。但很快，他就因南德集团信用证诈骗案锒铛入狱。

只能说，狂想只是狂想者的墓志铭。

（2）史玉柱的脑黄金和巨人大厦

塞内加说："一切都取决于观点、野心、奢侈、贪婪，归根结底都取决于观点。"

1989年，从深圳大学软件科学管理系毕业的史玉柱以4000元起家，销售其开发的汉卡——桌面汉字处理系统。

史玉柱的营销天分成就了他，通过不断打广告，他在4个月完成了100万元销售收入。这个办法不仅让史玉柱取得第一桶金，也成为其以后一直沿用的营销法宝。两年后，史玉柱成立珠海巨人新技术公司。到1992年，公司销售收入达到2亿元。

从1993年开始，巨人涉足保健品、房地产等多个行业，摊子越铺越大，资金也越来越紧。

巨人公司落户珠海，受到了珠海市政府的优待：高科技企业税收全免、破例审批出国、帮办珠海户口……"当时我们已经是非常大的企业，年销售上亿啊，全国都不多。"在被当作创业楷模，寄予厚望的情况下，不断被揠苗助长的巨人大厦却已经悄悄掏空了史玉柱的家底。

当时的巨人汉卡已经在走下坡路，国外软件的大举进军和国内同行的竞争，使巨人公司生存空间越来越小。史玉柱急于突围，就把目光转向了保健品行业，拿出1.2亿元研发脑黄金。改革开放大潮中先富起来的史玉柱给脑黄金打出的口号是"让一亿人先聪明起来"。1995年，巨人推出了12种保健品。当时保健品市场已经初步形成了格局，史玉柱靠什么杀出重围？

答案是广告！

饱尝广告甜头的他，拿出一个亿给脑黄金造势。结果不出意料，脑黄金成了巨人新的摇钱树，每年贡献的利润超过一亿。

左手脑黄金，右手巨人大厦，史玉柱踌躇满志，宣布实施"百亿计划"，准备用不到三年的时间使巨人公司达到百亿产值。百亿当中，巨人大厦预计投入12亿，史玉柱的乐观估计是，建成后价值至少翻两番，达到48亿。他向柳传志取经，柳传志却给他泼了冷水："他意气风发，向我们请教，无非是表示一种谦虚的态度，所以没有必要和他多讲。而且他还很浮躁，我觉得他迟早会出大娄子。"

终于在1997年，资金链断裂，史玉柱一手打造的巨人集团宣告破产。尽管后来史玉柱东山再起，成为新的楷模，他的传说还在继续。但是，像他这样重新站起来的，少之又少。史玉柱无疑是幸运的，教训却也是惨痛的。

（3）三株公司销声匿迹

诺思说："没有野心的人也许某天会享有盛名，然而，有野心的人不想出人头地则很罕见。"

在中国企业群雄榜上,三株曾经是一个响当当的名字。

1994年8月,吴炳新、吴思伟父子在济南用30万元的注册资金、不到3年的时间,就撬起了一个80亿元的大市场。凭着"三株口服液"单一产品,山东三株实业有限公司成立当年,销售额即达1.25亿元,次年猛跳至23亿元,第三年就达到了惊人的80亿元,三年累计上缴利税18亿元。

三株集团极速发展,在1996年达到顶峰,随着信心的不断膨胀,三株开始向医疗、电子、精细化工等多个领域扩张。

但到了1997年,三株的全国销售额较上年锐减10个亿。领导层认识到企业跑得太快了,吴炳新随即召开紧急会议,总结反省。

15.3万人的销售队伍,除了中国邮政,当年三株的销售网络是最大的一个团队。作为企业发展太快,但管理跟不上发展的要求,自然会产生一系列问题。

未等吴炳新调整政策,1998年,在常德又闹出"八瓶三株口服液喝死一条老汉"事件,这给了三株一个致命的打击。随后不久,一个叱咤风云的企业迅速销声匿迹。

现在总结来看,三株公司迅速倒闭带给我们的启示有以下几点:

盲目扩张和多元化战略。1995年,吴炳新发表了一份《争做中国第一纳税人》的报告。其中设想到20世纪末,三株完成900亿元到1000亿元销售额,成为中国第一纳税人,其勃勃雄心溢于言表。为了实现这一理想,三株公司开始实施全面多元化发展战略,向医疗电子、精细化工、生物工程、材料工程、物理电子及化妆品等6个行业渗透。与此同时,三株在全国范围内收购、并购几十家亏损医药企业,企业债务压力非常严重。这种过分乐观的态度和盲目扩张的战略,无疑助长了从管理层到普通员工的骄傲自满情绪,也成为三株危机意识淡薄和忽略公众利益的诱因。

机构的爆炸式膨胀和管理失控。迅速成长期的几年,三株集团及其下属机构的管理层扩大了100倍。看上去浩浩荡荡，实际上却是机构重叠，各个部门之间画地为牢，形成壁垒，程序复杂，官僚主义盛行。三株所崇尚的高度集权的管理体制造成了类似"国企病"的症状。为了统一协调全国市场，总部设计了十多种报表，以便及时掌握各个环节的动态。但具体到一个基层办事处，上面要报表，下面就造假。与此同时，机构臃肿和管理失控造成工作效率低下，浪费了1/3的广告投放，基层宣传品投放到位率不足20%。

高速发展阶段的产品虚假宣传。在三株的高速发展阶段，产品宣传开始出现大量冒用专家名义、夸大功效、诋毁同行的言语。种种夸大功效、无中生有、诋毁对手的事件频频发生，公司总部到最后必须四处收拾烂摊子，疲于奔命而无可奈何。

太快的发展，让还没准备好的企业直接倒下，再也没能爬起来。

从上面三个案例，得出的结论：做企业、干事业和别的一样，不能好高骛远，可以有远大理想、有战略目标、有坚定的信心，但不能有不切实际的野心。好大喜功的企业很容易走向不归路。

野心只能是野心者的墓志铭。

2. 浮躁年代浮躁梦

从鸦片战争到现在，中国落后了一百多年，贫穷了一百多年。建国以来，一直探索强国强民之路，直到改革开放，中国走上了特色社会主义道路，国人终于找到了感觉，逐渐走上崛起之路。

从政府到老百姓都有一种时不我待，一种赶超的心态。这种赶超的心态使我们国家的经济迅速发展，经过三十年的快速增长，中国终于超过欧洲国家和日本，成为仅次于美国的世界第二大经济体。我们很多企业家在这一过程中努力做强，在世界经济领域中，也逐渐有了我们的声音。

但是，我们也要承认想做大做强，是发展中国家国民的心态，是落后者的心态，是没有安全感的人的心态。

大音希声，一味高呼口号正是没有自信的表现。为了迎头赶上，我们走得太急，一路尘土飞扬。浮躁成了现代人的一种社会心理，使人失去对自我的准确定位，使人随波逐流、盲目行动。

观察一下周围的环境，看看社会现实，我们都浮躁了，社会也浮躁了。

金钱的刺激、生存的压力、信仰的缺失，使我们进入了社会浮躁、全民浮躁的时代。对金钱、权力的无节制追求，使很多人已经忘记了什么是礼义廉耻，忘记了做人应该具有的最基本的道德基础和行为规范。短信欺诈、虚假广告、毒奶粉、假鸡蛋、注水猪肉、苏丹红……我们的生活充满危机。地方政府为求GDP政绩，可以卖地、卖企业，透支着今后大家赖以生存的自然环境，给我们带来的"惊喜"就是房价的狂涨，你赚钱的速度永远跟不上房价上涨的速度。

这些乱象后面的深层次原因实际是极其复杂的，既有政治、经济、法律和金融等政策层面的原因，又有企业自身盲目决策的原因，归结到一点就是浮躁，浮躁是企业步入困境的最直接原因。

为了政绩，政府行为浮躁了。

浮躁的经济刺激政策。美国次贷危机引发的全球性金融危机爆发时，我国推出了4万亿经济刺激政策，不仅加快了对基础设施的投入，也刺激了实体经济的扩张。中国企业不惧金融危机的松懈思想甚嚣尘上，从而使盲目低水平的重复投入和越压越高的房价成为中国经济独特景观，中国企业因此失去了在金融危机中一次真正的产业转型和洗牌的难得机会。

浮躁的货币政策。金融危机初期，金融机构加大了对企业的信贷支持力度，掩盖了一大批技术较低，管理落后甚至资不抵债企业的经营问题。之后，政府又针对流动性泛滥及房地产问题采取了治理通胀和打压房价的紧缩政策。大起大落的货币政策一下子打乱了国内企业，尤其是中小企业的经营策略，继而出现资金链断裂也就不可避免了。

浮躁的财税政策。一般而言，除非出现战争等特殊情况，在经济危机来临后，政府最应该做的是减少政府支出，降低纳税企业的税收负担，但我国目前做法是当出口受阻，消费不旺，企业盈利能力急剧下降时，我国的税收总收入仍在高速增长。

为了完成任务，银行经营浮躁了。

繁重的任务指标，使很多银行采取存贷款挂钩，高息揽存等不正常的方式来完成任务指标，从而进一步加大了企业的利息负担。

银行融资成本剧增，让部分资金相对宽裕的企业甚至压缩了生产规模，将资金用于借贷或贴现，轻松取得了远高于制造业的利润率，从而引发了全民借贷的热潮。

在实体中小企业不堪重负的情况下，银行则在利益驱动下将有限的信贷资金投向了具有房地产、小额贷款公司或担保公司经营背景的综合经营企业，因为这类企业往往更能满足银行的业务回报要求，这样就进一步推动了有限的资本向非实体经济流动。

种种因素作用下，企业行为开始浮躁了。

有位企业家曾说过："中国企业与国外优秀企业相比，最大的差距是企业领导人的心态。中国企业太浮躁。每当处于高速发展的时候，领导人总会想入非非，这种心态造成中外企业在基础管理上的差距。"

企业的浮躁之风也日见增长，表现形式多种多样。或急于求成，恨不得一天吃成个胖子，几年就挺进世界500强，于是头脑发热，不切实际地追求高速度，盲目扩张，拼命铺摊子，轰轰烈烈，但由于根基不牢，注定要失败；或没有长远的发展战略，跟着风头走，哪样赚钱搞哪样，盲目地拓展外延，大搞多种经营，结果战线太长，无力顾及，一哄而起，又一哄而散；或不求内功修炼，只顾广告效应和花里胡哨；或为了争夺利益不择手段……

只是，这样出名快，死得也快。

企业中的浮躁风气有蔓延之祸。片面追求市场份额，片面追求利润增长，企业蒙蔽了双眼、膨胀了心理、浮躁了自己，给自己带来了内外冲突，给国家造成了负担，给消费者造成了伤害。

海南的发展，是这些浮躁的写照。

1988年，国家撤销了广东省海南行政区，建立经济特区。海南经济特区成为全国最大的经济特区，唯一的省级经济特区。

二十多年过去了，海南的人均GDP并没有像其他经济特区一样发生惊天动地的改变，相反经历了更多的起伏。前有1985年的"汽车事件"，后有1989年的"洋浦风波"，加之20世纪90年代初的房地产"泡沫经济"以及接踵而至的金融信用危机，使海南陷入困境之中。

短短3年，房价增长4倍。带着几万元"闯海"的个体户，一觉醒来已身价百万；一幢大楼尚未封顶，已"转嫁"几十次。但是，缺乏产业支撑、缺乏最终消费需求的房地产热只能是一场"击鼓传花"式的游戏。1993年下半年国家实行宏观调控政策，海口、三亚600多幢商品楼工地突然沉寂下来。当时700万人的海南，积压房地产项目竟占全国的十分之一，455万平方米的空置商品房长期无人问津，"烂尾楼"四处林立。1995年，海南经济增长率从全国第一跌成倒数第一。

海南，成为中国浮躁经济的缩影。首先把海南作为经济特区，出发点是希望发展中国的南大门，也是为了解决海南地区长期的经济落后。政府希望对海南"输血"改为"造血"。出发点虽然是好的，但忽略了海南地理位置的另一个特殊性，海南是一个岛，环绕它的是海洋，而且没有大的海港可以支撑海上的运输业发展。岛域经济的发展离不开运输业、港口业的发展，因为没有货物的流动，资金很难流动，市场也不能形成。

像生物学上提到的地理隔离会导致物种的变异，海南自从摆脱了广东这个强大的母体后，急切地希望单飞。心急的海南腾飞欲望让游资们看到了希望。按照他们的想法，把海南孤立起来，再玩炒作游戏，就方便多了。第一期的"探路者"尝到了甜头，赚得盆满钵满。首次获胜大大激起了投机者的斗志。他们嗅出钱的气味。

尽管后来小股民发现情形不对，但买下的货无法卖出，真是悔不当初。

我们做大做强的愿望是美好的，然而现实却是残酷的。政府的揠苗助长、企业的盲目投资、银行的不计后果，都是不尊重经济规律的浮躁之举。

只有我们静下心来，认真反思我们过去的政策和行为的浮躁所在，切实认识到浮躁的危害，才能避免我国经济的大起大落，科学发展观提了很久，但浮躁和冲动却始终存在于我们的政治和经济行为之中，确实令人担心。

企业家们要牢记，企业发展壮大，绝非一时之功，需要远大的目标，踏实的工作，持之以恒的努力。企业们应该克服浮躁心态，以长远眼光，脚踏实地做好每一天的工作，唯有如此，才能在激烈的商海竞争中立于不败之地！

3. 支撑跨越式发展的因素逐步消失了

让我们细数那些年我们一起追过的企业明星，为什么他们那么红？我们或许可以从以下四个方面得到解释。

一是时势造英雄；

二是钻政策空子；

三是政府社会舆论，支持他们做大做强；

四是不惜破坏环境，不惜透支资源。

但是现在，民众不要带血的GDP，也不再唯GDP论英雄，人们认为做得大并不代表做得好。经济发展观念的转变让传统促进经济发展的四大因素，至少有三大因素已经不可能复制了。

如何突出重围，寻求新的高速增长的市场成为众多企业家最关心的问题。什么是高速增长的市场？英国学者理查德·科克认为，在今后一段很长时间内，该市场的平均年增长率必须达到10％。我们姑且把这样的市场称之为新兴产业。与传统产业相比，新兴产业不仅能在"红海"中找到一片"蓝海"，而且能够因此获取更为丰厚的利润，占领更大的市场。

如何占领这样新的高速增长的市场，答案只有一个，那就是抓住所有可能的机遇。

微链接

在不同的语境下，蓝海具有不同的意思。蓝海是一种没有恶性竞争，充满利润和诱惑的新兴市场，是一种避免激烈竞争，追求创新的商业战略。另外，蓝海也被指从事不同于常规的职业。

企业要启动和保持获利性增长，就必须超越产业竞争，开创全新市场，这其中包括一块是突破性增长业务（旧市场新产品或新模式），一块是战略性新业务开发（创造新市场、新细分行业甚至全新行业）。

相对于蓝海是指未知的市场空间，红海则是指已知的市场空间。

红海泛指竞争相当激烈的市场。在红海中，产业边界是明晰和确定的，游戏的竞争规则是已知的。身处红海的企业试图表现得超过竞争对手，以攫取已知需求下的更大市场份额。

中国互联网协会副理事长高新民认为："近几年形成的网络规模和市场环境的完善，以及很多新技术都处于发展初期，我们有更多的创业、创新的机会和空间。"可以说，当下企业家想要实现跨越式发展，抓住基于互联网的信息产业就是一个很明智的选择。

互联网产业有很多值得企业家关注的亮点和趋势，其中包括移动互联网、电商新发展、新兴应用和技术、物联网产业的挑战，以及政府对网络管理规范的加强，等等。互联网与传统产业的融合和渗透开始加速，最重要的标志就是互联网金融业的发展。4G牌照发放在2014年会带来移动互联网的一个新天地、新的发展空间。此外，线上和线下结合的产业经济的互联网化，会向更多产业扩散。大数据产业的发展会进入实质性的阶段，网络和信息安全也会得到加强。

从我国发展战略角度看，互联网技术作为信息产业关键、核心技术，由我国提出和掌握的还较少，相关产业主要采用技术跟随的发展策略，网络高端设备还主要依赖进口，在核心技术和关键技术上受制于人，信息安全问题十分突出。下一代互联网新技术的出现，使世界各国站在同一起跑线上，为我国提供了跨越式发展的难得的历史发展机遇。

当前，我国的互联网用户总数高达8.38亿，形成了宏大规模，加之市场环境不断完善，还有我们一些新的技术，特别是像云计算、物联网、移动互联网这些新技术正好面临着蓬勃发展的时期。对企业来讲，这其中还有很多机会可以去争取、去创造。

人无远虑，必有近忧，互联网产业发展之后呢？我们经济发展的下一个新的亮点是什么，是时候需要有人来思考了。

4. 不要当被宠坏的小孩

李嘉诚说过："新加坡的舆论不会对外资在当地获取盈利而有所批评；对于解决劳工问题，新加坡在输入外劳方面更为进取，但失业率不比香港高；新加坡没有中国作后盾，先天条件甚至没有香港那么好；新加坡重视睦邻，要兼顾国防开支，香港则没有这样的负担。然而，新加坡在创新方面却非常成功！新加坡是先天不足，香港则是宠坏了的孩子，香港近来民粹主义升腾，照这样下去，用不了五六年就会面目全非。"

经过了原始积累到发展壮大，现在很多企业家习惯了高速增长，并热衷于了占有超过实际需要的资源。

这类资源一般都是稀缺资源，包括资金、土地、罕有实物、进入门槛极高的项目、具有特殊能力的人才等等。物以稀为贵，企业掌握了稀缺资源，就掌握了利润的源泉。这让他们失去了前进的动力，想一劳永逸，却裹足不前。

现在有些企业家，特别是那些对县域经济有决定力和影响力的企业家甚至习惯控制当地的政治资源和社会资源。当自己的企业发展受挫，他们想到的不是从内部找原因，而是运作各种关系寻求政府支持。

习惯了超国民待遇，又如何自给自足健康成长呢？一旦资源优势丢失，不再是受宠的孩子，企业将遭受致命打击。

归根到底，政府照顾某些企业，主要是因为某些企业能够给官员们带来好看的政绩。在某些政府官员眼里，企业家与其他人不同，因而可以获得特别照顾。但政府特别照顾企业家，背后有一个绝对的不平等：政府跟企业、官员跟企业家根本不在一个频道、不能归入同一个范畴。企业家和企业不论是否得到照顾，都不过是某些官员用以实现自己政绩目标的一个工具。

由此不难理解这样一种现象：很多今天呼风唤雨的企业家，明天就可能走投无路。比如，地方政府为了创造政绩，采取种种优惠政策鼓励民营企业家上马钢铁、水泥、铝合金等项目，也鼓励企业忽视环境标准。一旦上面风向转变，地方政府经过理性计算，发现转向最合算，就会毫不犹豫地抛弃这些企业，企业家连哭都找不到地方，最后的赢家总是制定游戏规则的官员。

在市场环境下，人跟人是平等的。一个明智的政府，会平等地对待市场上所有活动主体，因为政府根本无法事先得知，资源将流向谁人手里，谁将成为经营高手，谁将为社会创造更多财富、为他人创造更多机会。偏袒某些人，意味着歧视所有其他人，而这很可能妨碍资源流入到未知的具有企业家精神的人手里，从而影响财富创造过程的效率，扭曲财富的分布格局。

2013年，对照明行业来说，"政府补贴"绝对是个热门话题，不同程度受益于政府补贴的企业如过江之鲫。其中，三安光电连续3年相继获省、市、县等政府补贴逾30亿元，拨得头筹。

2014年伊始，不少企业就纷纷对外公告了收到各级政府财政补贴、资助资金的信息。

但是政府相继出台的补贴政策惹来一片争议。有人提出政府补贴激励了LED行业的迅猛发展，但过度补贴扶持，一方面使企业失去了市场敏锐性，影响了有序的市场竞争；另一方面也造成了脱离实际的"揠苗助长"现象，并滋生了骗补事件。此外，政府补贴偏爱大企业、龙头企业，中小企业很难分到一杯羹。

其实政府补贴是把双刃剑。政府补贴一般是给予资金支持，关键要看企业如何分配这笔补贴资金。有的企业为了眼前利益，采用不正当手段来骗取政府补贴，却不肯把心思花在如何增强企业实力上，这类企业虽然能拿到一次、两次政府补贴，最后也不可能发展得很好，甚至会被市场抛弃。因此，企业要想长远发展，不能一味依靠补血，而是自己要会"造血"，只有有了强大的"造血"功能，才能取得长足发展。

企业过度依靠补贴，就成为了被宠坏的小孩，经不起一点风雨。德豪润达董事长王冬雷曾经说过这样一席话："虽然政府补贴还在持续，但补贴的强度和力度都在减小。如果没有政府补贴，企业盈利上会有影响，但是企业要健康发展，光靠政府补贴，初期可以，长期对于企业经营的意义不大，企业最终还是要自力更生。"

5. 小的就是好的

我国企业中99.7%是中小企业，而这其中大批中小企业在发展模式、管理理念上，走的是企业规模、市场占有量的路线，讲究的是企业规模和产值规模，他们总想把企业做大。

大的就一定好么？

要知道船小好调头。很多大企业流程长、执行效率低，而中小企业的最大优势是"体态轻盈"，能以速度抗击规模，产生巨大能量。

有人在2010年曾对日本政府中小企业厅发布的《支撑日本经济希望的300家中小企业》做过一个统计，这300家遍布日本各地各行业的中小企业的平均寿命是46年。这比我国中小企业的平均寿命2.9年高出太多。

日本的中小企业越做越小，但越做越精。他们努力使自己的企业成为行业产业链里面专业化细分产品的生产工厂，他们不会去为了企业的规模、产值的规模而不断扩大再生产，他们的奋斗目标是把企业做成行业里面、细分产品里面不可替代的一颗螺丝钉，这就是中国和日本中小企业发展模式的最大区别。

东京墨田区有一家创建于1930年的小企业，号称冲压加工世界第一，它就是——冈野工业株式会社。这家如同过去中国街道小工厂的企业，包括老板在内总共只有5名职员，就是这样一个小得不能再小的企业，却取得了不俗的成绩。据报道，冈野工业株式会社现在是日本丰田、尼桑、马自达等各家汽车制造商都想合作的对象，因为这些汽车制造商在研发新型燃

微链接

30年前，泰国国王就倡导民众发展"小而美"经济，以提升竞争力和抗风险能力。这个策略在经历了金融风暴后得到更多的认同和强化：当大型企业被卷入风暴而遭遇重大挫折时，是那些具有个性的小型甚至微型的小企业帮助国家渡过难关。

哈佛大学教授詹姆斯·斯科特认为，"小而美"的生产方式，对于耕地有限的小农户而言，具有更好的"安全性"。道理其实很简单，规模化的生产，相当于把鸡蛋放在同一个篮子里，一旦遇到市场风险，便是灭顶之灾。

料汽车所需要的高难度零部件的加工，只有冈野工业株式会社能完成。冈野雅行曾对日本媒体说："我们要搞的加工，绝对是中国、欧美企业做不出来的，在燃料电池汽车的实用化竞争中，日本必将一路领先！"这就是日本中小企业的气魄。

日本还有很多这样的中小企业。

日本阿拉发电子株式会社的员工仅150人，是日本名副其实的以"精"著称的中小企业。它最初以精密金属箔电阻器作为主打产品，该产品可广泛应用于多种自动控制装置，不仅在日本市场供不应求，国外客户也纷纷前去订货。现在阿拉发电阻器已占领日本市场的85%，世界市场的23%。

日本微细加工株式会社是一家专门制造光缆线头表面研磨软片的小型企业。该公司花了3年时间攻克技术难题，到目前，该公司生产的研磨软片已占日本市场的60%。

日本名古屋市有一家企业，专门为加油站生产洗车机，年产3000台，占日本市场的65%。日本各地的加油站几乎到处可见该公司的产品。作为一个专业生产厂家，如何保住市场至关重要。为了不断满足客户需要，该公司建立了一套用户信息管理系统，根据客户需求变化，不断推出新产品。该公司专注于这一产品，在狭小的市场中始终居于主导地位。

从上述这些案例中我们不难发现，日本很多中小企业并不追求企业的规模，他们把企业定位在大行业的产业链里。在大企业的产品细分市场中，寻找自己在这个市场能做哪些产品，他们会根据自己的特长、自己的技术特点，或者利用自己在某些行业里面的社会网络去决定企业的产品。用自己的专业水平去形成自己这个小领域市场的垄断地位。

与日本类似，德国中小企业发展也值得称绝。

德国除拥有大众、宝马、戴姆勒、西门子等大名鼎鼎的巨型品牌企业之外，还拥有众多在国际市场领先却不显山露水的中小企业，数量占到德国企业总数的90%以上，是推动德国出口贸易乃至整体经济持续发展的主要力量。当金融海啸让以规模经济效益取胜的大型企业陷入危机而难以自拔之时，德国中小企业的经营却没有受到太大的影响，并在世界市场遥遥领先，创造巨大的出口贸易额。德国政府也非常注重发挥中小企业的社会稳定器功能，甚至长期采取"限大促小"政策，以反垄断法规来监督大企业是否利用其垄断地位打击限制中小企业，从而扶持中小企业发展。

"二战"以后，日本和德国都神奇般地从战争的废墟中迅速崛起，令世人瞩目。这一重大成就的取得，显示出两国经济发展的超越性，而实现这种超越性的主体，是两国既具有世界超一流规模水平的，具有国际竞争力的大企业，又同时拥有为数众多的中小企业。借鉴两国经验，积极推进我国中小企业发展，对我国社会主义市场经济的繁荣，促进经济增长有着重要的作用。

联想到我国企业追求"大而全"的豪爽经营风格，再仔细看看那些实力雄厚的跨国企业孜孜追求的"小而精"的经营战略，似乎突然间明白了这些跨国企业之所以能够纵横世界的真谛所在。

6. 基业长青才是王道

《基业长青》一书中说：成为高瞻远瞩公司是一种持续的、动态的进步，不是静止不变的。路途尽管遥远，但是任何公司在任何时候都可以沿着这条路走下去，变得更为高瞻远瞩。我们要再度说明，这是一个漫长的过程，坚持不懈、找准方向走下去的人会赢得最后的胜利。我们的发现不是速效药，也不是一长串管理流行风中的下一个流行声明，或是下一个流行口号，或是被人引用的一种新方案，绝对不是！要让任何一家公司变得高瞻远瞩，唯一的方法是长期坚持一种恒久程序，构建出一个保存核心而且刺激进步的组织。

改革开放30多年来，我们看惯了"流星雨"。一个个企业如流星般划过天空，很多名企发展像昙花一现，极美却极短。

微链接

1993年、1995年、1997年、2000年、2002年连续5次中国中小企业抽样调查表明，中国中小企业平均寿命只有2.9年，能够生存3年以上的企业只占企业总数的10%，中国大型集团企业的平均寿命为7~8年。日本企业的平均寿命为30年，是中国企业的10倍；美国企业为40年，是中国企业的13倍。

20世纪末，王遂舟的郑州亚细亚集团倒闭了，怀汉新的太阳神集团倒闭了，吴炳新的三株集团倒闭了，姬长孔的秦池集团倒闭了，胡志标的爱多集团倒闭了，孙寅贵的百龙集团倒闭了，牟其中的南德集团倒闭了……

2002年，华晨集团发生重大危机，董事长仰融涉嫌经济犯罪，华晨集团资产由财政部划归辽宁省政府接管；同年，海南赛格信托有限公司宣布破产，清盘时发现其总债务高达80亿元人民币，其公司所有负责人均被海南省人民法院判处2至3年有期徒刑，公司被法院判交罚金2069万元；2003年上海首富周正毅的农凯集团陷入严重危机，周正毅本人被判处3年有期徒刑；还是2003年，南京冠生集团因月饼"陈馅新做"曝光而破产倒闭；同年，中国管理软件巨头企业科利华公司宣布倒闭；2004年6月，德隆集团宣布倒闭，董事长唐万新及60多名高管因涉嫌操纵股市被公安机关逮捕；同时间，著名VCD生产企业广东金正电子因原总裁万平挪用上市公司款项导致企业清盘、本人被捕；2005年，享有"中国国产手机第一品牌"的科健集团由于巨额债务缠身，加上资产重组失败而宣布倒闭破产。

据报道，我国每年有近100万家企业倒闭。反观欧美，百年企业林立。如美国管理学家柯林斯和波拉斯在《基业长青》一书中列举的美国运通公司、波音公司、花旗银行等18家公司，都历百年而不衰。

风头一时无二，也是枉然，企业能活下去才是王道。很多企业刚刚理顺发展道路，过上几天好日子，就开始肆意扩张，不脚踏实地办事，最后导致竞争力下降，资金链断裂。

美国兰德公司花费了20年的时间跟踪世界500家大公司，发现百年企业具有一个共同特征，就是树立了超越利润的价值观，不以利润为唯一追求目标，而是更加注重追求企业的使命、愿景及企业文化形成与传承。我们可以看出，百年企业需要的是传承，是文化的积淀。

基业长青的企业存在共同优点，流星式企业倒闭原因则五花八门。

很多企业缺乏基业长青的理念，都是抱着捞一票就走的心态。

要做到基业长青，需要对企业发展有稳定的心态，不冒进、不自卑。发展心态不好，许多企业家在决策时容易急功近利，只看到企业的利益，而忽视尊重基本的商业规则，以及违背这种商业规则所带来的潜藏的风险，而这正是导致许多企业夭折的原因。

我国政府和老百姓现在对GDP已经不再像以前那么迷信了，这说明心态变好了。尽管很多人认为企业做大即是做好，但实际上控制扩张速度对很多企业来说更好。现在很多企业家已经不愿意再无限制地做大企业。每个创业者对成功有不同的定义，不是每个人都需要以越来越多的资金、顾客、雇员为指标来衡量成功。其实，保持企业的小规模并不意味着满足于少赚点钱，而是为了在生意和生活之间找到平衡。

企业家心态对了，对社会就有信心，做企业也就有了出路。

信心警言

◇ 古之立大事者，不惟有超世之才，亦必有坚忍不拔之志。

——苏轼

◇ 自立自重，不可跟人脚迹，学人言语。

——陆九渊

◇ 自信与骄傲有异；自信者常沉着，而骄傲者常浮扬。

——梁启超

◇ 任何人都应该有自尊心、自信心、独立性，不然就是奴才。但自尊不是轻人，自信不是自满，独立不是孤立。

——徐特立

◇ 我认为永远是今天比过去任何时候都更好。你等于站在一个攀登的山顶上，看这条弯弯曲曲攀登上来的山路，只有在山顶的高度上回顾，你才能看得清楚，甚至每一块石头所在的位置和意义。

——杨炼

◇ 徘徊观望是我们成功的大敌。许多人都因为对已经来到面前的机会没有信心，而在一犹豫之间，把它轻轻放过了。机会难再，这话是对的，因为即使它肯再来，光临你的门前，但假如你仍没有改掉你那徘徊瞻顾的毛病的话，它还是照样要溜走的。

——靳佩芬

◇ 能够使我飘浮于人生的泥沼中而不致陷污的，是我的信心。

——但丁

◇ 先相信自己，然后别人才会相信你。

——罗曼·罗兰

◇ 我只有一个忠告给你——做你自己的主人。

——拿破仑

信心警言

◇ 坚信自己的思想，相信自己心里认准的东西也一定适合于他人，这就是天才。

——爱默生

◇ 深窥自己的心，而后发觉一切的奇迹在你自己。

——培根

◇ 有信心的人，可以化渺小为伟大，化平庸为神奇。

——萧伯纳

◇ 除了人格以外，人生最大的损失，莫过于失掉自信心了。

——培尔辛

◇ 劳动使人建立对自己的理智力量的信心。

——高尔基

◇ 哥伦布发现了一个世界，却没有用海图，他用的是在天空中释疑解惑的"信心"。

——桑塔雅娜

◇ 一个人面对正当之事物，在正当的时机，而且在这种相应条件下感到自信，他就是一个勇敢的人。

——亚里士多德

◇ 我们的生活都不容易，但是那有什么关系？我们必须有恒心，尤其要有自信力！我们必须相信我们的天赋是要用来做某种事情的，无论代价多么大，这种事情必须做到。

——居里夫人

◇ 世界上使社会变得伟大的人，正是那些有勇气在生活中尝试和解决人生新问题的人！

——泰戈尔

信心警言

◇ 他们必须对生活有信心然后才能使生活永远延续下去，而所谓信心，就是希望。

——保罗·郎之万

◇ 在任何一块土地上挖掘，都会找到珍宝，不过应以农民的信心去挖掘。

——纪伯伦

◇ 请记住，环境愈艰难困苦，就愈需要坚定毅力和信心，而且，懈怠的害处也就愈大。

——托尔斯泰

◇ 我想一切胸襟宽广的人都有雄心大志；但是我所器重的心怀大志的人，却是那些坚定而有信心地走这条道路的人，而不是那些企图一蹴而就、浅尝辄止的人。

——狄更斯

◇ 我不是带着将失败的情绪走进赛场的。我回来的时候满怀信心，我相信仍然能够有所作为。如果我只是坐在这里听别人告诉我不能复出，那我肯定不会出现在这里。

——乔丹

第二章

信 任

一些企业家想方设法与领导干部"交朋友""攀关系"，进行权钱交易，以便充分利用领导干部手中的权力和影响力达到自己的目的。如今企业家"傍官"正成为贪污贿赂案件中一个突出现象，"傍官"的方法多种多样，有逢年过节就送礼、结交领导夫人套近乎、同处购房攀"亲戚"……

公道来讲，没有哪位企业家非得去"傍官"，但是为了免受某些政府官员的刁难，谋取更多的好处，很多企业家选择了"傍官"。

很多企业家都有很矛盾的心态，他们"傍官"又怕官。双方地位上的不平等，让企业家们相较于官员在社会关系中处于下风。

有些企业家认为，要想获得发展，就必须紧贴政府，不然自己怎么"死"的都不知道。他们通过各种手段和方式与官员攀关系，但却担心这一不稳定的关系迟早会害了自己，就在这种想依靠、又害怕的复杂心态中，有些企业家度日如年。这种心态说明了企业家对政府官员既依赖又不信任。

信任如断了线的风筝

> 一个国家的福利及其他参与竞争的能力取决于一个普遍的文化特性，即社会本身的信任程度。
>
> ——福山《信任》

1. 不敢说真话

2014年7月14日，国务院总理李克强邀请部分中央企业、地方国企和民营企业负责人与部分国务院相关部委负责人到中南海，想听听大家对上半年经济形势的看法，同时听取下半年经济发展的意见建议。中国通用技术集团控股有限责任公司董事长贺同新的发言，几次被总理插话询问更详细的情况。谈到企业面临的问题时，在总理的一再追问下，贺同新说："总理，您得理解我们市场主体，我们不能乱提意见。"李克强总理听后称："感到汗颜。仅仅因为部长们在，企业家不敢说真话。"因为实践中很多事例告诉企业家，说真话固然痛快，但是说完之后，可能无济于事，反而被官员们记恨，甚至被穿小鞋。

　　大到国务院总理，小到基层政府官员，想从企业家口中听到实情，都很难。忠言总是逆耳，逆耳的话，想听的、能听进去的政府官员不多。为了稳妥起见，很多企业家们少说话，或者只说好话。有道是闷声发大财。据报道，湖南岳阳为整治部门违法违规行为自制"暗访揭短片"、召开经济环境面对面会议，邀请企业家与相关部门领导面对面。可是，在暗访时忿忿不平的企业家们，面对齐齐到位的相关部门领导干部，却无人敢当面质问，集体失语。为什么企业家们只敢在暗访时愤愤不平，真和领导面对面了却一句话不敢说？"此时无声胜有声"。这沉默恰恰表明了企业家对政府部门的极端不信任。虽然现场有纪委书记康代四为企业主们撑腰，可企业家依然不敢得罪政府部门头头。笔者曾经多次陪同领导到地方作有关民营企业发展的政策环境调研，有些企业家会反映一些实情，更多的企业家见风使舵，尽说好话，"环境在改善""党和政府的政策就是好"。而当我们进一步追问好在哪儿，很多企业家就语焉不详、支支吾吾。

　　企业家对政府的不信任还表现在不敢说、不愿意说真话。国家进行宏观政策调整，需要真实的经济数据，但很多数据无法获得，企业家不愿意说实话。企业家明白一个道理，如果说实了话，政府官员会增加税收额度，企业要承担更多的摊派，承担更多的社会责任。因为谁也不愿意当出头鸟。

2. 花钱买平安

　　有些企业家给官员们送礼物，只是为了保平安。要是出了什么问题，遇到什么麻烦，收礼的官员若能帮忙捎上几句话或者挺身而出，就可能大事化小、小事化了。即使官员秉公办事，也得送礼。常送礼，官员就不会有事没事找茬。所谓官为刀俎，企为鱼肉。刀俎解鱼，轻而易举。

　　"清城区有8个街镇，就算我每个街镇拿100万元，我们都可以有800万元。有的厂年产值一亿几千万元，我们无非要他一百几十万元，或者要二百万元。如果他揭穿我，我要他整间厂都倒闭。分分钟可以搞垮一间厂，而且整间厂倒闭，在别人看来都是合理的。"

2013年12月9日，清远一女子向纪委实名举报清城区环保局局长陈柏和违纪。12月31日，广东清远市清城区政府通报，专家鉴定和调查取证发现，录音内容属实，陈柏和还涉嫌其他违纪问题，对他免职并立案调查。

一个环保局长"分分钟可以搞垮一间厂"是不是一种危言耸听？这不禁让人想到"一个处长都能把你搞死"的言论。

因为企业与政府相比，处于绝对弱势的地位，企业只能任由政府机构"宰割"。政府有着强势地位，权力无所不能。

企业家对政府的不信任，源于不平等。

曾有归国创业的企业家坦承："我不会移民，回国是对的，能做点事情。但我后悔做了企业。尽管民营企业有发展空间，但没感觉到有什么高的社会地位，工商、税务、质检等部门没有不卡你脖子的，什么官员都可以训斥你，有苦倾诉无门，潜规则太多，挺疲惫。"

中国几千年来的风气都是官贵民贱，过去的官就是"口含天宪，言出法随"，他们集司法、执法于一身，说你"违法"就"违法"，说你"非法"就"非法"。而在中国历史上，商人的社会地位一直不高。《管子》一书最早出现"士农工商"的说法，也就是所谓"四民论"。商业阶层排在"士""农""工"这三个阶层之下，被社会公认为是最无道德、最低贱的人群之一。自古以来，商人无疑是财富上的强势群体，但在社会地位上，却是十足的弱势群体，时常沦为政府的"提款机"和人民的"出气筒"。

这样不平等的地位带来了社会角色的不平等，中国是官本位思想极其严重的国家，商人之所以怕官，正是由于官员群体是国家的代表，更是经济制度的执行者、裁判者。一旦制度上有风吹草动，与国家关系密切的商人，首先想到的是如何及早抽身，避免倾覆的命运。

3. 行贿谋发展

很多企业依靠自身建设发展得很好，不愿意送礼，但麻烦就在于，你不送礼的话，要是你的竞争对手送礼怎么办？如果官员很廉洁，不管谁送都不收礼，那么问题好解决。可如果这个官员不那么廉洁，那么送和不送就有着天壤之别。

毕竟在中国做生意，通常都免不了要和各类官员打交道，希望官员秉公办事可能得求情，希望官员法外开恩可能也得求情，这些"情"要想顺理成章，是要"送礼"的。企业不送礼可能会丧失竞争优势。送了礼物，就能够确保有特殊机遇、特别好处到来的时候分一杯羹。收礼的官员若掌管这块资源分配，那么这些送他礼物的企业家就可能获得巨额的回报。

这也说明企业家选择去送礼，很大程度上是一种不自信的表现，企业对自身产品和服务不自信，企业对政府行为不信任和对市场前景不确定。送礼的本质就是对政府官员的不信任。有些企业家对官员们极端不信任，送礼之后还要留下证据，一来可以防止官员拿了东西不办事，再来也是为东窗事发留一后手。

2013年5月27日，大连视觉方舟文化科技创意产业园有限公司董事长毕美娜，在其实名认证的个人微博上举报辽宁大连市城市管理行政执法局局长蔡先勃，称其座驾是"一辆价值156万元的丰田5700陆地巡洋舰，此车悬挂的牌照辽B-G9168，原车系一辆红色的雷克萨斯，车主叫王健"。此后，毕美娜又在一系列实名举报中称，蔡先勃在向组织提供的任职财产申报中，只报了一套220平方米的房子，实际却拥有3套豪宅，其中一套价值千万元的别墅6室3厅4卫。

2013年6月22日，地产商人陆炫杰举报贵州安顺市委常委、副书记王术君受贿索贿行为。这类企业家举报官员的举动，玩的是玉石俱焚的事。

4. 不敢长规划

2012年某著名企业家在接受《财经》专访时表示："中国企业家是很软弱的阶层，不太可能成为改革的中坚力量……面对政府部门的不当行为，企业家没有勇气，也没有能力与政府抗衡，只能尽量少受损失。我们只想把企业做好，能够做多少事做多少事，没有'以天下为己任'的精神。"

2013年接受央视专访时，该企业家又进一步阐述，"我只能服从环境，我从来没有想过坚决要给环境动个手术什么的，我没有这雄心壮志。大的环境改造不了，你就努力去改造小环境，小环境还改造不了，你就好好去适应环境，等待改造的机会。我是一个改革派，之所以到今天还算成功，因为我不在改革中做牺牲品，改革不了赶快脱险。"

该企业家的这两段话，透露出的是无法改变只能顺从的无奈，以及对中国企业家自身骨气和勇气的痛心。不再信任自己有能力改变，不再信任大环境能够为企业家们所改变，在艰难中前行，让自己不在改革中做牺牲品。很多企业家担心政府官员更替，政策就会改变，因此不大愿意从事实体经济，不愿意做长远规划，怕计划赶不上变化，担心新官不理旧账。很多企业家做的是短平快的项目，希望早日回收投资，希望一有风吹草动，能全身而退。

第二节
谁偷走了我们的信任

> 中国人的商业活动表明中国有各种各样的猜疑形式。买方、卖方彼此都不信任，只有严格保持中立的第三者才能促使买卖成交，他们只有通过讨价还价才能获利。而且直到付款，交易才算做成。情况更复杂时，还需要形诸文字，因为空口无凭，必须立此存照。
>
> ——《中国人的性格》

1894年，在中国生活了22年的美国传教士史密斯出版了一本后来很有影响的书——《中国人的性格》，书中提到："中国人把不信任别人看成很自然的事。"100多年前的话，勾起不少人对照现实后的感慨：今天，我们真的失掉信任了吗？

中国社会科学院发布的《2012-2013社会心态蓝皮书》显示，中国社会总体信任指标进一步下降，低于60分的及格线，人际间、不同群体间的不信任进一步加深和固化，导致官民、医患、民商等多种社会冲突增加。

人们对政府的信任度不高，特别是对基层政府的信任度很低。干部表态还没张嘴，大家就觉得要说谎；干部做事还没开始，大家就认定想作秀。人们对官方数字也常常持怀疑态度，认为数据造假，"被幸福""被就业""被增长"事件时有发生；人们对政策不信任，政策制定要么不切合实际，要么被特殊利益所捆绑，而且"换一个领导换一种思路""换一届政府换一套政策"，朝令夕改，无法信服；人们还认为政府存在滥用权力的现象，政府言行不一、自食其言，比如反腐不力、行政不作为、群众反映问题处理慢或不处理，等等。如此之政府，自然很难取得人们的信任。

1. 社会大环境

"2014年中国社会形势分析与预测"调查中，67.8%的人同意"很多老板都是靠政府官员的帮助才发财的"这一观点，认为一些人在发展过程中通过官商勾结获得了不正当收益。公众普遍认为在发展过程中存在着不公平现象。社会大环境里，到处弥漫着不信任的气味。社会信任度的降低，是一个量变的过程，并非一日之寒。部分官员的贪污腐败，致使人们对官员不信任；部分警察以权谋私，致使人们对警察不信任；有些医生吃回扣瞎开药，致使人们对医生不信任；有些企业生产不合格产品，导致人们对企业不信任；不法分子利用人们信任进行欺骗行为，导致人们对陌生人不再信任……

好事不出门，坏事行千里，本来以上事件属个例，但经媒体曝光宣传，不断夸张、扩大，导致社会信任度不断降低。本来媒体将坏事丑事曝光，目的是想让人们提高警惕，对违规分子予以

微链接

《社会蓝皮书：2014年中国社会形势分析与预测》提到：当前我国不断拉大的收入差距和社会中存在的不公平现象加剧了人们对现实社会中平等、公正状况的负面评价。肯定起点公平，否定过程公平，对结果公平持分歧意见成为目前城乡居民公平感的主要特点。

告诫，然而这样做的后遗症之一就是整个社会信任度降低。在一些别有用心的人的炒作下，民众炸开了锅，小道消息满天飞，很多人都产生了畏惧心理。统计一下这些年我们一起抢购的商品：禽流感来袭时，板蓝根一下子飞上枝头变凤凰，引来全民抢购；日本福岛核泄漏发生之后，食盐成了抢手货；当世界末日预言临近时，被遗忘多年的蜡烛居然被抢购一空……

面对一幕幕"中国式抢购"闹剧，大多数人觉得太荒唐可笑。但是，当"中国式抢购"屡屡发生时，缺乏科学常识这一简单理由就不足以解释了，更不能只当成笑话看待。

在这些抢购潮里，我们能看到人们对于政府、社会的不信任，一有风吹草动，人们就惶惶然不知所措。

此外，我们还能看到政府对于社会和民众的不信任。例如抢盐事件，若事情一发生，我们的政府就能公开发声对造谣者追究刑责，对哄抬盐价者严厉打击，作为政府垄断专营的食盐，整个供应链都在政府的严格掌握之中，"哄抬盐价"根本无法实现。如果连食盐的价格都控制不好，那政府在价格方面就存在大问题了。

很多事情一发生，有些地方政府总是义正词严，将之归咎为社会的问题和责任。正是因为政府对自身不自信，对社会和民众不信任，才会出现这样的事情。而民众呢，会觉得这是政府的责任，与自己没有多大关系。这种政府、民众和社会之间相互不信任，使得我们的神经极度敏感和脆弱，哪怕一丝风吹草动，都会激起巨大的波澜。

媒体在此前，其实已经告知中国民众不必恐慌，无需担心核辐射到来，但是因为中国媒体以及相关专家的公信力缺失，即使透露的消息千真万确，分析理直气壮，但很多民众依然不信。在这种情况下，谣言自然就有了强大的市场，吸引着民众趋之若鹜，抢购盐的风潮因此形成。

媒介的信任度低，使得正确、科学的宣传工作难以顺利开展。情况更糟的是，很多组织在宣传时，都会刻意隐瞒，这样只会加深人民对党和政府的不信任。现在网络资讯已经很发达，人员流动也很频繁，实际上对人民隐瞒实情已经很难。可是我们某些政府官员却自作聪明，整天干着掩耳盗铃的事，还自鸣得意。殊不知，越是想隐瞒，越是会加深民众的好奇心，不明真相的民众甚至会将事情朝最坏的方向揣测，其实大家想知道的只是一个真相。

中国社会当下的信任缺失到如此地步，我们不禁要问：中国人的心态怎么了？

现在的中国企业家的心态有这样一个怪圈：他们恨贪官，又拼命去巴结这些污吏；他们骂垄断，又通过各种手段希望多占有资源；他们讥讽不正之风，自己办事却忙找关系。

企业家愤怒，不是因为觉得不公平，而是觉得自己处在不公平中的不利位置，有些企业家不是想消灭这种不公平，而是想让自己处在有利位置。

这样的大环境、这样的心态，是时候引发我们深思了。

2. 法治不健全，未来不可期

马克思说："私有财产的真正基础即占有，是一种事实，一个不可解释的事实，而不是权利。只是由于社会赋予实际占有以法律的规定，实际占有才具有合法占有的性质。"

有些政府官员徇私枉法，在民营企业家中造成极坏影响，导致许多民营企业家转移财产、移民海外。有些政府官员直接踢开法律搞"黑打"，对法律"自由裁量"，制造了大量冤假错案，例如企业家财富被以"打黑"的名义掠夺、不少人士因言获罪被劳动教养、法治被权力肆意边缘化等耸人听闻的事件，还有纳税人的巨额资金被挥霍在旧城改造、面子工程上……

也有些极个别地方以"打黑"为名借机没收企业家的财产，这种践踏法律的做法某些仇富的老百姓以为是均贫富，因而得到了他们的拥护。"打黑"有了群众基础更让企业家们格外的焦虑和不安。

在2014年3月召开的全国两会上，全国工商联副主席、中国民（私）营经济研究会会长庄聪生指出："人身财产得不到有效保护已成为中国民营企业家们最大的担忧。没有强有力的法治保障，民营企业就无法跨过各种隐性壁垒。"

两会上，庄聪生副主席还传递了许多民营企业家的意愿：我们要的不是更多的照顾，而是公平；要的不是什么特权，而是安全。

企业家们看不到未来，就源于当下的私有财产保护法制不完善、体制管理不规范，国家未能给企业家宽松安全的发展环境。广大民营企业家的财富是创业创新、依法经营和付出艰辛劳动的成果，理应得到尊重和认可。如果不能在全社会树立私有财产不可侵犯的法治理念，不能立法保护民营企业和出资人的人身财产权益，就无法激发创业创新创富的积极性，甚至可能诱发社会仇富心态，对先富起来的人形成排斥，导致社会资源严重流失。

政府在市场准入、市场监管、信息反馈等许多方面缺乏完善的制度，在对失信者处罚力度上还缺乏有效的措施。失信成本包括失信行为本身的成本以及受法律惩罚的成本、受舆论批评的成本和受良心谴责的成本。信用缺失本质上是一种违约行为，经济活动主体是否选择违约，主要看违约成本的高低，当违约所带来的收益超过守约所带来的收益或失约所产生的成本时，很多人便会选择违约。

企业家们需要的是一个相对稳定、安全的发展环境，为此政府就必须完善并落实保障私有财产权的制度，在立法和现有法律修订上，切实考虑保障民营企业家的财产权和人身权，切实营造公平、公正的生存经营环境。

唯有如此，民营企业家在才能国内安心地创业致富。

唯有如此，民营企业家才会信任政府，看到一个未来。

3. 政策不明确、政策连贯性差

任志强说："你认为这个短命的政策会永远不变吗？现在不是说第二年就不出政策了，明年不但会出政策，可能还会出很多政策。今年一下出了三个，市场随便有点什么变化就调了，你怎么知道明天不会调商业呢？"

政府制定政策是一件严肃且重大的事情，但现在很多部门立法科学性不够，具有较强的随意性，因而政策经常是朝令夕改，使得公众无法连续执行，政策随意性越大，变化越大，人们对政府的信任度也就越低。

从2003年到2013年，中国房地产调控经历了"十年九调"，十年来，几乎每年都有新的政策出台。然而，几轮调控下来，中国房地产市场却陷入到"越调越涨、越涨越调"的怪圈之中，调控成为名副其实的"空调"。到了2014年，房地产又有了新思路，这种思路从某种角度来讲，可以理解为"无调控"。

如此朝令夕改，政府要想获得信任，的确很难。信任是相互的，上面的政策制定不到位，下面会对其失去信任。同样，政府对于企业"上有政策，下有对策"的行事风格也是心知肚明的，因而对企业的信任也大打折扣。企业与政府就这样处在彼此互不信任的两端。

据报道，山西大同市原市长耿彦波调任太原，引发市民挽留和舆论关注。耿彦波既是明星官员，也是争议官员。主政大同5年期间，他推出了雄心勃勃的古城重建计划，希望把大同3.28平方公里的古城真正恢复到明代格局。

有市民坦言，挽留耿彦波是担心"人走政息"。大同古城复建规模宏大，至今只进展到一半多。耿彦波走后，工程会不会烂尾，房屋被征收的住户能否得到妥善安置等等问题，一些市民心里没底。

这正是民众对政策不连贯的担忧。如果大同古城重建计划，不仅是耿彦波这样的敢为官员具体力推启动和实施，而能得到行政环节方方面面全力支援，并由机制主导实施，市民们可能就无须再担心"人走政息"；如果承担重要行政职责的地方官员，在其升迁调任之时，能与当地民众及时沟通，通过当地人大赋予民众应有的知情权，市民可能就无须发出"为什么在我们不知道的情况下调走市长"的慨叹。

对于地方官员调动，我们不能不考虑其地方工作的完成度和对地方发展的影响，不能不考虑工作的延续性。不可否认，现实中因官员调动而使地方发展规划另起炉灶的事并不鲜见。其结果是地方官员不适应，民众不适应，还造成了资源浪费。国家政策法规的制定，本应严肃、审慎、权威、稳重，以彰显国家机关的公信力，同时也是当代法治政府依法行政的基本要求。然而，当国家行政机关今天颁发行政许可、明天又撤销行政许可，翻手为云覆手为雨、朝令夕改，令申请人无所适从，甚至对申请人的合法权益造成损害。

现在的市场情况瞬息万变，政府在制定政策法规时，常常面临"两难"的抉择。一方面政府要审时度势，增强政策的预见性、针对性和灵活性；另一方面又要保持政策的连贯性与稳定性，提高政策的有效性。

应对复杂多变的国内外经济环境，国家政策制定要增强针对性与灵活性，但切莫"忽冷忽热"，造成政策的"有效性冲突"，这不仅削弱了调控的效果，增加了调控的成本，并有可能加剧市场的波动。所谓政策的"有效性冲突"是指政府不得不放弃原来制定的政策目标，采取反向操作。这不仅严重浪费了前期所投入的宏观调控成本，大大降低了公众对政府的信赖程度，而且对今后宏观调控政策的有效性也会带来莫大的挑战。

如果没有一个连续性的指导，谁知道该何去何从呢？

4. 公权力滥用

孟德斯鸠说过："一切有权力的人都容易滥用权力，这是万古不易的一条经验，有权力的人们使用权力一直到遇有界限的地方才休止。绝对的权力会造成绝对的权力滥用。"

所谓公权力，即政府部门或官员所执掌的社会管理权，是政府部门根据宪法和法规所得到的对社会进行治理的权力。在不同的国家和不同的历史阶段，公权力的内容有多有少，范围有大有小，但其目的都是为了维护社会秩序，保障公民私权，促进社会发展。从其本源上讲，这些权力的职能是维护基本的社会秩序，应该是公正、中立、理性、无私的。

但在权力行使过程中却出现了很多扭曲，国家的公权力滥用已成为社会公认问题。公权力已经变成：国家权力部门化，部门权力个人化，个人权力商品化。这一局面是导致滥用公权力腐败的根源。

事实告诉我们，所有的腐败现象都没有离开权力和私欲，所有的腐败分子无一不是以权谋私的，世上没有无权力的腐败，也没有无私欲的腐败。权权交易、权钱交易的实质是肮脏的权与利的交易。

国家公务人员滥用权力谋取私利，违反公认的道德、纪律、制度和法律规范并造成危害社会腐败现象，这一些列的腐败现象包括政治腐败、官场腐败、行业腐败等。

在经济转型期，政府与市场的边界不够清晰，政府部门直接掌握和控制着土地、矿产资源、税收优惠、行业准入等一系列重要经济资源与制度资源，导致企业家经营活动对政府权力过度依赖。这正是很多官员能够把持权力的原因，也是在一些领域容易产生企业家犯罪与政府官员犯罪伴生现象的重要原因。

公权力的滥用已经开始损害政府的诚信和国家的公信力。所有企业家都期盼着政府公权力的正确行使。

如果政府及政府工作人员言而无信、言行不当或者出尔反尔，民众显然会对政府的信用产生怀疑，整个社会的信用系统也将会产生重大问题。

政府行使公权力的合法性来自民众的认可和支持，所以，政府的合法性基础实际上就是基于民众的信任。公信政府的合法性基础是连续的、强大的，在于公民对政府提供公共物品和公共服务能力的信任，并在这种信任关系的基础上，在政府的公共权力与责任和公民的权利与义务之间营造出良性的动态平衡关系。

政府在与民众的关系中占据行动上的主动，也就是说，政府必须以其主动的行为和对过去经验的宣传来不断赢得民众的信任，从而获得稳定的支持。

党提出"全心全意为人民服务"的宗旨，又提出"执政为民，构建服务型政府"的执政理念。但美好的愿景需要实践来描绘。没有行动，愿景就会蒙上一层灰。

例如困扰了政府十年多的"住房改革"，它关系到千万百姓切身利益，所以从一开始，这方面的争论就没有停止过。改革的初衷是改善民生，其结果却背道而驰，住房问题成为老百姓身上难以承受的大山。更令人无法理解的是，房价的一大部分居然是税收。面对这样的改革结果，老百姓心里当然不是滋味，从而怀疑政府的公信力。

在社会政治生活中，民主权利被虚置也常有发生，如有些地方干部的任用只是组织部门甚至是个别主要领导说了算，群众评议只是走走过场；在重大事项的决定上往往是一把手"一锤定音"，在资源分配上尤其如此，令人失去了政治参与的愿望和热情。此外，无论在和生活密切相关的行业、部门还是在组织公共生活的第三部门，以及在政治生活中，都存在着欺瞒行为。

2014年8月28日，新华网报道在广西合浦县石康镇的发生的咄咄怪事——原本财政拨款80万元的"政府大院"改造建设项目，"摇身"变为800多万元。卖地筹款填不了缺，最后百余万元靠企业"捐资"：深圳老板20万元，矿业公司10万元，爆竹厂6万元……这份24家企业的捐资清单，背后是"不捐款别找政府帮忙办事"的"协商"，凸显的却是公权力的滥用。

"不捐款就别找政府办事。"

当地镇政府之所以有如此胆气说出如此猖狂的话语，皆缘于镇政府手中掌握了太多的权力，这些权力控制着企业的生死存亡，可以让企业在当地难以生存，政府要"逼捐"，企业也只能打掉牙齿往肚里吞，自认倒霉。

或许个别地方政府的某次逼捐的确能够解决一时的困难，但这种"逼捐"的背后，却是对公权力的严重亵渎，不仅严重损害党和政府形象，更会让党和政府永远背上"土匪"的骂名，让党群干群关系矛盾更加尖锐突出，这也是与当今举国上下开展党的群众路线教育实践活动格格不入的。

公权力的滥用导致了企业权益受到侵害。拿这件事分析，政府向企业逼捐，不仅增加了企业的生产成本和经济负担。而且，企业为了减少生产成本，就会在生产投入上减少支出，有的企业甚至会在安全工作上节约开支，从而增加企业生产的安全隐患。

公权力的滥用对企业的影响，主要就体现在领导干部插手公共资源配置上。领导干部违反法律法规规定，利用职权或者职务影响，向相关部

微链接

据2014年3月26日《环球时报》报道，美国得克萨斯州的14岁女孩安妮·詹姆斯看到一辆警车非法停在她家附近，于是给警察开了一份手写的罚单，并因此受到嘉奖。安妮·詹姆斯发现警察停车违规，没有忍耐，而是写出一张罚单。

值得一说的是，犯了错的警官汤米·金对手写罚单作出了很好的回应。他没有粗暴地扔掉，而是友善地去小区经理那里认罚。这是知错能改的态度。不仅如此，他还对写罚单的女孩给予奖励，丝毫没有遮丑的意思。

要让公权力受到监督，最有效的办法莫过于培养乐于依法监督公权力行使的公民。美国女孩"手写罚单"是个好示范，值得好好体味。

门、企业或有关人员以指定、授意、暗示等方式提出要求，影响公共资源配置正常开展或干扰正常监管、执法活动的行为。这种行为不仅损害国家利益、集体利益以及其他企业的合法权益，给工程质量和安全造成极大隐患，并且容易滋生腐败，具有较大社会危害性。

领导干部插手公共资源配置，有的是以打招呼、批条子等强令或指定的形式直接插手干预，更多的则是以授意、暗示、默许等形式间接插手干预，且手段翻新、形式多样。这些都会严重影响到企业间的公平竞争和良性发展。

5. 民营企业家地位尴尬

戈登·图洛克说："如果价格的垄断是通过政治交易得到的，那么大量的资源也会被耗散在这种获得政治支持的过程中。"

2013年10月底，国务院总理李克强在中南海主持召开了一场经济领域专家和企业家负责人参加的经济形势座谈会。

会上，马云直言不讳地说："民营企业家希望得到政府更多的信任。"

李克强总理当场表态："今天把你请来座谈，就代表着我们的信任。对民营企业家，政府不仅信任，还要依靠！"

总理还说："中国经济的信心很大程度上来自企业家的信心，而企业家特别是民营企业家希望得到政府更多的信任。"

马云向总理"求信任"，得到的回应与本届政府力推的简政放权政策一脉相承，传达了强烈的向民间放权的改革信号。但从另外一个角度来看，企业家"求信任"，表现出来的是民营企业家这些年面对困境的现状和心声。

作为利益仲裁者和秩序维护者，政府不仅掌握了物质与金融资源，而且拥有制定游戏规则的权力，他们必然要利用所有这些优势。民营企业作为"被管理"方，其尴尬的地位，让他们很难有归属感。这是困境，也是现实。

这些年国家大力扶持民营企业发展，但地位看似提升的民营企业，此时在现实中却遭遇了种种难题。上一轮国企改革完成之后，固有利益格局基本形成，国有企业享受的垄断优势和资源倾斜更加明显，民营企业在市场准入、资源配置、权益保障等方面均遭受不公平待遇。尤其是金融危机以来，政府过多地介入市场，经济发展更多地借助于政府推动下的投资扩张和国有经济做大做强，"国进民退"在局部领域愈演愈烈，社会阶层固化、经济结构板结的趋势愈加明显。

有些人就提出，"姓资姓社""姓公姓私"问题并没有真正解决，"非公有制"这个"非"字本身就带有歧视，不少部门和领导怕接触非公有制经济人士。不少企业家呼吁，"改变观念甚至比放宽市场准入更重要"。

经济学家许小年指出，我国民营企业及民营企业家正处于一种"尴尬"的地位，因为改革开放以来仅形成了经济的现代化，而核心的法律、政治制度及人的观念并没有跟上经济发展的步伐，企业家和制度之间的这种摩擦将长期存在。

许小年还表示，虽然绝大多数企业家愿意在一个透明、公平和合法的环境中开展竞争，但是由于制度的落后，规范的市场经济在短期内是无法形成的。企业家面临的一个尴尬是什么？就是经济体系和社会观念之间的脱节。现在有两大流行观念，第一个叫民族主义，第二个叫做民粹主义。这两个主义和市场经济都是格格不入的，但是我们整个社会观念还没有走到这一步，所以民间的仇富、民间对产权的不尊重，时不时出现的类似"打土豪，分田地"的呼声，又使得企业和企业家很有压力。

种种尴尬的身份，让我们的企业家很难找准自己的定位。企业家所面临的是我们整个国家的发展、社会的发展在各个系统之间不同步而造成的紧张和摩擦，这种紧张和摩擦在企业家身上表现得特别突出。

紧张和摩擦长期得不到缓解，信任也就逐渐消失。

6. 转轨时期难以避免的阵痛

柯尔律治说过："每一次改革，无论它多么必要，总会被一些笨蛋急过头，于是，这一改革的本身又需要一次新的改革。"

以前我国社会是人治社会，现在正在过渡到法治社会。这一蜕变过程，肯定会有阵痛。

在人治传统根深蒂固的中国，如何让法治成为信仰，这的确是个难题。破除人治，意味着不仅要破除封建特权的思想，还要触动某些特权者的利益，不仅要建立平等民主的文化制度，还要清除封建等级制的思想基础。应该看到，社会不会自动接受法治，特别是当法治与人们的传统观念和自身利益发生冲突时，人们自然会选择已经习惯了的人治，故而，法治之路依然漫长。

由人治到法治是一次根本性的改变。对于一个社会，法治转型可能远比人们想象的困难。

中国是个人情大国，人治历来重于理治，人治自古重于法治。在人治转为法治的过程中，少数官员将权力玩弄于股掌之间，服务于私利，用于不正当的目的。如果法制被用作破坏法治的手段，司法被用作对抗正义的工具，那么将是对法治最严重的嘲弄和破坏，党和政府执政能力也会面临严重危机，社会秩序和道德秩序将出现严重混乱。

尽管现在人人口头上都主张法治，但人从本质上讲是经济人，在从事社会活动的时候都有一本投入产出的账。如果对成本缺乏预期，一旦法治进程需要付出代价时就容易患得患失甚至动摇。这些在转轨时期，可以说都是在所难免的。

目前，我国的法治建设还不健全，这个时候法律往往也得看权力的脸色行事。例如很多案件的罪犯不是被法律的正常程序查处的，而是领导层甚至最高领导批示后，罪犯才落入法网的。执法者不依法从事，而是唯上是从，唯批示是从。要法办某个人，首先要考虑这个人的背景，如果是有权有势的角色，就觉得难以下手。某些不法分子死于民愤、死于媒体、死于批示，最后才死于法律。可见，依法治国还任重道远。

虽然法治信仰的形成过程异常艰难，在这过程中定会遇到很多曲折，但这不代表没有希望。只要我们调动全社会的力量，全力推进法治宣传教育，努力建设法治国家，营造法治氛围，法治中国终将到来。

改革推动了我国经济不断发展，但与经济繁荣并存的是机会的严重不均、贪污腐败盛行、收入两极分化等诸多问题。

当基尼系数从改革开放初期的0.24上升到接近0.5时，民众开始质疑"让一部分人先富起来"的政策，有些人甚至怀念共同贫穷的计划经济年代，寄希望于一个强势的政府，以压迫性的手段"替天行道""劫富济贫"，实现较为平均的收入分配。

一些人当然也看到了，正是由于裁判员下场踢球，"寻租"的暴利富了一批官员和商人，造成收入分配恶化，对策应该是政府退出经济而不是更多的干预。但对策迟迟没有被采纳，是因为政府退出经济是一个艰难和

微链接

党的十八大后，党中央集中清理党内法规，1978年以来制定的党内法规和规范性文件，近四成被废止或宣布失效。去年5月，两部党内的"立法法"《中国共产党党内法规制定条例》及《中国共产党党内法规和规范性文件备案规定》公布。对此，媒体有评论指出，加强党内法规制度建设，扎紧制度的笼子，既是从"全党共同来维护党章的权威性和严肃性"入手，依规管党治党的重要体现，也是以习近平同志为总书记的党中央把严格遵守党章作为"第一课"，推进依法治国的重大信号。

长期的过程。

中国正在遭遇转型过程中内在的种种不协调，根源就是我国经济已经市场化或半市场化，但支持市场运行的制度以及作为这些制度基础的社会观念仍然停留在过去。

市场经济的发展给我国带来经济繁荣的同时，也必然制造社会利益主体和社会结构的裂变和分化，目前，我国已经成为世界上收入差距比较大、城乡差距比较严重的国家。我国社会矛盾和社会问题日益突出，住房、医疗、教育等诸多社会矛盾千头万绪，但社会正当和有效的利益表达途径却严重不足。

这些问题的解决，需要时间。

唯物史观认为人类社会的发展是一种自然历史过程，同样，改革发展也是一个历史过程，现在种种的不适应在转轨时期难以避免，我们需要做的就是找准方向，少走弯路。

第三节
信任重构

> 一个政府，要想真正发展经济，真正走出危机，最后都得把企业家请回来。邓小平三番五次地保护年广久就是深刻认识到了这道理。而所谓改革，实际就是从消灭企业家改为信任、依靠企业家。
>
> ——胡释之

有人说，信任是一种最重要的社会资源。我们打开水龙头要相信里头流出来的水没有毒；我们睡觉要相信屋顶不会无缘无故塌下来；我们遇事报警要相信警察不是盗贼的同伙。不然，我们的生活无法进行。

有人说，信任就像一张纸，皱了，即使抚平，也恢复不了原样。

有人说，我们这个社会的信任已经被耗尽，不信任已经成为人与人、人与组织、组织与组织之间的主流关系。信任日渐式微，是近年来市场经济发展过程中发生的，是市场经济发展不足的伴生物。许多不道德、不诚信的行为，在一定程度上是与市场经济的不规范、不发达相关的。

是的，我们都知道信任的可贵以及它一旦受损之后的难以弥补。没有信任，社会就不可能存在。已故的德国社会学大师卢曼就说得好："当一个人对世界完全失去信心时，早晨甚至会没办法从床上爬起来。"信任缺失的负面的危机不仅影响到人们的生活，而且也会影响到社会的安定和发展，使社会因不信任导致资本减少和运行成本增加，从而最终陷入发展的困境。

现在有越来越多的人认识到了当下社会信任度在下降，甚至缺失了。越来越多的人开始重视这个问题，希望通过各种方法，找回曾经的那份信任，即便知道这十分不易。

作为企业家，信任重构也刻不容缓。市场经济本身就是"信用经济"，没有信任就没有市场，就没有市场经济。发达的市场经济与发达的信任、信用密不可分。市场经济是人类文明进步的一种历史形式，它建立在"自由、平等、所有权"的前提下，产生了与市场经济相适应的道德维度，即尊重、诚信、守法、互利、效率等相关内容。

这些道德维度，也许就是我们找回信任、重建信任的"内生"基础。

1. 被误导的年代

有人说："任何话语都一定有其特殊的前因后果，都会有特定的条件，就和这个社会中绝不会有无缘无故的爱与无缘无故的恨一样，问题也恰恰出在，如果媒体剪掉了这前前后后的语境背景，那么就一定会变成雷人的语录。"

传播学学者麦克卢汉提出过"媒介即是讯息"这样一个概念，意思是人们理解一个讯息时会受到其传播方式的影响，传播媒介的形式本身早嵌入了该讯息当中，讯息跟其传播媒介之间有着共生关系。

今天我们已经生活在一个由媒体构筑的世界里，媒体已经成为我们的一种生活方式。但我们必须记住一点，媒体不是异见者，也不是裁判员，它就是媒体，一个有立场的信息中介，一个负责任的信息发布者，科学理性的知识传播者，维护良善风俗的娱乐提供者，普世价值的坚定追随者。

然而当今的世界，很多事都是在利益的驱动下形成的，媒体的把关人也不例外，他们是站在自己的利益角度去向大众传播信息。对于很多媒体，事情真假与否已不再重要，商业逻辑和经济利益才是重中之重。为了吸引注意力，媒体绑架用户，凡事都只以吸引眼球为目的。

近年来，由于生存竞争日渐残酷，媒体为了扩大市场份额，纷纷追求刺激性新闻，这种对于眼球效应的追求与公众的猎奇心理不谋而合且相互作用，为惊悚新闻和负面消息的集中传播和发酵提供了土壤。

众所周知，媒体应走上以"真实讲述"为核心价值追求的新闻专业主义道路，而我们的媒体有些则走上了以"制造轰动"为核心价值追求的新闻娱乐化道路。许多热衷于炒作的媒体往往抓住一个热点或话题，便按照自己的理解去大肆渲染、炒作、批判，极少去思考事实的真相、舆论的影响。

除此之外，有的媒体甚至精心策划制造"假新闻"，如2007年传得沸沸扬扬的北京纸馅包子，就是一起典型的舆论绑架。一个急于制造轰动新闻的临时记者，利用公众对食品固有的不信任，以及媒体急于揭黑的心理，成功地实施了他的"绑架计划"。

随着舆论开放度的提高，为了在同业竞争中更吸引受众的眼球，一些媒体的报道常呈现"病态"，例如对某些新闻事件往往未经核实便盲目跟风，出现信息的偏差、言论的失实、细节的谬误，有意无意地充当了谣言的放大器，成为了坏消息的推动者。

然而绝大多数受众对媒介发布的信息都缺乏准确判断的能力。在《理解媒介》中，麦克卢汉形容媒介所载的内容为"盗贼带着的一块鲜肉，用以引开人们思想的看门狗"。意思是人们在通过媒介取得讯息时，往往只着意于显而易见的，即是其内容，但在过程当中我们很大程度上错过了一些微妙的、经过长时间地引入到我们当中的结构性变化。

媒体为了搏眼球，会聚焦甚至夸大社会的黑暗面，这样使得负面新闻充斥各种媒体。当负面消息的覆盖面趋于泛滥的程度时，可能带来的负面作用显而易见，折射到公众的心理层面，其表现就是怨气多了、不满多了、郁闷多了、谩骂多了。

在一个发展中国家，负面消息的出现是不可避免的。对于负面消息的发布和传播如果适度、合理，它就能正面发挥其暴露社会弊病的功能和作用，从而令公众有所反思、有所警醒。但是如果负面消息陷入泛滥和不可控制的局面，它的正面意义必然会遭到遮蔽，其丑陋、扭曲的内容则会无限放大，诱发公众不良情绪的产生，甚至可能令消极情绪、悲观心理蔓延开来，干扰和阻碍社会的正常发展。

在以微博、微信、论坛、社区为代表的民间舆论平台上，引人关注的"坏消息"比较多，网友也更乐意发表负面评论，这种现象被专家称之为"坏消息综合征"。著名市场调查公司美国尼尔森曾发布一份《亚太各国网民的用户习惯报告》，中国网民发表负面评论的意愿超过正面评论，约为62%，而全球网民的这一比例则为41%。

有这样一句戏言：如果想要不快乐，就立马上网奔赴各大社会或时政论坛。

现在的互联网更像是一个充满机遇与挑战、真诚与欺骗、温情与冷漠、和谐与争斗的矛盾组合体，充分展

微链接

《人民论坛》杂志曾通过人民网、新浪网以及人民论坛进行了一项针对公众心理状况的问卷调查，在参与调查的5420人中，近七成受访者认为动不动就"骂"反映公众的情绪"压抑"。的确，登录互联网，在一些以社会热点新闻，尤其是负面消息为话题的集体讨论中，常常都充满着"低气压"，各种口无遮拦的非理性话语，各种人身攻击式的恶言相向，各种猜忌、怀疑充斥其中。同时，每一个带着情绪的讨论者又会被另外一些更激烈的情绪所感染，于是，不断叠加、不断升级，直至造成群体性的情绪爆发。

现出色彩斑斓的思想图谱和纷繁复杂的舆论生态。一方面，互联网逐渐成为释放中国社会正能量的重要平台，从突发灾难中的守望相助，到公益行动中的慷慨解囊；从网络问政中的良性互动，到微博反腐中的锲而不舍，这些正能量在一系列网络事件中得到施展和印证。另一方面，网络空间中各种乱象也层出不穷："水军""推手"制造话题，虚假信息泛滥成灾，违法、不良信息屡禁不绝。

当一条负面消息传播至泛滥时，事实的本来面貌可能因无数的"再加工"而被遮蔽掉了，许多人宁愿相信自己认定的"真相"或"逻辑"，却不愿意相信权威部门的公开声明或者有关专家的专业解读。此类现象的出现，反映出公众对管理部门、对社会环境、对人际关系，乃至对生活本身，都怀有深刻的不信任感，这恰恰反映出心理上的深层次的焦虑、不安和悲观意识。

这正如尼采在谈到时代的裂变时所说的，"报纸和那些现代技术一起正在逼使我们的灵魂变得强硬而多变。"

2. 总有些事让我们感动不已

朱镕基曾经说过："不管前面是地雷阵还是万丈深渊，我都将勇往直前，义无反顾，鞠躬尽瘁，死而后已"，"我只希望在我卸任以后，全国人民能说一句，他是一个清官，不是贪官，我就很满意了。如果他们再慷慨一点，说朱镕基还是办了一点实事，我就谢天谢地了。"

政治家如此，企业家的个人命运也永远和他所处的时代紧密相连。为了民营企业的发展，有一大批人付出了卓绝的努力。

民营经济经过改革开放30多年的发展，已形成了一定的规模和基础，在国民经济中的地位越来越突出，作用越来越大，其发展环境也越来越好。各地以不同形式出台了大力发展个体、民营经济的政策和措施，各级工商行政管理部门在注册条件、经营范围、经营方式等方面进一步放宽。

与此同时，社会对民营经济发展的趋势和前景认识越来越深刻，对民营企业家的期望值越来越高。

但发展需要一个过程，我们不能因为一时的曲折就不认同前进的方向，就全盘否定所有人的努力。没有完全恶的政府，我们要信任他们，他们一直在改进，一切都在改变。

柳传志曾说过："稳定是中国发展的一个重要因素，我们民营企业是改革开放最大的受益者，让社会空气和谐湿润是最重要的，是我们最要尽力的。所谓改革，真的要改，也得是执政党内部自上而下地推动。我知道现在一些民营企业抱怨受到不公平待遇，联想在发展过程中也遇到过一些不公，我一个明确的态度是——把企业的事情做好就行了。"

我们应该承认，政府为民营企业发展费劲了心思，并一直致力于促进民营企业的健康发展和民营企业家的健康成长。

"十一五"期间，国家出台了一系列促进民营经济发展的法律、法规和政策，形成了比较有利的制度环境，民营经济的地位发生了重大变化。

"十二五"期间，国家着重落实先前政策，深化改革，重点打破民营经济的进入壁垒，缓解融资困境与人才瓶颈，做到进一步营造公平公正的民营经济发展环境，促进民营经济健康发展；进一步关注中小型企业特别是小微型企业的生存与发展问题，对民间融资进行专题调研，引导其规范化、合理化发展；进一步加大民营经济相关法律法规的落实力度，为民营经济发展创造良好的法治环境。

2013年，为了使民营企业渡过难关，中国政府决定进一步减低税负，暂免征收部分小微企业增值税和营业税，让超过600万个小微企业受益，并在针对民营企业贷款、融资、行政审批项目等方面出台多项政策。

2014年起享受减半征收企业所得税优惠政策的小型微利企业范围由年应纳税所得额低于6万元（含6万元）扩大到10万元（含10万元），享受所得减按50％计入应纳税所得额，按20％的税率缴纳企业所得税的优惠政策。

2014年，国家发改委首批推出80个鼓励民资参与示范项目，涵盖铁路、公路、港口等交通基础设施，新一代信息基础设施，重大水电、风电、光伏发电等清洁能源工程，油气管网及储气设施，现代煤化工和石化产业基地等方面，鼓励和吸引社会资本特别是民间投资以合资、独资、特许经营等方式参与建设及营运。根据国家计划，国家项目向社会资本开放的力度会越来越大，民营企业投资机会会越来越多，和国有资本的地位也会不断看齐。11月26日，国务院发布了《关于创新重点领域投融资机制鼓励社会投资的指导意见》，反复强调鼓励社会投资，特别是民间资本参与到生态环保农业和水利工程、市政基础设施、交通、能源设施、信息和民用空间基础设施以及社会事业等七大领域。

这些都是政府为促进民营发展而做出的努力。在这一过程中，不少官员竭尽全力、殚精竭力。对比往昔，现在很多官员"给力"多了，现在的发展环境也"给力"多了。

柳传志就说："我今天之所以敢问官员这些比较尖锐的问题，之所以敢说心里话，是因为现在的环境还是改善了很多，而政府也正在切实地推进一些事情。" 柳传志说这样的话是有原因的，他的创业体会就是最好的证明。

联想刚成立时，由于没能拿到政府的计算机生产批文，柳传志只能把工厂开在香港。后来由于香港地皮贵、人工贵，实在扛不住了，辗转拿到批文。1988年，柳传志又把工厂迁回内地，但是关键零部件仍需借道香港进口。

"当时，不知道什么原因得罪了地方海关的人，挨了一个很重的处罚，心里不服气，那时我们还是不谙世事，到海关总署去告状。后来总署也派人来调查，了解了真实情况后，没有给我们处罚，这听起来好像是没事了。"

没过几天，当载有联想零部件的卡车入关时，每一辆都被要求检查。那时海关边境口岸并不多，每天早上，口岸上等待入关的大卡车，一排就是好几公里，检查完了以后就让车重新排队。

今天这么折腾一次，明天再折腾一次，工厂的流水线时开时停，生产进度完全赶不上趟。经过好多天的连续盘查后，柳传志突然意识到，"这个地就是待不下去了"。不久，柳传志把工厂搬到了广东惠州。

2000年前后，国家审计署曾经对联想开展审计，从香港的公司到广东的生产基地，查了半年多，最后没有查出问题。此后，再和审计署的工作人员打起交道来，柳传志发现他们"态度温和多了"。

如今，联想的业务已遍布中国各个省份和全球190多个国家，柳传志和联想也成为各地政府的重点招商引资对象。其发展环境和以前相比，已是不可同日而语。

为了更好地为民营企业服务，更多的努力正在被尝试。

我们的政府已经行动起来，八项规定和群众路线教育实践活动不断深入，为民办事、依法办事逐渐成为官员的行事规则。

习近平总书记发表讲话时指出："针对权力运行问题，要加强对权力运行的制约和监督，把权力关进制度的笼子里，形成不敢腐的惩戒机制、不能腐的防范机制、不易腐的保障机制。"

"把权力关进制度的笼子里"，一句体现亲民作风、实干精神的话，彰显了规范权力运行的决心。

眼下，绝大多数领导干部都能牢固树立正确的权力观，但也有少数人不能正确看待手中的权力。有的认为，权力是上级给的；有的觉得，权力是自己辛苦"换"来的。于是，我们时而看到或听说，某些官员在上级领导面前点头哈腰、唯唯诺诺，对群众却颐指气使、爱理不理，甚至还出现类似"替党说话，还是替老百姓说话""我只为领导服务"的荒诞之论。而一些位高权重的腐败分子，则把党和人民赋予的权力当成牟取私利的工

微链接

据"2013年全球清廉指数"报告显示，丹麦、新西兰以91分并列最清廉的国家。中国以40分的成绩排在第80位，与2012年名次相同。在本年度排行榜中，中国虽然在名次上与上一年无变化，但是，评分却达到40分，这是"清廉指数"自1995年发布以来，我国首次达到"4"这个量级，充分体现出国际组织对我国反腐的肯定。虽然我国不是最清廉的国家，但绝不是最腐败的国家。

对于这一结果，不少网友持怀疑态度，甚至有人认为数据不准。这是因为政府个别官员贪污腐败，严重影响政府公信力，群众对政府评价极差。但是近年来，特别是自十八大换届以来，新一届领导班子加强反腐力度，"八项规定"、"反四风"、整治"三公经费"等政策相继出台，查处了一大批贪官污吏，让老百姓感受到了廉政建设的成效。

具，最终落得身败名裂的下场。

习总书记一句"把权力关进制度的笼子里"，话语不长，简洁平实，却蕴涵深邃，鲜明地表达了党中央加强反腐倡廉建设、规范权力运行的决心，旗帜鲜明地反对特权思想、特权现象。

从各级纪检监察机关反腐败行为的执行力上，我们可以看到成绩；从老百姓的支持声中，党和政府看到了信任。中央在打击腐败方面采取的一系列行动起到了一定的效果，我们有理由相信如今的纪检监察机关反腐败绝不是停留在呼吁和口号之中。反腐败如此，中国的深化改革也是如此，政府在为群众服务的方方面面都是如此。一步行动胜过一打纲领，任何的信任都源于"行动+实效"而非"口号+呼吁"。行动是赢得信任的最好方式。俗话说得好，说一千道一万，不如干一件。

党和政府所有的努力只愿企业界的有心人能看见、能懂得。

企业家要学会感动、学会感恩。

3. 行动起来，为诚信社会提供正能量

福山《信任》里说：信任是维护社会长治久安和保持经济持续发展的必要因素。构建一个高度信任的社会，对每个人、组织都有好处，同时，为了实现这个目标，我们也应该"从我做起、从现在开始"。

我们要信任，要学会信任。去理发，要信任理发师不会割断我们的喉咙；去餐馆，要信任厨师不会向我们投毒；去打的，要信任司机不会带着我们绕远路。

这样的环境，人的生活才会舒畅起来。

虽然信任缺失事件不断出现，但是诚信正能量事件也灿若繁星。它成为我们解决信任缺失这一难题的有力精神武器。从"最美基层干部"的报道，到"感动中国"故事的评选；从"油条哥"的良心油条，到诚信考试的免监考制度，这些都为重建社会信任提供了无限的正能量。

社会是由人构成的，人与人之间的交流形成了纷繁复杂的人际关系，人际关系中必然包含着社会信任，所以我们构建社会信任就要从个体入手，在全社会大力倡导诚信教育，利用社会舆论的力量营造团结互助、诚实守信的社会氛围，帮助公民提高个人的诚信意识，利用诚信正能量事件，唤醒国民间的相互信任。

作为公民，我们每一个人都要从我做起，做社会信任正能量的传递者。十八大报告中提出：倡导爱国、敬业、诚信、友爱。这是一个国家的精气神。作为企业家，就更应当有所担当，尽到应尽的义务和责任，履行社会责任，为社会增添一份亮色和温暖。

为信任社会提供正能量，每个企业家都要参与进来，通过培养正确的价值观，从企业自身做起，从身边做起，从手头做起，做出更多的诚信行为，为这个社会信任感的回升做出贡献。

每个企业行动起来，为信任社会提供正能量需要从自己力所能及的

角度出发，因为企业和政府官员的角度是不一样的，政府官员站在国家全局的角度做的决策更有全面性，有时不一定会对每个局部和所有个体都有利。企业家可能对政策有不满意的地方，用合理的方式积极提出看法即可，不要有过激行为。

你信任官员，官员就会因你的信任而表现得更值得信任。我们要做的，就是让信任感染每一个人。

行动起来，做一个充满正能量的企业家。

第四节
信任不是迷信

> 怀疑一切与信任一切是同样的错误，能得乎其中方为正道。
>
> ——乔叟

企业家要信任党和政府，要信任政府官员，但不要迷信。

因为工作关系，我经常有机会和企业家交谈，某次和一位企业家聊天，问及成功的秘籍，他说企业家搞经济，但需要和搞政治的官员联合，这就是"政治经济学"，只有学好政治经济学，事业才可以蒸蒸日上。很多企业家警惕官员，又期盼和官员交往。

有媒体报道，2013年西安一家餐馆开业时，悬挂的祝贺条幅让过往路人为餐馆老板的"人脉关系"所折服，5家祝贺单位分别为：西安市检察院、市公安局、市工商局、市城管局以及市监狱管理局。

事后，老板承认，此举是为了扩大新开业饭店的影响力和知名度，避免在经营过程中一些不必要的麻烦，擅自在街边一家广告店花费2000元制作了政府相关部门的祝贺条幅。

有媒体评论员评价此事时说："这一现象折射出的深层社会问题令人

深思。商家之所以想方设法与政府'套近乎',说到底还是为了给自己抬身价。这在很大程度上缘于对权力的崇拜和依赖,期待借此来显示自己有背景、有后台。"

"假冒政府部门的条幅"折射出来的是对政府权力的崇拜,对政府权力的迷信。

1. 权力迷信众生相

当前,企业家崇拜政府官员的方式可谓五花八门。

(1)设立场所供玩乐

很多企业热衷于在各地创办会所、俱乐部,设立驻京办、驻大城市办公室,等等。很多企业设立这些场所不仅仅是为了业务工作,更多的是为了交朋友,特别是结交达官贵人。其中很多企业驻京办成了"跑部办",会所则成了公关专用场所。

早在2010年初,国办就曾发文:县级驻京办及地方政府职能部门驻京办一律撤销,严禁在京设立新的办事机构。然而时至今日,依然有许多应撤的驻京办改头换面还在"潜伏行动"。企业驻京办更是隐蔽起来,成为企业联系政府的重要渠道。很多企业把这些驻京办视为成本中心,只是投入,不求收益,与政府官员交际求的是联结感情、维护关系,不求一时的经济回报。

多家驻京办餐厅负责人表示,由于驻京办餐厅更具私密性,接待的大多是政府官员,"与往年不同,受厉行节俭政策影响,今年很多企业的商务宴请也选在这里。近期宴会厅预订一直处于爆满状态,并且都是大型接待,得等到一个月后才有空位。"驻京办俨然成为企业向官员示好的平台。

来自海淀检察院的一份调研报告指出,当前,北京各类会所林立,一些顶级、高端会所设置了较高的入会门槛,入会前需要经过严格的审查。这些会所的入会费少则几十万元,多则上百万元,甚至上千万元,并且还要求入会者具有一定社会地位和身份。

新政倡导勤俭节约之风，严查官员大吃大喝，生活腐化。据报道，一些昔日觥筹交错的大饭店如今也门前冷落。可是暗访发现，各种高端消费依然红火，只是有从公开转入私密的趋势，给这些高端消费提供"掩护"的，就是所谓的私人会所。在这些会所，不但价值不菲的会员卡成为炙手可热的送礼佳品，不少会所的预约也排得满满的，人均消费数千元的养生宴最受人追捧。

几乎所有的高级会所都对会员和客人的身份守口如瓶，隐秘性和缺乏监管使各类会所成为了腐败的高发场所，与会所相关的腐败已成为一种新型腐败方式。

大多数会所都无需用身份证实名登记，并且会员卡可以随意转让，这其中暗藏玄机。现在一些人采取更加隐秘的方式实施贿赂行为，直接收受现金、银行转账等形式因极易被司法机关发现，已被大多数行贿受贿者摒弃，而赠送购物卡、会员卡等非金融机构发行的单用途预付卡已成为一种新型贿赂方式。与购物卡一样，会所的会员卡也是非金融机构发行的一种单用途预付卡，但相较于购物卡，会员卡具有更强的隐秘性，会员卡不仅是消费的一种途径，更是一种身份和生活品质的象征。

这一段时间，纪检等有关部门就意识到这类问题，开始了"清卡"风暴。"清卡"风暴也从一个侧面表明，"会员卡腐败"现象已经非常严重。

（2）参加官商联合培训班

2014年7月，有记者以干部身份联系到某国内知名大学"后EMBA班"招生办。招生办工作人员介绍说："已经招满4个班，每班40人，其中一半是政界人士，想报名得趁早。学费66.8万元，党政领导干部行政级别须正处级以上。"

这些动辄数十万元学费的培训班已畸变成某些官员打造人脉圈的"名利场"与"资源聚集地"。

　　根据不完全统计，目前国内主营高级工商管理培训，并打着"高官班"的牌子招徕企业家的高校和培训机构有百余家。这些高校的高级工商管理培训本来面对的是工商界人士，但现在，不少学员都是政府官员。这些培训班的学费都特别昂贵，2013年排名前十的EMBA（高级工商管理硕士）班，学费最低也要36万元，最高的近70万元，"这仅仅是2年的学费，没有包括其他活动经费，而EMBA同学聚会一般都是'高大上'的活动，这么算下来，有时候读个EMBA最高花费近100万元"。一位知情人说。

　　很多企业家也积极参加这类培训班，愿意承担高额学费，有少数是冲着学习知识来的，更多的是冲着权力、冲着结交朋友来的。高等学府迎合企业家的心态，创办了这种畸形的培训班。

　　商人希望借助官员们的关系获得更多的稀缺资源和商业机会，官员则需要通过公权力寻租来谋求私利，二者很快就在EMBA班上找到了结合点，而一些商学院也努力为企业家营造官商联姻的平台。随便翻翻国内几所著名大学EMBA班的校友录，各级高官和富豪成最显眼的群体。

　　国家行政学院教授竹立家认为，一方面，官员通过一些"天价培训"，形成政商利益错综的利益集团和朋友圈，易于形成腐败集团；另一方面，此类"醉翁之意不在酒"的奢侈培训会导致公共资源大量流失，应该列入纪委"反四风"的重点监察、打击范围。

　　这些高校举办的企业家培训班已成为了企业家们接近领导，对官员示好的途径。

　　一位资产上亿的企业家报名参加了由某高校组织的企业家培训班，学习时间为一年，每周六、周日集中在北京上课，学费22.8万元。他表示最吸引他的不是课程设置，而是招生简章上有当地政府官员的名字。"最高的官员是我们这里的副市长，其他还有多个局的主要领导。与这些官员结同学之谊，任何时候都是铁关系。"

　　招生简章中"与官员一起上课"，成为吸引企业家报名参与的方法。

一位业内人士说，这种方法称之为"钓鱼"。在这场企业家培训班的游戏中，在培训机构看来，政府官员是饵，钓的是企业家这条大鱼。在很多培训班中，一些学员名单里不仅有各位领导的名字，甚至列明了其主管领域。这样的招生简章，针对的就是该领导治下的企业家。

（3）扯虎皮做大旗

很多企业喜欢扯政府官员的虎皮做大旗。

很多企业为了更好地发展都会请政府官员做顾问，甚至是给干股。很长一段时间，大公司、上市企业请大领导当独立董事成了大趋势。《投资者报》在2010年做过一项调查，全部A股上市公司中聘请的前官员总数达到1599人，其中有467人目前在上市公司的职务是独立董事。

有专家指出，企业聘官员并不看重其工作能力，高薪聘来挂个闲职，其背后的用意和目的只能意会，不能言传。而作为官员来讲，无需参与经营，自然轻松很多，并且，公司愿意支付的薪酬一般要较公务员工资优厚得多。

有媒体在2011年粗略统计，市值排前50的上市公司中，有34位政府退休高官任独立董事。

大公司如此，中小公司也热衷于请政府官员挂名当指导。尽管有时候官员对企业生产经营给予了指导，起到了很好的作用，但大部分就是摆设。2013年10月以来，中央组织部集中规范清理党政领导干部在企业兼职（任职），至2014年7月全国共清理党政领导干部在企业兼职40700多人次，其中省部级干部229人次。这个数据也从另一个侧面反映了有多少企业在聘请党政干部兼职。

除了让政府官员挂名任职，企业领导们还想出了各种各样的方法拉近和领导的"距离"。

请政府官员题字作画，与政府官员合影，并贴挂企业办公室墙上；每次召开新闻发布会、总结会等等，请官员出场；请客吃饭时，即使谈生意，有的企业家也会拉上政府官员……

企业家对权力的迷信发展到一定程度，已经被很多人利用，企业家被假官员、假军人欺骗的事层出不穷，就是证明。凭着一个电话、一张名片，一个假官员或者军人竟能往来各地不被揭穿，照见了许多真问题。很多人存在畏上媚权的习气，得罪人不如巴结人，多一事不如少一事，但凡上头来人，不管真假都要做好接待。

在假官员赵锡永被媒体曝光后，《北京日报》记者走访了北京市某法院，了解到近年来法院审理的冒充官员进行诈骗的案件也在增多。根据该院近年来审理的假冒官员、军人及其亲朋诈骗案件数量来看，此类案件呈高发状态。这些案件中的假官员多数会通过刻意塑造形象来提高自己的层次，抬高身份，以取得被害人的信任。

这些假官员对自己行骗的领域十分熟悉，他们在被害人面前能说会道，且善于察言观色。此外，他们通过电脑软件伪造与国家领导人的合影，悬挂在家中或办公室来显示自己的身份，有的还购买假军车号牌、假军装来糊弄人。

我国曾出现过多起冒充官员到处考察并且进行诈骗活动的案件，除了有假国务院研究室司长赵锡永，还有"柳州传奇"刘和平、"造假书记"王亚丽、北京三假官之一曹忠武，等等。

企业家被假军人欺骗的事情那就更多了。

2014年4月，北京市第一中级人民法院判处孟沛成有期徒刑15年6个月。孟沛成于2009年3月至2012年12月期间，冒充军队领导人秘书，使用孟昭玺的名字与被害人结识，谎称能够帮助被害人女儿办理军校入学及安排工作，先后骗取人民币5100万元，以及价值人民币230万元的奔驰G55越野车一辆。行骗时，孟沛成经常穿"军装"，开"军牌"车与被害人见面。

类似"假军人"诈骗的犯罪案件比比皆是，在网上检索就能看到《假军官2个月诈骗70多万元》《假军官诈骗3000万》《假军官诈骗上百商户》《军方查处假军牌假军人：网购军服冒充少将行骗》《假军人帮办军校 富豪被骗5千万》等众多新闻。

有些企业家本着"宁肯误信一千，也不敢怠慢一人"。明知当冤大头，也不想错过一次和权贵交往的机会。这样就为这些假官员、假军人的诈骗行为提供了绝好的环境。

在当前公共管理中，很多企业家对行政权力都存在较大的依赖性，常常乐于寻找权力庇护。政府部门原本应俯身为公众服务，但是现在不少干部却成了公众服务的对象。

与其说企业家们这样的心理是一种权力崇拜，不如说是对权力的迷信。

有些企业家对政府已经到了迷信的地步。在改革开放之初，沿海地区的企业家中流传着这样一句口号："一只眼睛盯市场，一只眼睛盯市长。"

政府官员动向成了企业家的行动指南。

经济学家张维迎有这样的感慨："企业家的责任是创造价值而不是分配价值，我们现在确实有好多的企业家和经理，他们的关注点本来应该是怎么讨好客户，让客户满意，现在好多人不是，他们只关注怎么能够让官员满意，怎么讨好官员，这确实是我比较担忧的。在市场中企业只有给消费者带来幸福，你才能够成功。如果中国企业家不能变成一个市场经济的积极推动者，而是更多地跟政府部门勾结起来去寻租，我觉得这对中国经济是非常不好的。"

事实确实如此，很多企业家觉得搞定了政府，有了政府的支持，一切都会顺风顺水。

想法固然美好，对政府给予充分的信任也无可厚非。不过，相信不等于迷信，如果把所有希望都寄托在一个政策、一些官员上，他们是否有足够的鬼斧神工让企业旧貌换新颜呢？

　　企业家们必须认识到，任何决策必须依赖于对未来的判断，不要为了眼前得到政府的一点关照、一点补贴，就放弃了真正应该做的事情。

　　我们对政府应该是信任而不是迷信。遇到问题不要动辄就找"市长"，而忽视了找市场。

2. "万能首长"是如何形成的

　　2007年的一期《光华校友通讯录》上曾有一篇采写国家开发银行原副行长王益的报道。文末作者写道："文人气质，历史底蕴，金融通达，再加上音乐家的奔放，这就是我们敬爱的王益老师和校友的真实写照。透露一个小秘密，他已有新的创作计划，不知哪一天，又会带给我们惊喜！"

　　王益创作的《神州颂》在北大开演期间，一位很有声望学者激动得语带哽咽，尊称王益为"我们敬爱的王益老师"。他在文章中曾经写道："对于王益老师的身份，我们真的很难表述。金融家？音乐家？历史学

微链接

　　2014年6月27日，万庆良在广东省委常委、广州市委书记任上落马，又一位"万能首长"下台了。这位头顶着"有魄力的实干家"、"年富力强"、"最年轻市委书记"等诸多光环；由宣传部干事步列省部级领导，他花了26年，被公认为"火箭提拔"。无论他主政蕉岭县、揭阳市还是广州市，其施政思路一脉相承：大搞城市建设和开发，上马大项目，迅速拉动当地GDP增长。其政绩频频获得上级的肯定。这位领导还喜欢吟诗作对、引经据典；曾率省政府足球队击败广州市政府；2011年7月，此前不会游泳的万庆良，据媒体报道，"连续12天从晚8时苦练游泳到凌晨1时"，就横渡了800米水深浪急的珠江，并且紧随时任广州市委书记张广宁，赢得了亚军；每年端午节前后举办的"广州国际龙舟邀请赛"，正式开赛前例行有一个表演赛环节，万庆良带领的市领导队"连续三年夺得第一名"。

人？还是'王益老师'这个光华人对他的称谓更为亲切。对于王益老师的气质，我们真的很难分辨。诗人的率真和激情；历史学人的深邃和内敛；金融家的果断和严谨；我们更愿意把他视作有哲学思辨、历史钩沉和文学冲动的一个可亲可敬的老师和朋友。"

在不明真相的外人看来，王益堪称万能首长，可是2008年6月，王益涉嫌受贿被双规，传奇式的首长谢幕了。

因为有人吹捧，所以选择膨胀；因为有人供给，所以选择收取。很多企业家们形成了思维定式，遇到事情先找首长，再找市场。

现在很多企业家信任首长，甚至迷信首长。如果说有些官员腐败是自身造成的，是体制造成的，但是我们也发现有些官员是被宠坏了，企业家难逃干系。

有困难找"市长"还是找市场，这是个老话题。

企业家们一手把"万能市长"捧上了神坛，同时还抱怨"市长"不好伺候。企业家们用各种方式向"万能市长"求助，虽然结果不一定最好，但在他们心里这却是最好甚至是唯一的解决方式。

有些企业家投资和发展，不是认真考察市场，而是先公关政府。希望从政府官员口中套出区域发展规划、产业发展规划、优惠政策。

苏小和在《这是企业家迷茫的时代》中写道：但是现在，政府似乎成了救世主，企业家反而悲伤，反而作鸟兽散。这个国家显然才开始显得有点财富，但是创造财富的企业家似乎不重要了，如何瓜分财富竟然成了主流的经济方式；这个时代刚对市场经济有一点懵懂的认识，但在市场上进行资源配置的企业家似乎不重要了，拉关系走后门，靠着潜规则赢取财富，似乎比市场的逻辑更符合逻辑。

人情社会下，企业家在官员中的"人脉"如何，有没有"背景"，很大程度上决定其能否接到大订单、大项目。有的企业家深谙此道，将拉关系、结交官员奉为经商发家之捷径；而一些官员，先是有意无意，继而半推半就，最后则心安理地笑纳老板们的"小意思"，甚至走上官商"共同富裕"的道路，直到身陷囹圄，方才大梦初醒。

有些企业家不是思考如何提升产品质量和服务品质，通过公开、公平的市场竞争获胜，而是希望通过官员开辟绿色通道拔得头筹、抢占先机。

有些企业家在权益受到侵犯时，不是通过法律途径维权，而是诉诸权力，希望政府官员介入，帮忙维权。

还有企业家践踏规则，不守法、不守规，希望得到政府官员的默许和纵容，去做违法乱纪的事情。比如环保问题，废水废气废渣的排放，明明知道这是违法的，但是希望通过找政府官员，高抬贵手，放任自流。比如根据劳动法规定，工人加班时间每天原则上不能超过1小时，延长工作时间的小时数平均每月不得超过36小时。但有些企业通过游说，把本应实施标准工时制度的岗位改为综合工时制。这种通过或期望通过政府官员的帮助，做出违法乱纪行为的事例很多。

是企业家的过度"宠爱"，让政府官员更加无所不能。很多企业家已经习惯于迷信政府、依赖政府。因其在资源分配、宏观调控等方面的权利，以及政策制定方面严谨的态度，相信他们原本无可厚非。至于官员，特别是那些在长期社会实践中逐渐确立领袖地位的官员，相信他们的理由是缘于他们多数情况下所做的事是符合客观实际的，人们已经对他们有了信任。但这绝不能成为对他们盲从的理由。

贵州大学校长郑强教授说："未来20年，中国人崇拜的应是知识而不是官员。这一点我们应该向日本学习，这个民族对知识的尊重，无以复加。但现在在中国有点钱的人，有点小权的人，哪怕是个科长，也可以照样把大学教授弄得没有尊严。这种貌似聪明的聪明，洋洋自得的市侩，是多么肤浅啊。"郑强作为一位学者，为了学术的科学发展发出了这样的声音，那么企业家呢？

3. 信"市长"，更应信"市场"

王健林说："政商关系在中国是一个非常复杂的问题，这个问题比在哈佛读博士后还要困难，在中国尤其是民营企业能成功做大太不容易了，比美国企业家要艰辛好多倍。处理官商关系或者政商关系要做到八个字：亲近政府，远离政治。企业家信'市长'，更应信市场。"

很多大媒体都曾转载过这样一则消息：界首市步行街百盛广场东北侧一个不起眼的摊点旁边，副市长刘新兴身穿西装，手捧盘子，向围观市民卖力吆喝："界首状元萝卜，免费品尝啦！"

刘新兴在接受采访时表示政府不会干预市场，"但政府可以帮忙宣传"。的确，在市长帮忙吆喝的时候，萝卜真的好吃才是关键。市场经济发展的客观规律告诉我们，信市长，更应信市场。

党的十八届三中全会做出了全面深化改革部署，提出要发挥市场配置资源的决定性作用。企业的生产经营活动要根据市场规律来运作。

我国正在推进法治中国建设。企业家经营行为将得到法律的保护。另外，企业家应该成为法治中国建设的推动者，而不是破坏者。应该带头维护和推动法治建设，而不应该破坏法治建设。

我国正在完善产权保护制度。不管是国有资产还是非公有制资产将同等受到保护。企业家更有底气了，也不再需要官员的保护。企业家可以更加专心从事经营活动。

"市长"权力依然很大，但是其权力运行将会受到越来越多的监督，找"市长"办事的好处会越来越少。另外，找"市长"可能会引火烧身，因为以往企业家行贿官员，问题在官员身上。现在行贿官员，两者都要受到惩处。

2012年，陈雷带领他创建的北京万豪天际文化传播股份有限公司实现了年产值100%以上的递增，几年间，完成了年产值100万元到1.2亿元的跨越，这在动漫产业可以算作是奇迹。

"中国动漫企业过分依赖政府补贴的局面必须改变，否则企业和产品就不会完全市场化，也不重视市场化，这种状况制约了中国动漫产业的发展。"陈雷表达了自己的看法。

"中国各级政府给予动漫产业的各种补贴估计每年在几十亿元甚至上百亿元，这是世界上其他国家所无法比拟的。但我认为，这些补贴在某种程度上限制了动漫企业对市场的渴望和追寻——这是当前动漫产业的一个问题。打个比方，某企业的动画片在央视播出，可能得到每分钟2500元的补贴，如果在地方台播出，每分钟得到的补贴可能就只有1500元。那么，为了得到更高额的补贴，大量动画片都会集中去挤央视这座'独木桥'，可想而知，播出费肯定高不了，即使不支付播出费，想播出的片子也不少。这样一来，企业制作动画片的首要思路就是能不能拿到补贴，而不是有没有市场。"

北京万豪天际文化传播股份有限公司的成功不是偶然，他们盯着"市长"，更盯着市场。

陈雷这样分析自己的成功："之所以能够盈利，主要原因是我们不盯补贴、不盯获奖，而是专盯市场。每一个项目确立之前，我们都要经过反复论证，从方方面面研究其市场前景，我们会派人长驻衍生品公司、会贴钱帮衍生品打广告。第二个原因就是我们的平台化运营模式——原创节目、版权运营、衍生产品代理、新媒体运营、游戏产品，这5个板块相互借力、相互支撑。"

陈雷的成果足以向我们证明紧盯市场的重要性。

梁启超说："邪信不如不信，不信不如迷信，迷信不如正信。"对于政府，企业家要做的就是正信。

信任政府，依靠市场，方才是获胜之道。

★ 延伸阅读 ★

骂共产党的人，看完这篇文章都不吭声了

这是一位名叫周小平的知识分子的文章摘编。

我们今天的中国，千万不能上别人的当，民间舆论阵地的微信，不能任由诋毁先贤、侮辱民族、抹黑中共、贬损政府的段子肆意流行，应该有人站出来，大声为国家民族、为共产党说公道话，有没有共产党，中国大不一样——

1900年，那时候共产党还没诞生。八国联军在北京以杀人为乐。在八国联军占领北京的第3个月，570多名中国妇女不堪凌辱选择了集体上吊。《日本邮报》描述："联军以杀人取乐竞赛。法军将中国人追进死胡同，用机枪扫射十分钟，直到不留一个活口；英军将中国人赶成一堆，然后用炮轰毙；德军遇到中国人，一律格杀勿论。枪杀、刺死、绞刑、烧死、棍击、勒死、奸杀无所不用其极，街头到处都是砍下的人头，一些房屋里悬有首级和被肢解的尸体。"

1931年，那时候共产党饱受污蔑和攻击。日本人拿中国人试验取乐。国民党统治期间，中国人均寿命始终在35岁以下，中国人被当做牲畜一般任人宰割。日本鬼子人纯粹是为了取乐，用手术摘除中国受害者的胃和小肠，让受害者不断地吃东西也只能眼睁睁地饿死；砍下中国受害者的手和脚，还用"高明的医术"把手接在小腿上，把脚接在手臂上；把中国受害者的血液抽干注入马血，史料称由此引起的剧烈抽搐和痉挛"连几个壮汉也压制不住"……日本人的罪行真是罄竹难书。

1942年，那时候共产党被国民政府围剿，四分五裂的中国饿殍遍野。河南大旱之后又遇蝗灾，1000万众的河南省，有300万人饿死，300万人西出

潼关逃难。在逃难者中无数人因为饥饿吞食尸体、易子而食，不仅饿死、病死、扒火车挤踩摔轧而死者无数，沿途前行的难民队伍不断遭到各省军阀的驱赶扫射，或者是被日本飞机轰炸，肠肚满地，哀号响彻云天，大量的人在饿得只剩皮包骨后挣扎着死去，或者是在伤口感染生蛆灌脓之后撒手人寰。那时我们的祖辈，是多么希望能有一个统一的国家，不被各省军阀驱来赶去。

1949年，共产党当政，接手一穷二白的中国。人均寿命38岁。那一年，中国一片废墟，如同水洗一般得的贫穷。城乡几乎找不到完整的房子，到处是残垣断壁，没有医生、科学家，没有像样的武器，没有汽车、石油和化肥。钢铁产量才几万吨。文盲占人口绝大多数。整个中国的GDP还不如一个在世界地图上连自己的名字都差一点写不下的小小的比利时。

1959年，共产党执政十年，中国人均寿命为44岁。到那一年，中国完成了第一个五年计划，建设了157项重点工程。工业化打下了全面基础。钢产量是过去的几百倍。之前在一穷二白的时候，和美国人的一场正面战场较量取得胜利，震撼了世界。我们利用苏联的援助建设自己的石油炼化厂、化肥厂、武器工厂。但我们要勒紧腰带把粮食送给苏联，换取援助。在那一年，苏联给了一些筛网，能漏下去的小苹果留给中国人，漏不下去的大苹果给苏联人吃。

1969年，共产党执政二十年，中国人均寿命为51岁。那一年，我们模仿和学习苏联的技术取得了一定的成绩，这引起了苏联的不满。教会徒弟就要饿死师傅，苏联人深知这一点。于是中苏开始交恶，边境陈兵百万，数十万苏联坦克随时准备碾过我们父辈的身躯，梦想把刚刚掌握核技术的中国扼杀在摇篮里。而政策的失误，也使国家进入了令人痛心的动荡时期。尽管这样，中国的各项事业发展，还是保持了惊人的高速度。

1979年，共产党执政三十年，中国人均寿命为57岁。那一年，我们能够自产军舰和坦克。我们能够发射初级的导弹和氢弹了。那一年我们有了大庆油田，有了属于自己的化肥厂，有了自己的炼化设备，虽然很原始很简陋，但我们有了拥抱世界的信心。那一年，党拨乱反正，实行改革开放。中国从此走上超高速发展的正确道路，开始创造全球瞩目的发展奇迹。

1989年，共产党执政四十年，中国人均寿命为63岁。那一年，我们虽然在改革开放，但一直拒绝放弃自己的主权，拒绝美国人重提"七块化中国"的论调，因为我们不想回到1942年！那一年我们第一次被骂成"独裁"，那一年美国军舰开始封锁岛链，力图让我们的父辈屈服。美国人和苏联一样不愿意中国崛起，教会徒弟饿死师傅，这个道理美国人也懂。那一年，我们没有被迷惑，没有动摇和退缩，坚持走改革开放，但更坚持共产党的领导。

1999年，共产党执政五十年，中国人均寿命为68岁。那一年，美国撕裂中国的决心到达顶峰，中国必须回到1942年，否则美国人寝食难安。那一年，我们的大使馆被导弹轰炸，数名同胞粉身碎骨。那一年，我们的商船被公海拦截，断水断粮，但没有人屈服。那一年之后不久，英雄王伟驾机撞向了来犯的美国侦察机，化作蓝天下的一缕忠魂……但是我们咬牙坚持度过了那最艰难的岁月。英雄的牺牲没有白费。

2009年，共产党执政六十年，中国人均寿命为75岁。那一年，我们的北斗上天，我们的卫星遍布，我们的J20起飞，我们的航母初露峥嵘。虽然比起美国的七大舰队我们还差得太远，但这却是我们的父辈用百年沧桑、屈辱、磨难、牺牲、不屈、桀骜与血性换来的荣耀辉煌。除了我们自己犯傻之外，再没有人能将我们摧毁。只要共产党领导这个国家，任何外国势力都没有办法撼动中国，也不能指望中国摇尾乞怜，成为附庸。

走到2014年，回望历史这一个个惊魂动魄的瞬间，不由得发自内心地感谢共产党。我不知道是怎样的精神力量和信仰支撑，才使得他们在如此悲怆的绝境中，牺牲无数先烈，掩埋战友的尸体，前仆后继地战斗，毅然选择了向西方奋起抗争而不是放弃。那种信仰和力量即便用再华丽的辞藻去形容也丝毫不会过分。

只有共产党才能领导中国、发展中国、捍卫中国。中国共产党的诞生，终结了中华民族受外族欺凌的时代。中国共产党真正参与和主导的对外战争，抗日战争（共产党在抗日战争中的地位和作用，我们另文探讨）、中印战争、抗美援朝战争、抗美援越战争、中苏珍宝岛战役、对越自卫反击战等，都取得了最后胜利。

共产党创造了奇迹和神话，在所有这些军事斗争中，他几乎都是弱者一方（即便是对越反击战，敌军的单兵军事经验也优于我军、也有地利优势），但是用毛泽东思想武装起来的人民子弟兵，战无不胜，雪尽前耻。中国共产党在人类历史上，树立了光辉的榜样，成为一切弱者、一切被剥削者、一切被压迫者的精神偶像。强者任意欺凌弱者的历史铁律被改写了。

毛泽东用一人之力，神一般的智慧，弥补了我们民族在装备力量、军事工业、人员素质的差距。通过他的教导，我们取得了胜利，在极弱的情况下与虎狼共舞。他疯了一样地发展自己的工业、炼钢铁、大跃进、不搞议会民主制浪费时间，将民族资本和地主财富收归国有充实国力，不近情理地推出一些"极端政策"，他想利用极为短暂的和平时间尽快发展。

有毛泽东这个传奇大英雄在，谁也不敢再与中国兵戎相见。但他知道敌我真正的差距，他担心在他之后有没有他这样的人物，不怕恫吓与讹诈，有那种深挖洞、广积粮的豪迈气魄，吓阻列强的觊觎之心，一心一意谋发展。所以毛泽东日以继夜地工作，打下了让中国称雄世界的军事、外交、工业、科技、政治雄厚基础。这个神人，两手攥空拳起家，挽救了中华民族。

在共产党手上，收回了香港澳门；在共产党面前，台湾永难独立。邓小平第二棒接得很好，开启了中国经济发展、国家进步之门，江泽民、胡锦涛时期，中国一跃成为世界第二大经济体，习近平执政以来，中俄联手与美国抗衡，中欧、中阿（阿拉伯）、中非关系空前发展。排除美日的新亚洲安全观正式提出。中国作为亚洲领袖和世界大国正式登场了。

共产党，真牛啊。俄印蒙三国总理居然同日访华。习近平访欧，战机护航；习近平访美，三天庄园会谈礼遇罕见；中俄联盟，力度之大令西方目瞪口呆；印度新总理第一个邀请的是中国领导人；阿富汗后悔没有选择中国的发展道路；俄罗斯共产党羡慕中国的发展；美国打了一场伊拉克战争，但真正掌控该国石油命脉的却是中国。戈尔巴乔夫亲口说，苏联被迫解体，是因为没有邓小平这样的伟人。

苏联解体后，英雄般从美国回到俄罗斯的大作家索尔仁尼琴，他的国际声誉来自其对前苏联的批评，在以美国为首的西方阵营看来，索尔仁尼琴的价值，在于他挑战"专制主义"的勇气。他也以此为荣，但是在晚年他曾经流着眼泪表达后悔，他看到的俄罗斯和苏联比，有太多乱像，人民生活得很无助。他承认对共产党的批判可能是错的和肤浅的。

所幸，中国共产党比苏共更接地气，更善于改正错误，更懂得自我更新。从早期扶助农工支持共和的共产党、到土地革命战争时期打土豪分田地的共产党、到接受整编主张枪口一致对外的共产党、到打倒蒋介石解放全中国的共产党、到无私奉献排除万难建设新中国的共产党、到"文革"前后急躁与冒进的共产党、到改革开放实现经济腾飞的共产党、再到今天成熟理性坚定自信的共产党，他走过了艰难曲折的探索之路。

中国共产党从诞生的那天起，就是一个真正的民族精英的政治集团，直到今天，他仍然集合了中国最优秀的人众，集中了一批有远大政治抱负和献身激情的政治精英。这个精英集团，虽然经历过自身成长的曲曲折折，在不同的时期犯过大大小小的错误，但你可以看到，在所有历史的重要关头，他都神奇地选择了唯一正确的道路。

这是因为，这个党一直在顺应人民的愿望，呼应群众的要求。人民高不高兴、人民答不答应、人民满不满意，一直是这个党的历代最高领导人衡量一切的尺子。这个党，是一个有伟大梦想、有伟大追求的党。在中国，没有任何其他政治力量可以替代这样一个坚强辉煌的政治精英集团。中国人民应该为有这样的党，感到万分骄傲。

信任警言

◇ 任人之道，要在不疑。宁可艰于择人，不可轻任而不信。

——欧阳修

◇ 人生是残酷的，一个有着热烈的、慷慨的、天性多情的人，也许容易受他的比较聪明的同伴之愚。那些天性慷慨的人，常常因慷慨而错了主意，常常因对付仇敌过于宽大，或对于朋友过于信任，而走了失着。……人生是严酷的，热烈的心性不足以应付环境，热情必须和智勇连结起来，方能避免环境的摧残。

——林语堂

◇ 一个好的伴侣关系，应该是以信任之心，不限制对方的自由，又以珍惜之心不滥用自己的自由。

——周国平

◇ 我老是在说一句话，亲人并不一定就是亲信。一个人你要跟他相处，日子久了，你觉得他的思路跟你一样是正面的，那你就应该可以信任他；你交给他的每一项重要工作，他都会做，这个人就可以做你的亲信。

——李嘉诚

◇ 我的为人可以从长期看出来，我希望大家对我个人的信任和理解是靠长期的理解，而不是靠一件事情的误解。

——李开复

◇ 没有任何东西比信任更具有重大的实用价值，信任是社会系统的重要润滑剂。它非常有成效，它为人们省去了许多麻烦，因为大家都无需去猜测他人话的可信度。不幸的是，这不是一件可以轻易买到的商品。

——肯尼斯·阿罗

◇ 人类一切和平合作的基础首先是相互信任，其次才是法庭和警察一类的机构。

——爱因斯坦

信任警言

◇ 公众的信任不能随便托付给人，除非这个人首先证实自己能胜任而且适合从事这项工作

——马·亨利

◇ 使一个人值得信任的唯一方法就是信任他。

——杰弗逊

◇ 对人的热情，对人的信任，形象点说，是爱抚、温存的翅膀赖以飞翔的空气。

——苏霍姆林斯基

◇ 如果把礼仪看得比月亮还高，结果就会失去人与人真诚的信任。

——培根

◇ 信用既是无形的力量，也是无形的财富。

——松下幸之助

◇ 不相信任何人和相信任何人，同样都是错误的。

——塞涅卡

◇ 信任是友谊的重要空气，这种空气减少多少，友谊也会相应消失多少。

——约瑟夫·鲁

◇ 不相信任何人的人知道自己无信用。

——奥尔巴赫

◇ 不要对一切人都以不信任的眼光看待，但要谨慎而坚定。

——德谟克里特

◇ 司令官与他的部队之间的相互信任是无价之宝。

——蒙哥马利

信任警言

◇ 一个人失败的最大原因，就是对于自己的能力永远不敢充分地信任；甚至自己认为必将失败无疑。

——富兰克林

◇ 魔鬼为了陷害我们起见，往往故意向我们说真话，在小事情上取得我们的信任，然后我们在重要的关头便会堕入他的圈套。

——莎士比亚

◇ 信任是我们必须保护的东西，因为它就像空气和水源一样，一旦受损，我们所居住的社会就会土崩瓦解。

——史里斯·博克

◇ 坚持，自信，一直以来，我对自己和自己的风格深信不疑，这样我才能让全世界的人信任我。

——乔治·阿玛尼

第三章

信誉

外白渡桥是上海外滩的标志性建筑之一，百年之后的重生更是让它充满了历史感和传奇色彩。

2008年4月，这座桥被整体拆移，运到船厂进行维修，上海人称之为"疗养"。一年之后，它以原貌重现黄浦江畔。但大家不知道的是，之所以决定对这座百年老桥进行"疗养"，里面是有故事的。

2007年年底，外白渡桥刚刚度过自己的"百岁华诞"，有关部门正准备对这座老桥进行综合改造，这时，上海市有关部门收到了一封寄自英国的信件。信中说："外白渡桥的设计使用年限为一百年，现在已到期，请注意对该桥维修。"

原来，寄这封信的正是当年设计外白渡桥的英国某公司。收到这封来信之后，有关部门立即决定对外白渡桥进行拆移维修。这座桥于1907年交付使用，采用的是当时最先进的钢铁结构。现在，一百年过去了，外白渡桥每天承载着三万多辆汽车的通过，我们甚至都忘记了这座桥其实已经垂垂老矣。谁还会想到有人会对这座桥负责？但一家本可以游离于此事之外的外国公司，竟然记在了心上，并且专门发信件来提醒。很多人知道后，对此进行了评论。

有的说："原来外白渡桥一百年了，了不起啊，用这样简单的技术造起来的桥，竟然可以用上一百年！"

有的说："这家公司真有信誉，一百年过去了还对自己做过的项目负责，不得不让人敬佩其职业精神。"

还有的说："一百年后的今天，造桥技术已不可与当年同日而语，可现在，有些桥竟然刚造好就轰然倒塌，看来这里面不是技术问题。"

是的，对于英国的这家公司来说，对自己设计建筑的大桥负责，那是份内之事，是再也平常不过的事情。因为，这并不是技术问题，而是良心问题、诚信问题，因为他们深明：

信誉关系企业的形象，是企业安身立命之本。

第一节
无信之殇

　　早晨起床，掀开黑心棉做的被子，用致癌牙膏刷完牙，用康师傅矿泉水漱漱口，喝杯过了期的碘超标还掺了三聚氰胺的牛奶，吃根柴油炸的洗衣粉油条，外加一个苏丹红咸蛋，在票贩子手里买张车票，准时去上班，九点三十分偷偷用山寨手机看股市；中午在餐馆点一盘用地沟油炒的避孕药喂的黄鳝，再加一碟敌敌畏喷过的白菜，盛两碗杯陈化粮煮的毒米饭；晚上蒸一盘病的瘦肉精养大的死猪肉做的腊肉，沾上点毛发勾兑的毒酱油，夹两片大粪水浸泡的臭豆腐，还有用福尔马林泡过的凉拌海蜇皮，抓两个添加了漂白粉和吊白块的大馒头，还喝上两杯富含甲醇的白酒。啊……多么美好的一天。

——网友调侃

　　对网友的调侃，相信读者会感同身受。伪劣产品影响着我们每一天的生活，很少有人能独善其身。接二连三的产品质量问题，不仅危及了我们的身体，也危及了"中国制造"，更危及了全体中国人的自尊。人们检讨总结出了"道德败坏"、"监管不严"、"贪婪成性"等多种人性和制度方面的原因。反反复复出现的恶性事实，其中一个重要原因，就是不计后果地追求利益最大化，降低不该节约的成本。

"企业的目的就是追求利润的最大化"，尽管从理论上讲无可厚非，但其中有一个误区，不能一味单纯强调利润，为了利润不惜一切。为了追逐利润，有些企业可谓无所不用其极，毫无底线，完全无视企业信誉。长期以来，很多企业本着"追求利润的最大化"的理念，在残酷激烈的竞争中，经常导致企业没有节制地追逐超额利润，而暴利本身，即是过之有罪。许多企业是"利润的奴隶"。一味求财，反而会丧失更多，影响了企业的长远发展。

有些企业家一味追逐利润，无视信誉，很大程度上是价值观的问题。一个人有什么样的价值观，就会有什么样的行动和作为，企业亦然。美国一家公司花了20年跟踪了500家世界大企业，发现他们有个共同点，即他们始终如一地坚持四种价值观——

※　人的价值高于物的价值；

※　共同价值高于个人价值；

※　社会价值高于利润价值；

※　用户价值高于生产价值。

当前我国多数企业能够积极履行社会责任，具有良好的社会信誉。但是有些企业诚信缺失，在产品质量、安全生产、员工权益、环境保护、法制观念等方面存在一些问题，严重影响了企业家的整体社会形象。

1. 互联网时代，企业是这样死掉的

杨尔说："只要会玩电脑的人，都能够感受到互联网时代的魔力所在，它不仅成就了个人、组织，更成就了国家乃至整个世界。可仍然有很多高居显位的同志们不太明白这个简单的道理，似乎仍旧执着于尔虞我

诈，追求于酒足饭饱，而忘记了互联网时代的速度和实力，有的甚至连最简单的开机动作都未曾做过。悲哀呀悲哀！"

随着互联网，特别是移动互联网时代的到来，"全民舆论监督"成了常态。监督企业不再是政府执法部门和新闻记者的职责，广大消费者都是监督者。全民舆论监督传播的信息更加迅速，对于企业的舆论监督更加彻底，企业一旦犯错、如果没有强有力的危机处理能力，管你是什么驰名品牌还是巨无霸公司，一样万劫不复。

2014年7月，麦当劳、肯德基供应商"上海福喜食品有限公司"被曝光加工过期劣质肉类，这一大丑闻顿时在网络上炸开了锅，引起舆论哗然。虽然上海福喜公司所属的OSI集团向消费者致歉，并称"愿为整个事件承担全部责任"，但仍然不能抚平中国消费者失望及伤痛之心。第三季度的财报显示，麦当劳亚太地区营运收入同比下降55%，肯德基中国店销售下滑14%。

2014年9月，台湾企业爆发了地沟油事件，再次让人领教了互联网时代媒体的威力。强冠公司馊油风波引爆后，多家食品业商家改用知名企业顶新集团旗下正义公司产品，台南地检署突击检查了正义公司生产的油品，查获该公司以饲料用油混充食用猪油，再制成精致油品销售，再次在岛内掀起食品安全风暴。马英九称一定让台湾地沟油涉事企业付出代价。顶新集团主营食品制销，旗下拥有多个知名品牌，如康师傅、味全、德克士等，投资横跨海峡两岸。虽然是旗下子公司涉及问题油品，不过随着风暴的延伸，已经对顶新集团其他经营造成影响。台北、新北、桃园、台中、台南、高雄等占台湾三分之二的县市都要求市府所属机关拒用顶新集团的产品，涉及的品牌有正义、顶新、味全等。

在互联网技术革新推动下，我们迎来一个"人人都是通讯社、个个都有麦克风"的自媒体时代。自媒体时代的网络监督自成体系、充满活力，微博、微信成长为威力强大的舆论工具。此时的媒介权力结构发生了根本性变化，发布和传播的主动权转移到了千千万万的微博、微信网友手中——人人都是媒体，且人人都有可能产出影响整个互联网的内容。

自媒体时代人们可以从全方位、多角度对企业进行监督，且相关信息在微博、微信上的幂次方流动，可以迅速地在千千万万行色各异的互联网用户当中展开，把对同一话题感兴趣的网友聚合起来，这种聚合的力量，进而可以倒逼传统媒体跟进，进而使"微博事件"演变为"社会事件"，让不守信誉的企业无可遁形，越逃避、越被动。

西门子被罗永浩搅得伤筋动骨，起因其实就是非常简单的一句微博抱怨。

2011年9月，有位网民在微博提到西门子冰箱关不严门，短短20几天的内，该网民发布了相关微博1001条，最多一条转发3000以上，200多名网友反映了相同的产品问题。

西门子由始至终以清高冷漠的态度对待这件事，坚称产品没问题，他们想通过各种公关私了这件事。从一开始拒不回应，到官腔十足的声明是消费者使用不当，再到反反复复修改公告字眼，将消费者的怒火越煽越旺，其信誉也一步步丧失。

产品质量本身的问题自然是此次危机的核心所在，但是公关危机所以愈演愈烈却跟西门子的沟通态度有莫大关系。之前上海地铁"轻度追尾"、海底捞的"勾兑汤底"、宜家家居的"儿童帐篷安全隐患"，也都是产品本身存在严重问题，但是这些公司及时、诚恳的道歉，解决消费者疑惑，马上召回产品，都很好地化危机为契机，甚至使品牌形象有所提升。

一旦企业信誉受到微博、微信群体质疑，形成舆论风暴，其后果不堪设想。

2. 中国制造——劣质品的代名词吗？

崔永元说："为何神十都飞天了，国内的汽车发动机却大多依赖进口，更是没有中国制造的世界名车？为何宇航员的尿液净化后都可以喝了，地面上却喝不到放心奶、放心水，吸不到纯净空气？"

《环球时报》有过这样一则报道，虽然"德国制造"世界闻名，但近年德国人过圣诞送的礼物多数都是"中国制造"。《南德意志报》又报道称，近年来"中国制造"也成为德国驻阿军队送给士兵的礼物。但是，由于这些礼物的包装过于简陋，士兵们看到后很不高兴。

德国媒体评论称，要阻止"中国制造"进入德国是不太现实的事情。但对中国产品来说，除了提高质量、担负社会责任（如环保）外，还需要在包装上下功夫，让送礼人有"面子"，让收礼人喜欢。

不知不觉中，"中国制造"在很多人眼里，和"简陋"、"低级"联系在了一起，中国制造竟然成为了劣质品的代名词。"中国制造"遭遇尴尬局面成为不争的事实。在一些西方人眼里，"中国制造"几乎就是劣质品的代名词，在美国的产品召回目录上，有将近一半的产品产地在中国。

中国制造的国际市场萎缩，除了国际市场整体萎靡外，还与中国产品信誉不佳有关。在欧美市场，"中国制造"是劣质品的代名词，中国这座"世界工厂"更成为制假中心的代名词。2012年7月，欧盟委员会发布年度报告，指出在2011年欧盟各成员国海关查获的13亿欧元的假冒仿制产品中，有73%来自中国内地，另有7.7%来自中国香港。

我们今天面临食品安全、商品质量等众多问题，一部分中国制造的商品在国外也成为劣质品的代名词，这是很可悲的事情。当中国企业走出去的时候，在欧美发达国家很多人心目中，中国的企业就是一个暴发户：我今天的确需要你的钱，但是，我不会发自内心地信任你尊重你。

我们不能忽视外界对"中国制造"的误解和扭曲，但其自身存在的问题也是我们必须承认的客观存在。

演员姚晨发过这样一条微博：世上最遥远的距离是孩子在怀里，而奶粉在对岸。

字里行间，满是无奈。

奶粉问题成为中国制造的大疾，关于奶粉质量问题的新闻不断被爆出，仅2013年就发生数起。

2013年，美素佳儿身陷"活虫门"事件，成都、济南、青岛多地家长反映，为宝宝购买的美素佳儿奶粉，发现活虫。

2013年，多美滋身陷毒奶粉事件，受新西兰恒天然事件的影响，多美滋发布声明称：一些多美滋产品使用恒天然生产的浓缩乳清蛋白粉可能存在潜在的质量问题，并表示已立即启动产品追溯系统。此次，多美滋共召回12批次奶粉产品。

此外，2013年还发生了美素丽儿奶粉掺假事件、可瑞康奶粉肉毒杆菌事件。也是这一年，众多媒体报道，100多个洋奶粉品牌，80%是中国商家"创造"出来"特供"中国市场的。而且，这些杂牌"洋奶粉"每罐成本仅七八十元，但在终端都卖到了270元以上，有些甚至超过了300元。

由于不少企业不讲信誉，产品质量一直上不去。造成的后果是，我们的产品不仅仅外国人看不起，连国人也看不起。到国外和中国香港去购买日用品，就是例证。"香港奶粉限购令"让内地婴幼儿父母难堪，更让内地奶粉企业难堪。

奶粉问题成为一个窗口，折射出我国产品质量的诸多问题。

建筑行业也普遍存在类似的质量问题，特别是在公路、桥梁建设方面。

最近几年，有关房屋质量的重大事故相继曝光，房屋质量引发了人们的高度关注，一例例让人看得心惊胆战。

上海楼倒倒：莲花河畔景苑轰然倒塌

重庆楼脆脆：大梁断裂，墙体可插手掌

合肥楼断断：支柱出现严重开裂

上海楼歪歪：屋内走路像上坡

奉化楼塌塌：居民楼一个单元整体倒塌

烟台楼垮垮：大楼成为危楼

建筑质量问题越演愈烈，几乎成为了行业通病。2012年5月，武汉市组织对2006年以来已交付使用的79

个保障房项目、共786栋89187套房屋的质量情况进行了排查，确定了50个存在渗、漏、裂等严重质量问题的项目，其中17个为重点督办项目，同时还确定了14个存在电梯质量隐患的项目。各区成立专门办公室，对辖区存在严重质量问题的保障房项目进行修缮整改。

中国建筑寿命短不是个案。如今建筑施工"层层分包"已是行内的常态，"层层分包到最后，盖房子的工人大多数是从未接受过建筑培训的农民工。"农民工一般是计件或计时算薪水，包工头也是忙着赶进度收钱——实际上工人和管理者都缺乏专业资质和专业素养。

而工程一建完，施工队就走了，去别处接活干。万一建筑质量真的出了问题，追究下来，也只能找到当初承建公司的项目经理、建造师或监理单位等。只有这些人是稳定的、有资质的，跑不掉的。但论起责任大小，他们显然不是最该被"打板子"的。

"中国制造"在很多人眼中不上档次，还与其缺乏创新性有关。海尔集团CEO张瑞敏就说：如果是"中国制造"，就定会被打垮，但如果是"中国创造"，就一定不会败。

3. 国在山河破——对环境毁灭性的破坏

恩格斯说："我们不要陶醉于我们对自然界的胜利，对于每一次这样的胜利，自然界都报复了我们。"

英国《卫报》记者华衷在其新书《当十亿中国人一起跳起来》中讲过一个故事：小时候大人告诉他，如果十亿中国人一起跳起来，地球将偏离轨道，人类会因此毁灭。忧心忡忡的他从此每晚睡前都要祈祷："不要让十亿中国人一起跳起来"。后来他来到中国，发现十几亿中国人真的"跳起来"了——他们以只争朝夕的焦灼，奋起直追人类现代化的潮流。

华衷的担忧，也是中国人自己的担忧：如果人们的价值取向不能从物质的富足功利向社会的健康文明转化，如果生产方式不能从资源掠夺型向环境友好型转轨，如果消费行为不能从高能耗、高消费向低能耗、适度消费转变，美丽中国终将是纸上谈兵。

对环境保护这样的公共事业都做不好，何谈信誉？

"六十年代淘米洗菜，七十年代引水灌溉，八十年代水质变坏，九十年代鱼虾绝代，二十世纪不洗马桶盖。"

这句话传神且深刻地表现了中国水质的一步步恶化。除了水，大气、土壤等等，无一不在遭受污染，我们似乎找不到一块"处女地"。

我们的环境压力——水土流失面积占国土面积37%、沙化土地占18%，90%的草原不同程度退化，受污染的耕地高达上千万公顷，1.9亿人的饮用水有害物质含量超标。

我们的资源瓶颈——石油对外依存度升至57%，2/3的城市缺水，年均缺水量多达536亿吨，耕地逼近18亿亩红线。

我们的消耗排放——中国汽车工业协会发布的2013年汽车产销数据显示，2013年我国汽车产量2211.68万辆，销量2198.41万辆，同比增长

14.76％和13.87％。产销双双超过2000万辆，再创世界汽车史汽车规模新纪录。环保部发布的《2013年中国机动车污染防治年报》称，我国已连续四年成为世界机动车产销第一大国，机动车污染已成为我国空气污染的重要来源，是造成灰霾、光化学烟雾污染的重要原因，机动车污染防治的紧迫性日益凸显。

有项研究发现，"中国的环境压力比任何国家都大，环境资源问题比任何国家都突出，解决起来比任何国家都困难"，虽然付出了巨大的努力去修复环境破坏，但我国的环境质量仍只是"局部有所好转，总体尚未遏制，形势仍然严峻，压力继续加大"。

不断加剧的污染，正成为河山不能承受之重。

中国的企业家们为此做出了卓越"贡献"，很多企业为了自己的私利，肆意破坏环境，抢占资源。

自2000年以来，中国逐渐成为"世界工厂"，期间主要借助于土地、人力资本的低廉价格，即所谓生产要素的"比较优势"。由于监管不力、发展思路出现偏差，结果导致企业用低工资与恶劣的工作环境，透支劳动者的生命、透支环境生态。逐渐，生产要素"优势"不再，劳动力、土地、水、电等价格大幅上升，中国的"比较优势"逐步丧失。

2011年，中央电视台报道了哈药总厂宁交千万罚款也不愿建排污系统的事情。

我们反思，为什么企业宁可大做广告而不愿建排污系统呢？

因为斥巨资做广告能带来更高回报，建排污系统花的钱虽不如广告费多，却属"沉没成本"，带不来收益，甚至会抬高生产成本。再有，交罚款比建排污系统节约、省事。企业出了事，当地政府实在遮不住了，往往交罚款了事，不伤筋骨，不动元气，交的那点罚款对企业来说，只是小菜一碟。

不难看出，哈药总厂算的是追逐利润的小账，而保护环境的大账早就

微链接

　　2014年4月，环保部有关负责人向媒体通报了近期大气污染防治专项和中国石油3月份环保专项检查、督察相关情况。

　　负责人称，在2014年2月的大气污染防治督察行动中，现场督察点位1049个，其中工业企业563家，发现存在环境问题的企业384家。在3月份的环保专项检查、督察中，141家企业因环境违法，被环保部点名。

　　值得关注的是，环保部在开展2月大气污染防治专项督查"回头看"中，仍然发现部分存在环境问题的企业整改不力，环境违法问题未得到有效解决。

抛到九霄云外。

　　这些企业之所以能有恃无恐地破坏环境，这和当地保护主义有关。这些企业是当地纳税大户，是拉动当地GDP的生力军。在唯GDP至上的政绩观指标下，政府部门对企业肆意污染环境的行径，睁一只眼闭一只眼，宁可得罪当地老百姓，也不愿意得罪这些企业。

　　企业明知故犯，从思想源头上没有认识到这件事情的重要性，成为当下难点。更让人难以接受的是，这样的企业是很大一批。

　　一个明知故犯，对环境毫无责任感的企业，其信誉可想而知。企业想要可持续的发展，就必须立马行动起来。

　　发达国家的工业化之路，多则二三百年，少则一百多年，其环境问题是分阶段出现的。我国的工业化，真正上路是在新中国成立之后，快速发展阶段则是这二三十年，环境问题呈现压缩型、复合型特点。旧的问题还没有解决，新的问题又不断出现，新旧问题叠加，污染机理更加复杂。加之观念、政策、制度、管理、技术的滞后，解决起来自然更加困难重重。

　　虽然困难重重，但也不得不寻找办法。

　　不必讳言，今天的中国，我们还未能完全摆脱很多发达国家经历过的

"先污染后治理"老路。但转型已经开启，发展不容回头。

"同呼吸，共奋斗"，没有人希望"国在山河破"。

4. 执子之手，相互倾轧

星云大师说："人们生活在鸟笼式的公寓，抬头不见天日，四望不见原野，心胸越来越狭，眼光越来越小，人事的交往日趋频繁，人与人之间的冲突，也越来越可能发生，整个社会风气呈现一片紧张、竞争、角逐、明争暗斗的现象，使得心里得不到恬静和谐的快乐。"

马云也说："一个创业者最重要的，也是你最大的财富，就是你的诚信。"随着全球经济的发展，市场竞争不在是单一企业的竞争，而是企业群之间的竞争。企业需要学会如何与其他企业进行合作的策略与技巧，来应付激烈的市场竞争。在影响企业合作的诸多因素中，合作企业间的相互信任起到了至关重要的作用。

企业没有信誉，如何获取信任？

在商务运作中，企业家之间的信任十分重要。在商务运作方法上，企业家们的想法会有不同，彼此要相互理解、相互信任，否则就很难成功地建立合作伙伴关系。

大家都明白企业家之间相互信任的重要性，但现实中有时候却远不是这样的，相互出卖、互相不信任的事情时有发生。

价格战、过度竞争等一些列问题，搞得谁也无利可图。近年来，我国在许多产业，如钢铁、水泥、电解铝、平板玻璃、船舶等行业产能严重过剩，其他很多民生领域也出现产业过度竞争的问题，而且呈愈演愈烈的趋势，其产生的负面影响，引起了政府决策层和经济学界的高度重视。

2012 年8月，京东挑战国美、苏宁线下店 10%毛利让消费者得到实惠。随即得到苏宁、国美等卖场和电商的回应，相续加入大战。一时间，京东、苏宁和国美掀起了一场无序、破坏经济、破坏市场的恶性价格战中。

为了打击对手，低价无疑是最有效的手段，因此不难看到，每个月都有各种十亿元级别的电商让利促销活动。这样的行为的确有效，京东商城就是很好的例子。但这样的营销手法是良性健康的吗？

答案是否定的。

非理性的低价促销不仅扰乱了正常市场秩序，而且还会让电商行业陷入无序竞争，"拖垮对手"的想法最终将使自己与竞争对手同归于尽。

外媒还报道指出，在中国的电子商务蛋糕争夺战中，一些知名公司成为牺牲品，而激烈的竞争意味着还会有一些公司被碰得头破血流。图书行业就在这次价格战中被伤得体无完肤。

处于竞争关系的企业相互不信任，就连产业链上下游企业之间也存在着不信任现象。他们不是互相信任、互相补台，而是相互拆台。

多年来，全球铁矿石价格一直处于大幅上涨态势，从1988年至今，20次的国际铁矿石谈判中只有6次是价格下跌，且下跌的幅度都比较小，其他年度均是不同程度的上涨。更令人不可思议的是，2008年底，世界经济遭到国际金融危机的猛烈冲击，各大经济体均出现不同程度的衰退，中国钢铁企业陷于亏损，但铁矿石价格却依然一路走高，现货矿价格甚至一度突破100美元大关，最高的时候达到140美元。

此种让人费解的现象，标志着全球铁矿石价格谈判已逐渐背离了过去"互惠互利"的基本原则，成为了"勾心斗角、寸利必争"的战场。中商流通生产力促进中心分析师赫荣亮认为，"合则双赢，斗则双输"，在互不信任的基础上，产业上下游企业变成了争强好胜互斗的"公鸡"，结果双方都被赶进了死胡同。

窝里斗，成为了中国企业发展的困境之一。

反观日本，其企业到国外开拓市场，一个公司只占一块区域，互相不侵犯。

除了日本制定了合理的政府政策外，企业的竞争观念也很好地防范了"过度竞争"。郑胜利、林一斌在《日本反过度竞争的经验及启示》中很好地总结了日本企业的做法。

日本企业的竞争观念强调竞合，即竞争与合作，在竞争中求合作，在合作中展开竞争，做到竞争与合作相互补充。以竞争为主导的外部合作一直倍受日本企业的推崇。日本企业普遍形成了集团主义价值观，在竞争的同时十分注重保持协调与合作，努力维护共同利益，其具体表现为：

接受竞争对手，而不是消灭竞争对手。日本企业界普遍认为，企业之间竞争策略的相互攻击性是必然存在的，但是这种攻击性主要体现在产品质量、发明、创新和服务上，而不是攻击竞争对手本身。因为竞争的最终目的是赢得市场，不是消灭竞争对手。那种置竞争对手于死地的作法，一则会导致两败俱伤，造成资源的浪费；二则失去竞争对手，也就失去了外部压力。有专家指出，外部敌人的存在是维持一个群体存在的必要条件。而接受竞争对手的存在，则可以增强自身的危机感和紧迫感，在经营管理过程中努力避免出现各种疏漏，使自己的企业尽快发展。例如，日本电器生产企业的索尼、松下、东芝等，虽然互为竞争对手，但它们并没有厮杀得难分难解，而是通过独特产品实现一定的市场份额。如索尼追求产品的高、精、尖，松下强调产品的物美、价廉，东芝突出产品大、洋、全。产品定位的不同，避免了竞争对手之间的正面冲突，使大家共处一个市场中，并且实现了共赢。

企业之间主动寻求合作。日本企业竞争的同时，还不断谋求合作。主要形式有：大企业与中小企业之间的合作，目的在于提高专业化协作效率；中小企业之间的合作，以便能够扩大企业的规模，追求规模效益；不同经营领域的企业之间合作，通过经营资源的相互利用和有机结合，开拓出新的经营领域和市场。通过合作，有效地避免了国内同行企业的竞争与辗轧；大大降低了各种非生产性费用，集中了财力，为达到更大的目标和利益分享奠定了坚实的基础。

联合起来一致对外。当进军国外市场、参与国际竞争时，日本企业能迅速联合起来，协调一致，以确保最大限度地实现共同利益。如日本钢铁业、汽车业向我国出口产品时，都事先由主要企业一起开会决定各企业的出口份额和出口价格。这样做既保证了日本企业出口时不会出现竞相杀价竞争，又能获取最大的利益。

为了更好地在合作中发展，企业要改变"你死我活，只战不和"的竞争观念，树立"生态竞争观"和"和商理念"。

5. 员工还是你的兄弟姐妹吗？

"神州英才管理咨询"有这么一条微博——

企业管理员工的四种境界：授人以渔：教会员工作事情的方法和思路；授人以欲：激发员工上进的欲望，让员工树立自己的目标；授人以娱：把快乐带到工作中，让员工获得幸福；授人以愚：告诉员工做事情要务实、稳重，大智若愚，不可走捷径和投机取巧。

2014年8月1日，诺基亚中国研发中心员工举行聚会，抗议微软"暴力"裁员。7月中旬，微软宣布预计在新财年内裁员1.8万人，其中约1.25万被裁员工来自刚刚收购的诺基亚设备与服务部门。

一名诺基亚员工透露，诺基亚在北京有两个主体，分别是研发中心和硬件手机工厂。前者大约有2000人，后者大约有3000人，裁员后最终留下的只有300人左右，这意味微软要裁掉90%以上的员工。

7月31日中午，微软通过内部邮件，向诺基亚员工公布补偿方案。7月31日下午和7月30日上午，诺基亚北京研发中心均爆发员工集会。整个事件让同行业的其他企业员工也开始恐慌，因为他们普遍认为企业的信誉大打折扣，更多的员工担忧起来，因为员工无端被开除的事例太多了。反过来，企业家们也有自己的担忧，他们担心员工泄密、另立山头，因为这样的事例也不少。

企业家们到底要怎样对待自己的员工呢?

很多企业不愿意在劳动保护方面投入,甚至故意不事先告诉员工可能的职业危害,缺少足够的职业危害预防工作。员工得职业病貌似已经成为了行规。

2014年8月,江苏昆山市中荣金属制品有限公司汽车轮毂抛光车间发生爆炸,造成75人死亡,180余人受伤。

事后,保险公司确认承保了该公司的房屋,但在涉及企业人员时,调查人员发现,涉事企业并未针对员工的人身安全投保。

目前国内团体意外险和高危行业险,都是企业和个人自愿参与投保的险种,不具有强制性。但是,正规的企业,尤其是涉及危险品生产、事故发生率高的企业,都会为员工购买意外伤害险。在最通常的"五险一金"中的工伤保险,是肯定不能完全保障这些员工的切身利益的。这就需要企业来投保一些商业险种。商业险种的购买取决于企业领导的态度,如果企业领导风险意识比较强的话,买一些保证员工人身安全的保险,对其员工,对他自己都有好处。

中国职业安全健康协会第四届理事会上有消息透露,目前,我国从事

微链接

根据国家人力资源与社会保障部的统计公报,2012年全国农民工总量达到26261万人,其中外出农民工16336万人。全国参加工伤保险的农民工人数为7179万人,全年认定(视同)工伤117.4万人。

据统计,2010年我国新发职业病27240例,其中尘肺病23812例。20世纪50年代以来,到2010年全国累计报告职业病749970例,其中累计报告尘肺病676541例,死亡149110例,现患527431例;累计报告职业中毒47079例。

有毒有害生产的企业数量约1600万家，接触职业危害因素的人数约2亿人左右。

同期来自国家卫计委的消息也不容乐观，我国职业病危害接触人数、患病人数和新发病人数均居世界前列。职业病危害分布广，尤其是一些中小企业劳动保护条件差、职业病危害严重；劳动者流动性大，自我保护意识低；严重职业病危害没有得到有效控制。

根据有关部门的估算，我国每年因职业病、工伤事故造成的直接经济损失约达1000亿元，间接经济损失约达2000亿元。

据了解，职业病犹如一个幽灵，近年来正从煤炭、化工等传统工业不断向计算机、医药等新兴产业以及第三产业蔓延，目前已波及多个行业。

随着经济的快速发展，职业危害已成为影响职工生命健康的突出问题。有人形容，职业危害这种不流血的"渐进式死亡"，远远大于矿难、车祸等流血的"立即式死亡"。据悉，仅死于尘肺病的患者，就是矿难和其他工伤事故死亡人数的数倍。

据2014年发布的《农民工工伤职业病调查报告（2013）》显示，农民工工伤、职业病情况一直未能很好解决。

用人单位给农民工购买工伤保险的比例很低，尤其是内地企业及中小型企业，所以真正得到工伤认定的只是一小部分。对于职业病患者来说，由于潜伏期长达若干年且农民工的工作单位变动较大，多数人是得不到职业病诊断的。据专家估计，全国有超过600多万尘肺病人。

我国的工伤和职业病问题，已经到了全社会必须重视的程度了。中低端的、有毒有害型的产业，在创造相当比例的GDP的同时，也带来了严重的负面后果。

企业家们需要多为员工考虑，但现实情况往往是连最基本人身财产安全都未能得到基本保障。

现在每年年底，人社部都要发文件，让各级政府重视农民工工资拖欠问题。相比之下，外企就比国内企业做得好一些，这从缴纳社保就可以看出，很多国内企业，特别是一些小微企业不帮员工缴纳或者少缴纳社保已经成为常态。

有多少企业家忘了来时路，又有多少企业家把员工当作兄弟姐妹？

有位企业家说过："我的公司，员工第一，客户第二。没有他们，就没有这个公司。也只有员工开心了，我们的客户才会开心。而客户们那些鼓励的言语，鼓励的话，又会让他们像发疯一样去工作，这也使得我们的公司不断得以发展的原因。"

很多企业家在创业之初，集结了很大一帮忠实员工，大家齐心协力共渡创业艰难时期，但在企业发展成熟之后，因各种理由把他们赶走。还有企业家找来了很多技术专家、公司骨干，但是只愿意支付基本工资，不让这些核心员工分红，共享企业发展成果，最终让人才伤心离开。

在中国，在法律允许和不允许的情况下，很多老板为了节省开支，开展新业务，都会努力想办法把老员工裁掉。

这样的做法，好处有两个方面：一是减轻了企业的负担，老员工工资一般都比较高。二是老员工离职还会腾出新的职位，从而形成一种良性的职业发展循环。否则，公司发展缓慢又不能及时提供发展机会，而公司的中高层又非常稳定，势必会形成整个公司都没有活力的局面。这是很多老板的第一想法。

但与此同时，老员工离职的不利之处也有两个方面：一是精通业务的老员工流失，新人尚未积累足够的业务经验，老员工在公司工作时间长、资历老、了解公司情况，做事驾轻就熟，是公司的资源与财富，所以老员工离职势必对公司产生损失。或者会带走一些客户资源，又或者因新员工的不熟练造成产品质量不稳定和交货期不准时，影响公司业务和形象。二是老员工离职也会造成一种恐慌的情绪，其他员工会猜测为什么这么有资历的员工会选择离职？他们会思考是不是公司的待遇确实缺乏竞争力，而所在行业薪资水平是否比较好；自己如果也选择跳槽是否是会较大幅度的提高待遇，以及，这个公司是不是没有发展前景，并不能给员工提供发展的机遇，等等。

对待员工的态度，反映了企业家的人品以及发展决心。没有员工，哪里来的企业？

第二节
企业为何不重信誉

> 要把诚信作为企业的生命加以爱护，如果企业没有了诚信就等于是自杀。
>
> 企业如果仅仅追求一笔利润，你可以欺骗或其他方式获得，但从此以后，你可能就要改头换面整容到另外一个地方去。
>
> ——任志强

当前，企业诚信缺失现象司空见惯。2008年"三鹿奶粉事件"就是市场主体——企业对消费者不诚信的最为典型的实例。此类企业诚信缺失事件还有很多，如南京冠生园陈馅月饼、高铁安全事故、洋家具造假、衣服面料被爆出含有毒致癌的物质、达芬奇家具假意大利"贵族"血统、现磨豆浆原是冲调"山寨品"、苏丹红事件、奶粉喝出大头娃娃、楼歪歪事件，等等。层出不穷的问题，不断地冲击着人们的神经。

当企业被卷入造假与安全事故漩涡时，其公众形象便可能轰然崩塌。当各类"问题门"接踵而至时，企业信誉便如多米诺骨牌般，依次倒下，节操散落一地。

当前我国企业诚信引发的社会危机已经成为社会关注的焦点、经济工作的重点、市场监管的难点。企业信誉危机侵害了企业等各方权益，破坏了经济和社会环境，成为一大公害。

这些企业失信于消费者的行为，不仅使消费者的生命财产受到严重损害，影响企业的进一步发展，更是对现阶段我国市场诚信环境的严重破坏。

人们不懂得珍惜，原因无非那么几个，要么是觉得其无足轻重，失去了也不会有什么后果，要么是觉得太容易得到，失去了也能很快追回来，再要么就是根本就没有注意到它的存在。

企业信誉也是这样，企业家不懂得珍惜它也无外乎这几种原因。

1. 利令智昏

马克思在《资本论》中引用邓宁格的话：一有适当的利润，资本就胆大起来。如果有10%的利润，它就保证到处被使用；有20%的利润，它就活跃起来；有50%的利润，它就铤而走险；有100%的利润，它就敢践踏一切人间法律；有300%的利润，它就敢犯任何罪行，甚至冒绞首的危险。

网吧老板自爆：不违规就赚不到钱！

渣土车司机吐露真言：不违法就赚不到钱！

货车司机抱怨：不超载赚不到钱！

企业老总感叹：不钻法律空子、不偷税漏税赚不到钱！

……

最开始为了获利，企业只敢小小的尝试，"这种程度的违规没有关系吧"，钻个小漏洞，结果行通了。于是"稍进一步的违规也没问题吧"，规范规则更抛在一边。遇到问题，如果公开，企业可能蒙受巨大损失，于是采取"不如实公布，沉默以对"的态度。而在内部告发、问题暴露时，企业又出面掩饰，做假报告等等。一步步，企业滑向缺德的深渊。

有的企业家坚信只有违法才能发展壮大。他们不重视道德，不是因为无知，也不可能是被逼无奈，而是没有道德底线。稻盛和夫（中国）有限公司董事长曹岫云说："众多企业频繁爆发出各种问题，制度管理只是浅层次的管理，更深层次的是人性的管理。"

"我不会吃的，打死我都不会吃，饿死我都不会吃，我自己做的东西我知道能不能吃。"上海"染色馒头"事件中，肇事企业员工的一席话令人心惊。

所有人都知道的事情，例如不卫生的东西吃了影响健康，不结实的东西容易损坏，那么这些光鲜的企业家们，为什么就敢肆无忌惮而不怕被处罚呢？

是人无耻才会赚大钱，还是赚钱使得人变得无耻？是这一撮人天性如此，还是环境扭曲了他们的人格，或者是宠坏了他们？

我们可以肯定的是，这些企业家们的道德底线实在低得吓人，可以说远低于普通老百姓。

商人可以算计出最大的利润，却看不到自己最大的漏洞。造局者最初相信，世界的通行准则是赢家通吃，只要抢占了市场，抢到了新闻，其他都可以忽略不计。但品牌之所以成为品牌，是人们对这个符号后面所代表的品质、专业、服务，在日积月累中形成的信赖。形成品牌需要诸多要素，天时、地利、人和缺一不可，但摧毁它却只需要一点：不诚信。

文明世界所构成的最基本要素，就是社会各个层阶之间，无论从事何种职业，无论是商品交换还是公共行为，都有理应遵守的价值共识和最基本的道德底线。假红十字会之名、各种有害食品、恶意打击竞争对手的共同之处就是：破坏文明社会所遵循的底线。

漠视底线的人，不会看到自己和企业的边界在哪里，忽视诚信的人，相信自己可以欺骗全世界。我们摈弃哪些欺骗消费者的商家，皆因这世界除了利益之外，还有道德。回到最基本的常识上做判断，则无论个人、企业还是政府，都面临着同样的选择题：谁能提供最基本的诚信？

当越来越多的企业陷入各种"问题门"的时候，单纯靠制度只能是头痛医头脚痛医脚，治标不治本，因为这是商业伦理缺失的问题，也是企业家人性丧失的问题，只有唤醒人性，激发人本善的良性一面，才能从根本上解决问题。

在一个日益多元的世界里，观点与立场尽可以全不相同。但恪守什么样的道德底线，遵循什么样的游戏规则，对人类整体的进步与进化无疑极为重要。

2. 违法成本低

滋贺秀兰说："在世界各主要文明中，中国是距离法治最为遥远的一种，甚至与欧洲形成了两极相对的反差。"

所谓"企业家"，就是精于经营管理，善于调动企业资源，追求的是市场成就，使企业财富与社会价值共同增值的专家。美国管理学家德鲁克曾说过："企业家就是赋予资源以生产财富的人。"可见，一个企业的老板对于企业的重要性，不可言喻。企业家最擅长的就是算计出最大的利润，在权衡各种利益关系后，找到一个最利于自己的方案。

但是，很多企业家为了利益，不惜假冒别人产品、使用劣质原材料、添加各种有毒物品，使用等等手段，因为他们知道，即使被抓，被处罚的成本也相对而言较低，所以处罚过后还会选择继续违法。

2009年6月1日，《中华人民共和国食品安全法》正式施行，食品安全问题步入法制化快车道。仅2010年这一年，各地就查处违法违规行为13万起，抓获犯罪嫌疑人248人，取缔和停产违规企业单位10余万家。

即便是这么大的查处力度，依然还有众多黑心老板铤而走险。很多人提出质疑，10倍罚款能否挡住暴利诱惑？

毒大米、地沟油、问题奶粉、化学火锅……一桩桩食品安全事件折射出食品经营者的利欲熏心和诚信缺失、道德滑坡。食品安全法规定："食品生产经营者应当依照法律、法规和食品安全标准从事生产经营活动，对社会和公众负责，保证食品安全，接受社会监督，承担社会责任。"这条款明确了食品生产经营者是保证食品安全第一责任人的法定义务。

"现行法律对于食品生产经营者恶意违法行为的震慑力较小，特别是对于一些主观故意违法、但危害后果轻微的行为，应当如何定性、量刑，如何实现惩戒的目的，还需要在今后完善相关配套法规时进一步细化。"国家质量监督检验检疫总局相关负责人表示。

违法成本低是一些食品企业以身试法的重要原因。按食品安全法规定，罚款上限是"货值金额十倍以下罚款"或"十万元以下罚款"。由于罚款不能伤筋动骨，一些违法企业即便被吊销许可证，也能"打一枪换一个地方"，一家新企业又开张了。

《人民日报》2011年报道《关注食品安全，违法成本低让企业以身试法》称，近期，北京市进行食品安全整顿，共查办食品安全违法案件15114件，罚没款4057万元。据此计算，每起案件的罚款平均仅2684元，对大多违法企业而言，恐怕顶多算是隔靴搔痒。"挣的钱远远多于罚的钱，一些企业被罚后还接着违法。"

违法成本太低的情况在互联网表现得尤为明显。目前，我国对互联网出现的许多问题没有明确的法律条款，或没有相配套的行业法规。对互联网公司出现的法律案件，法院已判决的，但是难以落实判决，难以对违法公司进行有效制裁，判决书往往成为一纸空文。加之违法成本低，即使判决了，对违法的互联网公司也不构成威胁。

比如上海大众点评网被北京一公司侵权，经过漫长而艰辛的诉讼程序，官司打赢了，但是只得到50万元的赔偿。据悉，该案的判赔额度是当时互联网不正当竞争案件中判赔额度最高的案件之一，此前搜狗与腾讯的不正当竞争案判赔额度为20万元，而真假开心网的不正当竞争案判赔额度为40万元。

现在很多网站转载他人信息，存在着侵权行为。网络转载需要经过权利人许可并支付报酬，大量转载意味着需要付出高昂的许可费用，而违法转载的成本很低，一些不规范的网站为了最大限度节约成本，往往选择非法转载的方式。违法成本低、诉讼成本高、维权之路异常艰难等因素，使得违规转载的现象已经存在多年，却难以纠正。

在网络侵权案中，不论是知产侵权还是商业信誉诋毁，在国外的司法实践中都存在惩罚性原则，即一旦被认定侵权，可能会以相关损失的数倍判令侵权者进行赔偿；在我国司法实践中实行的是填平原则，即按照被侵权方的损失，有多少则赔多少，加上网络侵权取证困难，因此赔偿数额相对较少，与侵权方因侵权行为所获得的利益相比，可以说是微乎其微。

法施于人，虽小必慎。

法立，有犯而必施；令出，惟行而不返。

3. 从众心理

王小波说："伟大一族不是空想家，不是只会从众起哄的狂热分子，更不是连事情还没弄清就热血沸腾的青年。他们相信，任何美好的梦想都有可能成真——换言之，不能成真的梦想本身就是不美好的。"

2010年，刘洪安和爱人崔红艳接手了一家早餐点，和家人一起经营。他的油条因坚决不用"复炸油"，而被消费者称为"良心油条"，他也被网友亲切地称为"良心油条哥"。2012年5月，这件事经中央电视台报道后，"油条哥"走红网络。

刘洪安至今没想明白，自己怎么突然就"火"了，他觉得"只是做了件让自己心安理得的事儿"。

当大家都在用回锅油炸油条的时候，是不是只有随波逐流，也循环使用老油炸油条才能有出路呢？很多企业家都在质疑这样的问题。

大家都在违法乱纪，如果我遵纪守法，那么成本就太高了！

别人都在破坏环境，如果只有我注重生态，我的成本是不是太高了，并且也起不到什么作用！

别人都在偷税漏税，如果我合法纳税，我的成本就比他们高，明显没有市场竞争。

2013年，环保部公布了2012年度全国主要污染物总量减排核查处罚情况，华电、神华、中石化、中铝、中石油等多家央企和地方龙头企业的名。上述企业因脱硫设施不正常运行、监测数据弄虚作假而受到通报，被环保部挂牌督办，责令限期整改，追缴二氧化硫排污费，并予以经济处罚。

"守法成本高，违法成本低"依然是中国环保的现状。一些企业斥巨资搞环保只能是赔钱赚吆喝；另一些企业则宁可缴纳排污费、行政罚金也不愿去治理污染。基层人士建议，监管部门应尽早从"越位点"退出，把"缺位点"补上，让雾霾治理有章可循，有法必依。

一些企业投巨资搞环保，却陷入"劣币驱逐良币"的境地。中部一家煤化工企业负责人诉苦说："我们环保投入已超过1亿元，包括除尘站、脱硫设备等，导致产品在价格竞争上处于劣势。公司产品每吨卖1100元，而别人每吨只卖1000元，结果市场只认不搞环保企业的产品。"

"违规排污有得赚"更成为企业违法排污的"护身符"。甘肃省一化工企业负责算了一笔账：年产1000万吨的水泥厂，如果投运减少大气污染物排放的脱硝设备，每年将增加成本超过5000万元，但停用1天就能省几十万元；即便被环保部门查处，最多也只是被罚款20万元。因此，有的企业宁交罚款、排污费，也不去治理。

山西省太原市环保局相关负责人也有同感。该人士说，一些企业只在应付上级检查时才开启环保设备，平日里设备闲置或不能持续稳定运行的情况时有发生。即便被逮个现行，一般也只处罚10万元上下，起不到打击作用。

为有效遏制企业违法排污现象，应加大环境违法执法和惩处力度，很多专家就呼吁取消违法排污罚款最高限额规定，采取"按日计罚"，对企业违规排污的，一经查实一罚到"死"，从而形成强大的法律震慑力，让保护环境成为企业的理性选择。

环保生产的成本太高，反之不遵循环保法则的企业却照样活得很好，长此以往，环保生产的观念就很难推行下去。

在一个道德底线沦陷、基本诚信缺失的行业，在一个被利益绑架、价值观扭曲的经营环境之中，在一个不确定的环境里，让企业坚守道德底线、严格履行合约，似乎有些苛刻。有人会说，你怎么能指望一家商业机构不从众，出淤泥而不染呢？

在一转型的社会，一个企业家确实很不容易。环境对人的影响是潜移默化的，有时甚至是剧烈的，乃至决定性的。在一个法制健全、道德完善的社会里，人的正义和善良本性被激发出来，做正确的事、走正路是绝大多数人毫不犹豫的自然选择。相反，一个人如果一直或长期浸淫在道德沦丧、以守法为耻、守法为傻、犯法可以逍遥法外的环境下，又谈何法治呢？

但是笔者认为，企业家在社会结构中处于重要位置，影响着社会价值体系的塑造，他们当然要担当起更多的道义与责任。制度的缺陷，契约的缺乏，他人的恶都不应该成为我们放弃公民道德和素养的借口。我们在生活中提高戒备心的同时，也应勿以善小而不为，勿以恶小而为之。每个人的努力对于社会的推动都是不可忽视的，不能因为觉得大家的态度而轻易转变自己的态度。

如果你对社会无所畏惧，那么别人对你也会有怨怼。企业家们请记住，别人的恶不是你的恶的借口。

4. 目光短浅

明代文学家、戏曲家冯梦龙说过："眼孔浅时无大量，心田偏处有奸谋。"

你能够走多远，取决于你能够看多远，鼠目寸光止于五步，高瞻远瞩可行千里。

现在许多企业深受目光短浅之害，有着较浓的小农心态，他们太关注立竿见影的结果和短期目标，以至于无法登高望远，往往使企业陷于被动甚至导致破产。

2010年5月，中央电视台播出的《每周质量报告》节目报道了"紫砂黑幕"，一时间，美的"紫砂门"事件备受关注。"紫砂门"被爆出的当天下午，美的就承诺接受消费者退货。但是第二天，美的又被爆出"退货要收折旧费"。第三天，美的通过媒体再次承诺"无条件退换货"，且"无发票也能退货"。第四天，美的又表示"无发票不能退货"。

作为一个企业，而且是品牌认知度较高的大企业，怎能出尔反尔，不惜以损毁商誉为代价？可以看出，在美的"紫砂门"曝光之后，美的危机公关并没有做到位。这不仅是企业的损失，同时也是整个电饭煲行业的损失。通过"紫砂门"事件，消费者已经对类似紫砂煲产品不再那么信任，同时对"大品牌=产品好"这样的定式产生质疑，这对任何一个企业来说，都将是一次致命的打击。

美的事件折射出一些企业目光短浅、追逐短期利益的思维惯性。陷入"紫砂门"对美的数十年建立起的品牌是一次不小的打击。中国电子商会副秘书长陆刃波表示，质量以及诚信是企业以及品牌最起码的底线，把不含任何紫砂成分的锅出售给消费者，美的等企业的做法肯定是错误的，对品牌也会造成一定的损害。

多年塑造的良好企业形象，毁于一旦，可惜可叹！

此次事件打击的并非数个被曝光的企业，整个紫砂锅行业都将进入低谷，很多中小家电企业的问题也显露出来。我国小家电业在多年来的发展中，一直停留在追求短期的规模化利润上，产品的合格率、稳定性、安全性一直是其发展过程中的一道道坎。很多企业缺乏长远规划，以牺牲产品质量为代价，获得短期内的暴利。

企业家目光短浅，还有比较典型的做法就是宰客欺生。他们只求一锤子买卖，注册企业只为坑蒙拐骗，一旦有问题，就马上注销，再重新注册新的企业。更有甚者，有些企业家都是注册多家企业，目的为了洗钱和逃税。

随着我国旅游市场的兴起，越来越多的人选择出游。但是，一些景点的"商业欺生"陋习，让游客敬而远之。

"商业欺生"是旅游景点的一个很普遍的现象，因为这些地方的游客大都是外地人，人生地不熟，时间又很紧，消费选择受限，一旦发生了消费纠纷，既没时间和商家扯皮，也因势单力薄而不敢较真。在这种情况下，如果景点管理单位以及当地政府有关部门监管不及时、不到位、不公正，游客就只能忍气吞声、任人宰割。

"商业欺生"是典型的一锤子买卖，获取的是不义之财，即使能占得一时便宜，也终会因名声败坏而失去竞争力。游客在一个景点可能只消费一次，但每一名游客都是一个信息传播者，景点短视的"商业欺生"行为会通过游客之口恶名远播，让本来计划到此一游的人们打消念头。因此，可以说，旅游景点的"商业欺生"行为是自毁前程、自掘坟墓。

近年来，医药生产行业大规模的GMP/GSP改造，造成产能过剩、运营成本增高，直接导致部分企业的各种短视竞争行为，质量管理水平不升反降。短视的竞争行为形成了畸形的市场，畸形的市场规则。在不良市场环境中，不少关系到消费者生命财产安全的失信行为成了公开的秘密。一切向钱看，在医药生产行业为增加利润偷工减料成为公开的秘密；冒充国际品牌、假冒进口商品也成为公开的秘密。这些违背诚信原则的伎俩甚至成了少数企业获得利润的主要手段和行业内"引以为荣"的发展捷径。

没有战略的企业就像流浪汉一样无家可归。国内不少企业就有这种流浪倾向。它们缺乏企业战略，经营企业喜欢脚踏溜冰鞋，溜到哪儿算哪儿。德鲁克认为，使企业遭受挫折的唯一最主要原因，恐怕就是人们很少，充分地思考企业的任务是什么。

当一家企业像流浪汉一样，不知道应往哪里走时，企业命运是极其危险的，因为它通常会走到不想去的地方。

5. 素质不高、能力不足

史蒂夫·乔布斯说："成为卓越的代名词，很多人并不能适合需要杰出素质的环境。"

常言语道：江山易取，守江山难。

企业也是一样，经过长时间的创业与发展，企业不断壮大；然而，有的企业发展起来了却守不住，企业的管理等各方面不断出现问题，最后企业慢慢退缩变小，甚至倒闭。企管专家谭小芳在一次企业交流会上指出："打江山靠胆，守江山靠脑，传江山靠心。"

有人问，众多民企生命周期很短的现象如何解释？

很多人给出了自己的答案，他们认为主要原因在于缺少守江湖的"脑"，在于我国民企的企业家素质不高，创新精神不足和企业家能力低下。根据约瑟夫·熊彼特的创新理论，创新会导致企业间的替代现象，创新企业的进入，会淘汰不能适应的老企业。

企业间的竞争实则是核心竞争力与企业文化的竞争，这些竞争的矛盾和焦点最终都反映到企业的核心人物身上——企业家。同样，创新主要取决于企业家，企业家的创新精神和创新能力是企业跨越成长障碍的支柱。企业创新包含了制度创新、管理创新、组织创新、市场创新、技术创新、产品创新等等相当丰富的内容。

我国相当部分的企业家主要靠胆识、运气的"第一次创业"取得短暂的辉煌，之后面临越来越激烈、越来越规范的市场竞争时，难以完成由"顺境经营"向"逆境经营"的转变，因而在二次创业时，许多企业倒下了。

很多人说，有些企业因为无知而发展起来，也因无知走向落寞。

企业家的素质问题成为影响企业发展的重要问题。目前，我国企业家整体素质不高，已成为中外学者的共识。据有关专家分析，我国国有企业亏损很大程度上就是由于企业领导者素质低下、决策失误、经营不善、管理无方所致。

我国的企业领导者有些自身素质不高，尤其是在一些民营企业中这种情况更为明显，归纳起来自身素质偏低表现在如下三个方面：

一是思想素质差，认为自己创办和经营企业纯粹为了赚钱，对为国家和社会作贡献、治理环境污染及维护职工权益等问题全然不予考虑。

二是经营管理素质低，管理方式粗放落后，在合同管理、财务管理方面严重欠缺，造成企业欺诈、被骗等现象，加大企业信用风险。

三是有些企业家法律意识淡薄，千方百计钻法律空子，以次充好，赖账不还甚至违法经营。

据调查，目前全国实行"家族式"管理的民营企业约占民营企业总数的70%，在这种企业里，近40%的管理人员是家族或准家族成员。落后的、不符合现代经济发展要求的经营管理模式必然制约企业发展。

很多家族式的管理演变成"土派"管理，管理者与老板都有直接或间接的血缘关系，对企业或许有耿耿忠心，但因为观念太差、素质太低，"土"得厉害。

比较极端的案例，一老板说他的企业管理班子非常齐整，该配的人员都配齐了，但管理之混乱却令人目瞪口呆。600多人的企业里，配了40多个主管，什么大舅、二舅、三姨、五姨都纷纷囊括其中，就连一个连姓名都不会写、打卡都打不来的"老舅"都安排做了保安队长。甚至还请了自己一个两小无猜的童年好友来做总经理，这个快到花甲之年的总经理除了开口"啊"、闭口"啊"之外，就连上5个汉字的完整句子都说不下来，主持会议时直教人忍不住咬破了嘴唇。

一次，客户过来审厂，列出的40多项不合格项里有一条"设备标识不清"并要求限期更改，老总竟说一定要"表示表示"。客户对老板说："你哪里请的游击队长啊？"气得老板大骂这些人"爆手粗脚"、"屁都不懂"。

管理层面素质低下，在战略决策、品牌建设等方面就会存在偏差，对信誉问题的认识就没有那么深刻。这些管理人员无法看到科学管理的作用，也不能理解先进的管理理念，不会运用先进的管理技术，如此"游击队式"的管理方法很难支撑一个企业长远发展。

很多企业领导的素质低下，并不只是简简单单的文化素质低所造成的，与商业环境及缺乏真正有效地引导是关键所在。这也导致了大批的中小企业很难蜕变成卓越企业。他们多是昙花一现、匆匆过客，只能在内部管理问题中，不断愈演愈烈，进入死循环。

《商业界》刊登过一篇总裁随笔，有这样一句话：

"太依赖于一个神话般的职业经理人是不可靠的。作为管理者，需要以合理的心态来对待职业经理人，不仅给他宽松的空间，还要以完善的制度建设来最大限度地降低风险。做企业不是一场赌博，不能指望一个人的力量或者一次商业行动就一劳永逸地获得成功，否则，失望在所难免。"

企业的成功，不可能只靠胆识，只靠偶然。

像爱护眼睛一样爱护你的信誉

> 在竞争环境，信誉展现企业最突出的优势。
>
> 在买方市场，信誉奠定企业最坚实的基础。
>
> 在信息社会，信誉造就企业最核心的资本。
>
> 在全球化时代，信誉赋予企业整合国际资源最强大的权力。
>
> ——查尔斯·福伯恩

美国学者福山在《信任》一书中曾预言：21世纪是信誉的世纪，哪个国家的信誉度最高，哪个国家就会赢得更广阔的市场。

党的十八届三中全会开启全面深化改革之路，全面深化改革的关键在于发挥市场决定性作用。而市场经济也是法治经济。所谓的法治经济就必须建立在信用的基础之上。所以，准确地说："市场经济就是信用经济。"

市场经济离不开诚信，因为在经济中的各个环节，都少不了以诚信为基础的信用。我国目前的市场信用体系处于起步阶段，企业信用制度还没有健全起来，个人信用制度更为落后，现在市场交易主体信用缺失现象普

微链接

2001年，我国出台《公民道德建设实施纲要》，其中指出要通过公民道德建设来构建与社会主义市场经济相适应的社会主义道德体系。2006年，胡锦涛同志提出了"八荣八耻"社会主义荣辱观，其内容中明确谈到"以诚实守信为荣、以见利忘义为耻；以遵纪守法为荣、以违法乱纪为耻"。2006年10月，党的十六届六中全会的《决定》提出建设社会主义核心价值体系的战略任务，把"诚信友爱"作为构建社会主义和谐社会总要求的重要内容，并强调要"加强政务诚信、商务诚信、社会诚信建设，增强社会诚实守信意识"。2014年的《政府工作报告》明确提出，对违背市场竞争规则和侵害消费者权益的企业建立黑名单制度，让失信者寸步难行，让守信者一路畅通。

遍存在。

越来越多的人认识到信誉的重要性，尤其是在市场经济环境下，与信誉挂够的信用经济特质越发明显。

近年来，我国在政策上对社会诚信越来越关注，这要求企业家做出相应的调整。

企业家们也认识到了信誉的重要性，并了解到其"易碎"特性，池田大作就说：信用是难得失的，费十年工夫积累的信用，往往由于一时的言行而失掉。企业艰辛经营的良好信誉，一旦失去，追悔莫及。企业最大的危机莫过于破产，但在这之前，信誉破产早就开始了。如果说破产是企业的心跳停止，那么信誉破产就是企业的"脑死亡"。

所以，企业家都必须像爱护眼睛一样爱护自己的信誉。

1. "义利结合、以义为先"思想的现实意义

北宋哲学家程颢说过："大凡出义则入利，出利则入义。天下之事，唯义利而已。"

亚当·斯密的经济人假设，认为人的行为动机根源于经济诱因，人都要争取最大的经济利益，工作就是为了取得经济报酬。为此，需要用金钱

与权力、组织机构的操纵和控制，使员工服从与为此效力。

但这只是假设。有没有利他主义者？

答案是有的。

现实生活中，有利他主义者，也有"义利结合、以义为先"。他们的存在是合理的。人之所以讲道义，有着多方面的原因。

第一，"义"有生理学基础。虽然人有与动物一样的"趋利避害"本能，但人之所以为人，就是有高于"利"之上的"义"，即不以"利"为最终追求，而以精神的高尚为最高追求；不是所有的"害"都一概回避，而是以"义"为准绳。

第二，"义"可以从心理学解释。为人服务，予人帮助之后，自己会感觉心情很舒服，人生的价值也得到体现。

利他主义者的存在，除了理论证明，还有现实依据。裸捐商人的存在就是最好的证明。现在很多成功的企业家留下遗嘱，死亡之后所有资产全部捐给社会。

2010年9月5日，有"中国首善"之称的江苏黄埔再生资源利用有限公司董事长陈光标，在其公司网站上刊出了致比尔·盖茨和巴菲特的一封信。

陈光标在信中写道："在我离开这个世界的时候，将不是捐出一半财富，而是向慈善机构捐出自己的全部财产。"

2010年9月9日9点09分，华旗资讯总裁冯军在个人微博上表示，将分阶段把个人全部财产进行"裸捐"，以用于公益及慈善事业，报答自己对祖国和人民的热爱。

此外，裸捐的企业家还有牛根生、郭台铭等。

光彩事业是我国民营企业家于1994年为配合《国家八七扶贫攻坚计划》而发起实施的一项社会扶贫事业。它以消除贫困为宗旨，以民营企业为主体，以贫困地区为领域，以项目投资为主要形式，以"义利兼顾、以义为先"为核心理念,以共同发展为基本目标。1995年10月25日,经国家民政部批准,中国光彩事业促进会正式成立。

据不完全统计,2004年至2013年10月,中国光彩会共组织举办了20多次"光彩行"投资考察活动,邀请4700多位企业家参会,签约项目2356个,全国金额16306.22亿元,公益捐赠4.06亿元。

光彩事业已超越了单纯的社会扶贫意义,成为民营企业支持配合国家发展战略的重要社会实践,成为重塑欠发达地区产业结构、生活方式和村镇面貌的区域经济发展道路。光彩事业同时超越了一般经济社会活动的范畴,成为展现民营企业家"爱国、敬业、诚信、守法、贡献"的典型范例,成为引导民营企业实现社会公平正义、构建社会主义和谐社会的光辉旗帜。秉承"义利兼顾、以义为先"的理念,光彩事业一方面坚持对爱国主义情操和共同富裕理想的追求,服务社会,报效祖国;另一方面承认和尊重助人者合理的回报,使民营企业在扶贫济困的同时能够实现企业的可持续发展,实现了获取自身利益与履行社会责任的统一。

对于"义"和"利"的认识,越高层次的人看得越透彻,很多企业家在职业生涯的前期,斤斤计较,到后半生,看明白了,心生众多慷慨。比如洛克菲勒和比尔·盖茨,他们都是前半生的小气和后半生的大度。

很多企业家在想着自己赚钱财富的同时,也注重让自己的员工发财,比如微软公司造就了无数百万富翁,特别是通过员工持股等办法让员工有福同享。很多大企业不仅自己发展了,也注重让利给他配套的企业,给上下游的企业,比如浙江正泰集团。还有很多企业家,在企业盈利的同时,还同步考虑创造社会效益,比如湖北省的百步亭公司、内蒙古的亿利集团。这些企业都没有因为履行社会责任而削弱企业竞争力,反而发展势头越来越好。

《中共中央国务院关于加强和改进新形势下工商联工作的意见》中,对充分发挥工商联的职能作用一共提出了五条意见,其中第一条就指出:

"引导非公有制经济人士践行社会主义核心价值体系，树立义利兼顾、以义为先理念、加强企业文化建设，积极参与光彩事业及其他社会慈善事业，自觉履行社会责任，致富思源泉、回报社会，为推动科学发展、促进社会和谐作贡献。"

为了配合工作，民营企业至少应该在以下几方面自觉践行"义利兼顾、以义为先"的理念。首先，经营要讲求诚信，要对消费者负责，坚决抵制假冒伪劣产品；其次，对员工信守承诺，遵守劳动合同法，维护和保障劳工权益；其次，对员工信守承诺，遵守劳动合同法，维护和保障劳工权益；再次，保护生态环境，自觉降耗增效；最后，致富思源，力行公益慈善，注重回馈社会。总而言之，民营企业应该在办好企业、创造社会物质财富的同时，也积极创造宝贵的社会精神财富，争做优秀的中国特色社会主义事业的建设者。

近年，公众对社会责任的关注度明显增加，和谐社会、节约型经济和科学发展观的提出，也要求企业更加规范。因此，企业在发展过程中必须更为强烈的满足公众对环保、就业、健康、公益、慈善等行为的需求，而不仅仅是做好自己产品的分内之事就可以了。

如果企业的行为触犯了社会责任的规则，很有可能迁怒公众，影响企业的正常发展。

2. 企业基业长青的秘密

张瑞敏说："一个企业要永续经营，首先要得到社会的承认、用户的承认。企业对用户真诚到永远，才有用户、社会对企业的回报，才能保证企业向前发展。"

美国管理学家柯林斯和波拉斯在《基业长青》一书中，选出了通用电气、波音、花旗、沃尔玛、迪斯尼等18家公司，探讨其长生不老、基业长青的秘诀。

书中，作者在"破除十二种迷思"的基础上，用高瞻远瞩公司的经验树立了十二种理念。其中一种让企业短命的迷思就是以利润最大化为首要目的。作者指出，赚钱不应该是唯一的，公司应追求包括赚钱在内的一组目标，这样从长远看才会赚钱更多。

高瞻远瞩公司之所以能基业长青不在于赚了多少钱或有什么产品，而在于以核心理念为基础。

企业基业长青的秘密除了重视产品，启用科学管理，还包括不唯利是图，讲义气，重视社会责任。

财经评论人孙虹钢说，已有三百多年历史的同仁堂，其成功和长寿的秘诀只有一个，那就是他们的文化传承："炮制虽繁必不敢省人工，品味虽贵必不敢减物力"。这里讲的是重视质量，重视信誉。

北京同仁堂是有着三百多年悠久历史，三百多年来，同仁堂人继承中华民族优秀传统文化，严格遵守"修合无人见，存心有天知"的古训和核心理念，在经营过程中坚持"德、诚、信"的优良传统，讲究义利观时，将其概括为同仁堂的经营哲学，即"以义为上，义利共生"，坚信在生产经营中只要把"义"放在首位，以崇高的社会责任感，讲求社会大义，利

微链接

据尼尔森公司2014年发布的全球企业社会责任对消费者的影响调查显示，全球范围内，企业社会责任对消费者的购买决策影响日益加大。其中，69%的中国受访者表示更愿意为具有环保意识行为和富有社会责任的企业埋单，较2013年提升了10个百分点，领先于全球平均比率14个百分点。

"我们欣喜地看到，在中国，企业社会责任的概念日益深入人心，已成为营销消费者购买决策的重要因素之一。"尼尔森中国总经理董沛德说，"这无疑将有利于环境的保护和社会的进步，同时，还有利于企业的品牌发展。"

润自然会滚滚而来。以义为上义利共生，其内涵主要是指以义取利，不取无义之利；尤其是当义利发生矛盾时，坚持以义为上、为先，先义后利，义利并举。坚信重义才能取信于市场，有了信誉才能盈利。

同仁堂认为，从长远战略角度看，企业经营无义即无利，小义即小利，只有大义才能产生大利，它反映的是企业目前利益与长远利益的关系。从某种意义上说，同仁堂的历史就是谋求信义的历史，同仁堂的金字招牌就是"信义"的凝结。

企业要想基业长青，就必须担负起应有的社会责任，注重产品质量，多站在客户角度考虑问题。

企业要想基业长青，就必须有寻求长远发展的远见和卓识，不做一锤子买卖，不只把眼光盯在钱上，多站在长远大局的角度上考虑问题。

企业社会责任对消费者的购买决策影响日益加大，人们越来越倾向于选择环保的产品，这是不争的事实，但调查还显示，仍旧有一些因素阻碍中国消费者选择环保型产品，有超过一半的中国受访者（52%）对于当今市场上号称"环保"、"绿色"的产品持怀疑态度。

让大众对我们担负起来的社会责任放心，让大众对产品优质可靠成为习惯，这也许就是基业长青的秘密吧！

3. 加强自律

《巴菲特语录：自律篇》提到：

我们不必比别人更聪明，只要比别人更有自制力！

寻找我们可以轻松跨越的1英尺栏杆，而避开那些我们没有能力跨越的7英尺栏杆。

你必须每天学习，而不是每天交易，这就好像是一场游戏，如果你喜欢这种游戏，你就能玩得不错，但最好尽早开始，同时找一套可行的成功模式。

你们必须能控制自己，别让你的感情影响你的思维。

如你不能控制你自己，你迟早会大祸临头。

有效控制情绪，能够让我的投资收益再提高30%！

李开复在微博上发过这样一句话：千万不要放纵自己，给自己找借口，对自己严格一点儿，时间长了，自律便成为一种习惯，一种生活方式，你的人格和智慧也因此变得更加完美。

自律，对于企业家，乃至整个行业发展都有着重要作用。自律可以看作是建立一种预防机制，进而预防事故的发生。自律需要企业意识到自己赚取利润的同时，也应承担最基本的义务，即保证自己产品的品质。

观察三十多年来的中国企业和企业家的败局，他们失败根源之一就是受挫于企业家内心欲望的膨胀，他们对自己的欲望失去了控制。

企业家"欲望膨胀"症状，表现在很难分清"野心"与梦想到底有什么区别，有些流量式的企业家，时代给了他们成功的机会，但似乎也膨胀了他们的个人英雄主义情绪。过度欲望膨胀和盲目扩张，倒致资金链断裂，让企业崩塌。

企业家"欲望膨胀"还表现在大行其道的"工程师+赌徒"商业人格，他们有着较好的专业素养，同时也有着不可遏止的赌性。赌市场、赌体制、赌技术……此外他们狂热于进攻，疏忽于加强防守的管理。

如果懂得自律，这些狂热的企业狂人们，也许能走更远。海尔的张瑞敏就是一个懂得自律的人，从生活习惯到经营之道，他都懂得自律。

在长期的工作中，他始终严格要求自己，在自律的道路上脚踏实地的走着每一步。他多年来保持着不变的自律习惯，每天在公司工作12小时以上，无节假日。出差常选在周四，充分利用双休日办事，周一准时回公司上班。

张瑞敏自身良好的自律习惯带动了海尔自律文化的建立。从"日事日毕、日清日高"的OEC管理模式，到每个人都面向市场的市场链管理，到

"人单合一"的发展模式，再到卓越运营的商业模式，张瑞敏在企业管理上的不断创新赢得了世界管理界的高度评价。

基于"向服务要市场"的理念，张瑞敏向消费者作出了"海尔真诚到永远"的全方位承诺，要求售后服务中心做到"电话铃响便有人接"，要求售后服务人员在用户家不抽烟、不喝水、不喝酒，不给客户添麻烦，不断向用户提供意料之外的满足，让用户在使用海尔产品时毫无怨言。而这一要求早已成了海尔员工的良好工作习惯。

我们说，当一个行业的经营者能够通过自律的方式规范自己的行为，怎么说都应该算是一种进步。

在推进行业自律的过程中，要发挥企业自律的作用。一个行业，如果一家企业出现安全问题，整个行业的信誉往往会受到影响。

行业自律会在更大层面上影响到人们生活，不自律成为某些企业甚至行业的常态，从奶业的整体失信到建筑业的各种质量门等等，数不胜数。

现在很多行业像一盘散沙，缺少行业道德的捍卫者，大家都忙着去赚钱，忽视了行业规范和道德的守卫。当出现不道德的房地产商时，没有业内人士站出来谴责；当有偷税者被揭露出来时，这个行业的人一片沉默；当囤地丑闻和建筑质量问题被曝光时，行业协会没有站出来旗帜鲜明地予以批评，并与之划清界限。

一个行业要良好发展，必须要有一定的规则，在这个行业里面形成一个主流思想。形成主流思想后对行业的服务进行规范，避免不专业的服务和言论再次伤害行业形象。这就需要行业所有企业共同遵守行业自律，维护整个行业的信誉。

酒类行业也是如此。"民以食为天，食以安为先"，酒类生产和消费直接关系消费者身体健康和生命安全，在酒类行业迅猛发展和酒类市场快速增长的同时，酒类企业"小、弱、散、多"的现状仍未改变，酒类市场制假、售假和名酒价格不正常频繁上涨仍有发生，相关法律缺失，市场监管不力，市场消费缺乏规范等诸多问题，严重扰乱着市场经济秩序，直接损害了消费者和企业的合法权益，严重的将对社会、民生造成极大危害。

天津是酒类消费和集散大城市，为了更好地维护天津地区酒业发展，天津市酒类流通行业协会成立。协会在主管部门指导下，充分发挥协会组织在联系、沟通、搭建企业与政府桥梁等方面作用，积极配合工商消协与政府各有关管理部门严格酒类市场，认真贯彻执行酒类流通备案登记制度和随附单管理制度。积极开展行业自律、诚信建设工作，按照"溯源监管、引导消费、树立典型、扶优劣汰"的原则，积极开展了"放心酒示范店"创建活动。

通常情况下，行业协会组织通过自律与诚信建设，实现对业内自律性监管，往往比政府部门直接管理更有效果。特别是酒类市场安全管理，政府监管是外因，企业法律观念诚信意识是内因，外因只有通过内因才起作用。

现阶段，我国市场监管由政府强势主导，行业自律被长期忽视，企业的微观市场主导作用和行业组织的行业引导作用均没有得到充分展现。但是，我们必须认识到行业自律是市场监管的最高境界，是市场自律式监管的主体和常态，市场的善治需要政府监管与行业自律相互协同，形成合力，而不是各自为政甚至相互掣肘。

只有懂得了自律，我们才能更清楚我们需要的是什么。

4. 诚信经营

李克强总理在2014年《政府工作报告》指出：加快社会信用体系建设，推进政府信息共享，推动建立自然人、法人统一代码，对违背市场竞争规则和侵害消费者权益的企业建立黑名单制度，让失信者寸步难行，让守信者一路畅通。

莫里哀说过："一个人严守诺言，比守卫他的财产更重要。"一个企业在建立诚信、获取信誉的过程中，产生的价值越来越大。诚信经营的好处就是让经营简单起来，节约精力、时间、成本，让成功简单可及。

企业诚信是企业在市场经济中取得成功的基础，企业诚信是指企业在市场经济的一切活动中要遵纪守法、诚实守信、并以此赢得消费者的信任，是企业确立价值观必须纳入的内容。

但不幸的是，中国企业最大的软肋就在于诚信经营。企业"诚信"缺失危害很大，甚至是许多中国企业经过多年的发展，因为诚信缺失，致使企业品牌一夜倒塌。作为全球五大会计师事务所之一的安达信，还有三鹿集团就是最好的明证。

假冒伪劣商品泛滥，虚假广告遍地，坑蒙拐骗横行，企业之间的三角债、银行呆坏账、信用卡诈骗、偷漏税、走私骗汇等，种种违反诚信经营的行为，已造成全社会的信用危机，极大地影响了经济运行效率。

在诚信不足、信用缺失普遍存在的情况下，很多人既是受害者，又是害人者。信用缺失损害各经济主体的利益，导致经济环境恶化，阻碍经济正常运行。

晋商纵横世界商业500年，成为中国历史上第一大商帮，靠的是"诚信"经营理念。晋商首先讲的是做人，而后才是做商。商人如果没有道德，制度没有任何用处。晋商丰德票号遭受国外势力压迫，濒临破产时，

微链接

任志强说过这样一个故事：

"当我第一次和潘石屹进行土地交易的时候大概谈判9天。几年以后我第二次跟潘石屹进行交易，我们俩大概用15分钟完成了19亿元的交易，我们俩人从烟盒上撕下一块纸来签上名字，第二天找律师就签了协议。第三次交易我们到机场路过北京三元桥，他说到昆仑饭店碰头，我们也没有纸，把餐厅午茶的菜单撕下来签了字，那次是40亿元的交易。我们有信誉，我相信他签完字的东西能够履行，他也充分相信我签完字可以履行，这两张纸值60多亿元。"

有了信誉，废纸上签的字也值钱，也可靠。

为给储户兑现，大义凛然，把积攒了13代的财富拿出来，真正震撼、感动了中国人。

中国的乳制品市场上有两"三"：三元和三鹿，相信大家都非常熟悉这两个品牌。如果单纯从企业的经济规模和营业收入来简单衡量，三元生产规模远远比不上三鹿，三元只是一个区域性的品牌。很长一段时间在国内各大乳制品品牌硝烟四起、大张旗鼓地全国布局时，三元并没有跟风，而是诚信为本，踏踏实实地做好北京这块本地市场。三元在北京有着非常好的口碑，任何全国性品牌的乳制品在北京市场上都不是三元的对手。

三鹿掀起的三聚氰胺风波中，众多国内乳制品品牌牵连其中，却有两个知名品牌的乳制品与三聚氰胺无染，一个是瑞士品牌雀巢，另外一个就是三元。三鹿虽然长久以来凭着这种伎俩走在了三元的前面，却好景不长，最终让自己苦心经营的知名品牌成为"臭名"品牌，变得一文不值，三鹿集团也已破产告终，倒是这场乳制品全行业的危机，成了三元的良机，人们更加信任三元了。

改革开放以来我国经济社会的发展取得了举世瞩目的成就，但伴随着经济的发展也出现了许许多多人们不愿看到的问题，毒大米、地沟油、毒胶囊等事件不断发生、逃避债务、做假账欺骗政府与投资者屡见不鲜，虚假广告、虚假信息满天飞。这些都极大地伤害了消费者的感情，损害了人们对企业信誉的认识。

孔子告诫人们要每日"三省"，其中"二省"就是诚信："为人谋而不忠乎"、"与朋友交而不信乎"？诚信是一个民族综合素质的体现，也是中华民族的传统美德。数千年来，诚信一直被奉为立国之本，也是成人立业的重要道德品质。

在当今市场经济的条件下，企业的经营由过去的生产导向转变为消费导向，企业与客户之间发生了根本性的变化。企业要发展，只能在顾客消费者认为是可靠可信的基础下，才能得到丰富的收益与回报，反之如果不讲诚信，就会让企业的形象大打折扣。

企业诚信经营，目的就是提升信誉。信誉是企业在市场和社会中获得的美誉和信任，是企业的公信力所在，以及由此得到认可的无形价值。具体点说，信誉是企业在消费者、股东、合作伙伴、供应商、经销商、员工、社区等利益相关者中得到的信任，以及他们的信任和尊敬给企业带来的资本增值。

所以，信誉对企业的价值在于，良好的信誉能给企业带来相关利益者的无形支持，使企业的净资产增值，有利于企业的良性循环，即使在困境时，它也是企业摆脱危机最安全的靠山，会给企业留以喘息的空间，而信誉破产却会使企业的净资产贬值，使企业陷入恶性循环的泥沼。

诚信经营的重要性，不言而喻。

5. 强化危机公关意识

有位著名演员发过一条这样的微博："所谓危机公关，并不是研究如何掩盖事实真相。而是该搞清：应选择哪种大众情感最容易接受，最恰当的方式，将真相公布于众。简单的说，我们都深知人难免犯错，因为人性有弱点。所以人们可以接受犯了错坦诚认错的人，但绝不会接受犯了错，还矢口否认甚至狡辩的家伙。"

商场如战场，只有长胜企业家，没有永胜企业家。企业危机乃至"商海沉浮"，都是经常发生的事，关键在于正确应对。

因此，危机公关成为一门学问，是企业管理不可分割的重要组成。

2014年《新闻晨报》报道，"上海品牌商标总量列全国首位，老字号商标有180个"，这是上周举行的第三届上海品牌发展论坛透露的信息。截至2013年底，上海市共有中国驰名商标165个、上海市著名商标1156个、上海名牌1216个、中华老字号180个，总量位居全国前列。

但令人遗憾的是，有调研报告指出，上海老品牌依然保持较好经营业绩的仅占两成，如老凤祥、家化、光明、三枪等；而剩下的五成已经衰落，如英雄、回力、永久、凤凰等；三成更是早已不复存在，如红灯牌收音机、三五牌台钟、水仙牌洗衣机等。

此外，上海老品牌的振兴速度缓慢。上海老品牌目前只有双鹿、回力基本成功复活，上菱、申花、华生和红心等众多品牌尚处于改制重组的过程中。

在世界经济一体化的今天，品牌已成为国家和城市国际竞争力的重要体现。上海在自主品牌的培育道路上一度辉煌过，然而从20世纪90年代开始，逐渐变得乏"牌"可陈，无"牌"可品。随着时代的变迁、市场的发展，曾经叱咤一时的众多上海本土品牌逐渐没落，甚至悄然消失。

一般的老品牌企业认为自己的老招牌就是摇钱树，觉得自己的产品是多少年传下来的，只要质量好，货真价实，就不怕卖不出去，所以就不注重宣传、推销自己的产品。殊不知，在这个市场经济向品牌经济过渡的局面下，产品的内在功能和质量差异已越来越小，没有能被消费者接受和认可的品牌体系，企业终将被淹没。

在市场营销上，许多老品牌数年来就仅仅依靠自己的一两个拳头产品，在啃老本，无视消费者需求的提高，仍停留在原有思维，这必然导致市场竞争的失败，同时也不利于扩大新的消费人群。同时，推广和传播方式仍然停留在以前的老式的方式方法上，不能与时俱进。

在危机应对上，很多老牌企业还抱着一副老字号绝对有保障的心态，不采取正确的危机公关方式，最终被市场淘汰。

试看周围的世界，公关无处不在。危机公关已经成为大势所趋。企业要想持续发展，就必须增强危机意识，预先制定完善公关战略，制定危机公关预案，掌握主动。

在南京冠生园事件中，质量问题是根本原因，但公关措施不到位，未能及时挽救企业信誉也是企业破产的重要原因。在消极地对待危机的过程中，南京冠生园犯了几个基本的公关错误。

公关沟通失败。在采访中，南京冠生园老板说出"用旧馅"是普遍现象这样的观点，这无疑是没有诚恳认错的态度。在危机发生之后，企业的管理者无一例外地选择了沉默，事情之后5天了，才有一份"致广大消费者的公开信"姗姗来迟。由此不难得出这样的结论：是企业管理者的沉默与逃避进一步加剧了危机。

公关角度错误。事情之后5天发表的"致广大消费者的公开信"中，南京冠生园矢口否认自己曾用去年的旧馅生产月饼，但是又拿不出任何证据来证明这一点。这使他们的整封信读来都缺少"诚信"的感觉，再加上信中多处提及企业的功绩与历史，却丝毫不谈抱歉或懊悔，这让人不由自主地感到是老字号在倚老卖老，以至于更加怀疑南京冠生园的诚意了。

公关措施不力。确切地说，南京冠生园并没有采取什么目标明确、计划完备的公关措施来应对危机。后来，当冠生园月饼重上柜台时，也只是多了一份卫生部门的检测报告而已。这显然是不够的，一份检测报告并不足以让消费者找回对产品的信心。消费者希望看到更加实际、更加富有诚意的行动，比如全面回收旧月饼，请权威人士或机构发表讲话等等。而冠生园的消极态度却令公众彻底失望了。

危机公关时代，企业家要记住：低调≠安全。

遇到问题，企业要主动承认错误、承担责任，让消费者对企业形成愿意和敢于及时为保护消费者权益而纠错的印象，这样做不但不会加重消费者对企业的不信任心理，相反还会为企业加分，让消费者更信赖企业。

2011年8月22日，《信报》刊登报道《记者卧底"海底捞"·揭秘》，直指骨汤勾兑、产品不承重、偷吃等问题，引起社会轩然大波，一直是人类无法阻止的海底捞，终于遇到了一个大坑。

2011年8月22日15：02，海底捞官网及官方微博发出《关于媒体报道事件的说明》，声明语气诚恳，承认勾兑事实及其他存在的问题，感谢媒体监督，并对勾兑问题进行客观澄清。此微博被转发1809次，评论690次，用户基本接受海底捞的态度。

2011年8月22日16：18，海底捞官网及官方微博发出《海底捞关于食品添加剂公示备案情况的通报》，笔锋更加诚恳，"多年厚爱，诚惶诚恐"之类的词语在用户这里很受用。

2011年8月23日12：00，海底捞官网及官方微博发出《海底捞就顾客和媒体等各界关心问题的说明》，就勾兑问题及员工采访问题进行重点解释。

2011年8月23日20：00，海底捞掌门人张勇的一篇微博，写得很到位："菜品不称重、偷吃等根源在流程落实不到位，我还要难过地告诉大家：我从未真正杜绝这些现象。责任在管理不在青岛店，我不会因此次危机发生后追查责任，我已派心理辅导师到青岛以防该店员工压力太大。对饮料和白味汤底的合法性我给予充分保证，虽不敢承诺每一个单元的农产品都先检验再上桌，但责任一定该我承担。"

此篇微博瞬间转发近4000次，评论1500次，在如今遇事自保，互相推诿，丢车保帅的职场中，张勇的敢担当，人情味十足，与很多其他企业的做法形成鲜明对比。张勇的人格魅力化解掉此次事件80%的危机。

随后，海底捞邀请媒体记者，全程记录骨汤勾兑过程，视频、照片瞬间布满网络，事件就此暂时画上圆满句号。

一次成功的危机公关，不仅可以让企业转危为安，还能成为提升企业品牌，拉近企业与受众之间关系的机遇。

在日益发展的全球化经济中，企业面临着更多的风险和挑战，当威胁上升为危机并爆发时，企业要做的只能是正面应对。

第四节
伪慈善之恶

> 虚假的谦让一出现，真正的谦让就及时消亡。
>
> ——马克·吐温

慈善公益事业的发达程度是一个社会文明进步的标志，是实现社会保障的重要内容，也是构建和谐社会的基础之一。

为了一份情怀，越来越多的企业家参与到慈善中来。公益慈善已经成为现代企业家的必修课。不管是救助天灾人祸，帮扶弱势群体，还是发起经营公益慈善基金，企业家群体正成为公益慈善的重要力量。在这样的时代背景下，为社会进步进行现实性探索，无疑将让企业家和慈善都拥有更广义的社会价值。

比尔·盖茨就曾说："企业应把越来越多的重心放在为更多的穷人提供产品和服务上。在追求利益的同时，要能利用好市场来帮助那些没能够从中得到利益的穷人们，以此改变他们贫苦的生活。"

但在现代社会，企业家做公益慈善，一方面，更多的时候被解读为是推广企业品牌和形象的手段，功利性屡遭质疑。甚至有人说，企业家做慈善不是傻子就是骗子。另一方面，企业家做公益慈善又被认为是一种理所应当的社会责任，诸如"慈善摊派"等往往引发企业家的抵触。

作为社会财富的创造者，企业家做公益慈善，到底该如何解读？

人们对很多中国企业家的慈善行为产生了质疑，因为太多事例爆发出来，从"郭美美"到被冠之以"卢美美"事件的卢氏父女，有些企业家为了自己的私利，以慈善之名大捞私利；有的甚至假慈善，真圈钱，造成非常恶劣的影响。

泰戈尔就曾说："虚伪的真诚，比魔鬼更可怕。"

为慈善，伤了急需援助人的心，也失去了其他人的信任。

有媒体发声：人们对于中国慈善的失望，源于那些涉嫌靠慈善致富的人群；而中国慈善的唯一希望，则一定是越来越多富裕起来的人们，心无旁骛地投身慈善。

在很大程度上可以说，正是前者的肆虐才最终导致后者望慈善而却步。中国慈善目前所遭遇到的信任危机，恰恰是其自救开始的一个转折点：让伪慈善退场，才有真慈善到来。为慈善肌体挤掉毒素，此其时也。

十年来部分涉黑商人伪慈善行为梳理

涉黑商人	职位	涉案时间	罪名	判决	政治职务	慈善行为
刘汉	四川汉龙董事局主席	2013年	包括其在内36人涉嫌犯组织、领导、参加黑社会性质组织罪等	被判死刑	四川省政协常委	汶川地震中"最牛希望小学"的捐建者

王军华	珠海军安企业集团原董事长	2012年	犯诈骗罪、非法经营罪等数罪并罚	有期徒刑十七年六个月		头顶成功企业家、教授、慈善家多个光环
袁诚家	辽宁鞍山金和矿业董事长	2010年	组织、领导黑社会性质组织罪、聚众斗殴罪等16项罪名	有期徒刑二十年	鞍山市人大代表	辽宁省抗震救灾捐赠个人突出贡献
吴亚贤	廉江市大众矿业有限公司董事长	2009年	组织、领导黑社会性质组织罪，故意杀人	判处死刑，并处罚金人民币4110万元等10多项罪名	廉江市第十四届人大代表、第十一届政协常委	为廉江修建水泥路、廉江打黑、廉江红橙节、四川地震捐款
林国钦	春潭水泥厂总经理	2007年	连同其在内43人涉及96起违法犯罪事实，涉及20项罪名	死缓，被处以3.25亿元的罚金	阳江市第四届人大代表	捐助过阳江市山水游文化节和阳江市工商联合会等
房广成	北京市胜利通工贸等多家公司控制人	2005年	组织、领导黑社会性质组织等8项罪名	有期徒刑二十年	北京市通州区梨园镇原副镇长	村里搞旧村改造，村民入住后基本上保障每人能分到一居室，每年再给每人补助3000元

续表

桑粤春	长春吉港集团公司监事局主席	2002年	合同诈骗罪，组织、领导黑社会性质组织罪等	被判死刑	全国人大代表	1997年全国洪灾中捐了500万元

现在很多"涉黑商人"倾心于慈善事业，跟慈善"做生意"。这些企业家意识到钱来得不正常，所以用慈善来提高自己的声誉和知名度，同时也想掩盖钱财来路不明的问题。

2008年4月23日发布的"2008胡润慈善榜"子榜单"川渝慈善家"中，43岁的刘汉以1.27亿元捐赠成为最慷慨、最年轻的慈善家；在"2009胡润慈善榜"中，他再次以2.09亿元的捐款额位列榜单第16位。刘汉此举被新华社报道为："他是广汉有名的企业家、慈善人士，还担任过2008年北京奥运火炬手。"

慈善是生意的组成部分，非法所得上亿元，拿出一点钱来做慈善，这是小投入，大回报。清华大学创新与社会责任研究中心主任邓国胜则认为，这些现象背后是公益慈善机构官办色彩浓厚，多半是退休官员或在职的领导。给这些慈善机构捐款，是和政府拉上关系的途径。

涉黑商人做慈善不仅可以结交权贵，同时为谋取社会影响力积累资本。原辽宁鞍山金和矿业有限公司董事长袁诚家就是一例。

在鞍山金和矿业有限公司的介绍中，自2004年到2011年8月，该公司累计上缴三种税63024.8万元；同时他热心于公益事业，从2003年起累计为助学、助残、救灾、为百姓修路、建文化广场等捐款捐物达800多万元，营造了良好的社会形象。在这些慈善的包装下，袁诚家顺利当选为2007年鞍山市人大代表。

当罪恶披上慈善的外衣，我们还能否看穿事情的本质呢？

1. 锦标赛式的慈善

培根说："虚伪的人为智者所轻蔑，愚者所叹服，阿谀者所崇拜，而为自己的虚荣所奴役。"

一个企业家一生要捐助多少才能称得上是慈善家？没人能给出标准答案。一个企业家捐得少是不是就等于为富不仁，捐得越多就越高尚，或者只是为了作秀并赢得良好的名声？

汶川地震后，万科捐赠200万元，这引起网友热议，而王石在博客中也予以回应，其中几句原文如下：

——地震发生当天，万科集团总部捐款人民币200万元。一些网友对这个数字很不以为然，大呼和万科形象不相称，呼吁万科再多捐点。对捐出的款项超过1000万元的企业，我当然表示敬佩。但作为董事长，我认为：万科捐出的200万元是合适的。

——中国是个灾害频发的国家，赈灾慈善活动是个常态，企业的捐赠活动应该可持续，而不成为负担。

——万科对集团内部慈善的募捐活动中，有条提示：每次募捐，普通员工的捐款以10元为限。其意就是不要慈善成为负担。

一石激起千层浪，万科和王石遭受更多网友指责。随后，王石在接受采访时一改在博客中的态度，三致歉意，并宣布无偿投入1亿元以内资金参与灾后重建。

从王石捐款事件中，我们可以充分看出社会舆论对企业家的慈善观有着很强的导向作用，尤其是对一线品牌而言，他们的慈善行为会备受社会的关注，同时直接关系到企业的品牌和影响力，不得不承认，其中一部分企业迫于社会压力参与到慈善中来。慈善了绑架企业家。

2013年四川雅安发生地震，加多宝也遭遇被逼捐的尴尬，加多宝调集1000箱凉茶与1000箱矿泉水送往灾区的消息一出，很多人联想到其为汶川地震捐款1亿元的"大手笔"，表示此次捐助有些"拿不出手"，催促加多宝再捐1亿元……

可以理解大众的心情，希望企业能更多回报社会，但是施以舆论暴力逼压则矫枉过正了。

四川雅安地震发生后，一些媒体、机关和个人都公布出自己统计的"捐款排行榜"，将企业和个人捐款额公布供人比照，甚至有权威媒体也发布的一条对比苹果、三星、诺基亚捐款额的微博。

将善心拿来比拼，是对慈善的亵渎。

过分渲染数字的第一个结果是逼捐、被慈善和伪善。

以是否捐款、数额多寡作为衡量爱心的标准，将捐款视为公众人物、企业的必然行为，都属于道德绑架。在"道德大棒"下，捐款人已分不清自己是不是在做慈善，是为逼捐者而捐，还是为慈善本身而捐？当捐款数额成为判断企业家道德水准高低的依据，并且这个依据被拿来热议，这就与慈善本义无关，留下的只有一个无知和伪善的社会氛围。

过分渲染数字的另外一个结果是不理性慈善。

"能力越大，责任越大"并不是评判慈善的正确逻辑。慈善不是宣示，不是姿态表达，更不是"我慈善故我在"。陈光标的"钱山"是一种慈善，万科的220万元也是一种慈善，将慈善举动、数额看得太重，无任何意义。

很多企业家在外界的舆论中丧失战略考虑，盲目和竞争企业去攀比，失去理性。别人希望你捐多少，企业家为了博喝彩，勒紧裤腰带把钱捐自己来。零点研究咨询集团董事长袁岳说："许多企业家在投身公益时，缺乏战略部署，缺少有系统、长期持续的公益计划。"

企业家的捐赠不仅是一种感情迸发的慈善行为，还应该是理智分析后的战略决策。捐赠有度，应该是可持续性发展的行为，而不应该成为个人领导企业发展的负担，不能损害公司的健康运营。

微链接

中华慈善总会副会长邓铜山就强调，"我们希望能得到更多的善款和善物来帮助弱势群体渡过困难，但是我们也并不认为企业家捐的越多越好，对他们不能采取杀鸡取卵的做法。慈善事业是一种快乐事业，他们的捐赠应该让他们力所能及，让他们捐得愉快，而不是让他们捐得非常心痛，这是我们要有的共识。"

对于一种纯粹的善行来说，数额是最不重要的组成。诚如王石所言，"不要让慈善成为负担"。企业量力而行就好，心意尽到了就好。在号召捐款方面，媒体和舆论也不应过度营造一种"比捐"的氛围，让企业和个人在这种"隐性强迫"之下承受不得不捐、不得不多捐的压力。

一种慈善，如果使人感到重要的是数量和金额，而不是募捐者的真诚程度，这样做的结果或许能够短时间内提高捐款的数量，但是却付出了高昂的道德代价：促使一些人搞投机活动，把捐款当作哗众取宠获得知名度的机会，甚至会形成以捐款数量为标准区分好人坏人的道德等级，极大地败坏社会风气。

再回过头来看王石所言，"不要让慈善成为负担"，能让我们有所感触，我们是否离真正朴实无华、平淡为真的慈善本义逆行太远了？逼捐，逼出的只是一场场"捐赠秀"、一个个"伪君子"，根本就逼不出慈善本身和社会风气的改善。因此，"己所不欲，勿施于人"，要自愿不要逼捐，让捐赠回归慈善本义。

2. 毒药式的慈善

菲尔丁说："虚荣促使我们装扮成不是我们本来的面目以赢得别人的赞许，虚伪却使我们把自己的罪恶用美德的外衣掩盖起来，企图避免别人的责难。"

汶川地震后，审计署发布关于汶川地震抗震救灾资金物资的审计情况公告。公告指出，在捐赠款物审计中，发现一些地方和部门在捐赠款物筹集、管理、分配等方面存在一些不规范问题，个别人员涉嫌违纪违规。

少数捐赠物资存在质量问题。如甘肃省接受的外地捐赠的旧衣物中，包括存在卫生安全隐患的内衣、衬衣等；四川省卫生厅接受的"过氧化氢消毒液"等38吨消毒杀菌药物属"三无"产品；汶川县接受的2000斤食品和德阳市接受的1800余件矿泉水为质量不合格产品；四川、甘肃灾区接受的帐篷中有15981顶存在配件不全或不配套问题，仅汶川县就有2667顶帐篷因此而无法使用，约占该县收到帐篷总数的20%。

现在一些企业被动或主动捐赠过程中，用的是过期的食品，或者是劣质的产品，这给受捐者造成生理和心理的极大痛苦。在苦难中本来感受到了来自外界的温暖，但这"温暖"却是劣质的。

2008年，青海检验检疫局对香港某行会捐赠给青海省西宁市儿童福利院的物资进行了初步查验，发现其中48箱（件）存在质量问题，不符合有关规定。

2011年，中国红十字基金会专项公益基金"仁爱基金"通过其下属的"志愿者工作办"陆续向陕西捐赠了上万辆自行车。车辆使用不久后就有受捐者反映，自行车管壁特别薄，零件比较粗糙，骑两下就爆了胎。出于职工安全考虑，企业工会很快将这批自行车全部收回，捐赠方后来不得不将这批问题自行车拉走。

2013年，为防止有质量瑕疵的救灾物品进入灾区，4月23日起，雅安市在设立的三个抗震救灾物资接收发放点对捐赠食品、药品进行监督检查和快速检测。截至4月25日12时，就查获并销毁过期压缩饼干1003件，共计12.5吨。雨城区对查出有疑问的85件饮料封存待查。

捐赠是一种高度个人化的自愿行为，其动力在于个体内在良知，其价值在于真诚。用劣质物品去献爱心，就类似于将"毒药"包装成了"礼物"。毫无疑问，失信是慈善的一剂毒药。对慈善机构的怀疑，会严重腐蚀人们的善行；对企业的怀疑，会严重影响人们对社会的信任。

纯洁的善心，从来就容不得半点污垢；慈善的眼睛，从来就容不下一点沙子。人们完全有理由以最高的标准，要求企业用最好的东西做慈善。

产品质量对于企业来说就是根本。企业的质量信誉要真正建立起来，得到市场的认可，是相当困难的。但是，如果企业不注意维护，往往很容易受到损害，甚至消亡。一个企业的质量信誉很脆弱，往往经不起质量问题之类的危机打击，事实上，某一企业的某种产品一旦被揭露有质量问题，其销量立即就会降下来。这也说明质量信誉对顾客购买决策的决定性作用。质量问题严重影响企业发展，更别提捐助物品质量问题这类受到媒体普遍关注的事件了，它们很容易刺痛大众的神经，产生抵触情绪，有时这样的打击只要有一次，就可能给企业造成致命的损害，很可能因此而走向衰退，甚至造成破产。

"病来如山倒，病去如抽丝"，消费信心的坍塌往往在一夜之间，恢复起来却要假以时日。在慈善行为中，捐助劣质产品，这对于企业的信誉将会是毁灭性的打击。企业唯有脚踏实地，持之以恒保证产品质量，才能慢慢迎来产业的春天。而且，行业信誉没有一劳永逸，若想保持消费信心，产品质量就要经得起时间考验。

企业发展过程中如果没有能力做更大范围的慈善，就要先修内功，提升自己的能力，不要虚伪，不要为了面子就拿次品愚弄别人的感情。

像巴金说的：爱真理，忠实地生活，这是至上的生活态度，没有一点

虚伪，没有一点宽恕，对自己忠实，对别人也忠实，你就可以做你自己的
行为的裁判官。

3. 广告式的慈善

20世纪伟大的思想家汉娜·阿伦特说："耶稣言传身教的行为之一便
是善工，而所谓的善明显地带有一种隐匿起来、不被他人看见或听见的倾
向……一旦善工被公开出来，为众人所知，它就失去了它那特殊的善的品
质，就不再是仅仅为了善的缘故而做的事情了。"

现在市场上，广告需要投入很大的成本，很多善于投机的企业家想到
了通过做慈善来低成本宣传自己，这已经成为很多企业惯用的伎俩。

2008年年底，两家企业联合在东莞数地的路边竖起大型户外广告牌，
上面写着"帮你回家"等字样，表示欲资助2009名在广东的外地农民工回
家过年。很多农民工并不相信眼前这个慈善行为，认为这只是企业的一种
炒作。

一名不愿意透露姓名的知情者给媒体算了一笔账：在此次"帮你回
家"事件中，企业赞助2009名农民工返乡共需要40来万元，预计要投放的
30多个大型灯箱户外广告成本远远超过了这个数目。按照成本计算，1个广
告牌成本近1万元，30多个可能就要30多万元，但制作成本只是户外广告成
本的一小部分，展出和摆放场地费的成本难以估计。

"在广汕路上，一个户外广告牌摆放展出一年可能要上百万元。"因
此，有人戏言：对于2009名被资助的返乡工人来说，这是一个高成本慈
善，但是对于做广告的两家企业来说，其实是个低成本的炒作。

有人认为，企业利用慈善来炒作自己无可厚非，慈善行为能提高一个
企业的社会形象，对社会对企业是"双赢"。但这有个前提，那就是实实
在在做善事，如果只是把它看成炒作的一个手段，对企业的形象可能会起
到适得其反的效果。

慈善的本意是不求回报的"施爱"。但在一些企业眼里却成了捞取名誉利益的工具，利用本意为"付出"的慈善，一味"索取"。中国扶贫基金会副秘书长李利就感慨：今天中国的公益之所以不发达，是因为公众的爱心"结冰"了。而结冰的原因，正是公众的爱心被各式各样"打着公益旗号"的商业活动一次又一次的伤害了。"如果不能做一些事情，让老百姓产生信任感这个冰会越结越厚。这是个非常遗憾的事情。"

2010年左右，一则关于"烟草希望学校"的消息引起了人们的关注，十几所由烟草企业捐助的学校被命名为"烟草希望小学"，学校门前的宣传墙上写着"立志奉献社会，烟草助你成才"标语，学校屋顶上悬挂明显的"中国烟草"标识。

有民众就质疑：烟草企业是在"助学"还是在做广告？

当时担任中国控制吸烟协会常务副会长兼秘书长许桂华指出：这实际上是烟草企业通过慈善捐助变相宣传自身、为自己做形象广告。现在一些烟草企业借赞助公益事业频频现于媒体，且数量越来越多，声势越来越大，影响越来越广。据中国控制吸烟协会对烟草企业公益活动和文体赛事捐助活动的监测显示：2009年9月至12月，共有52家烟草企业捐助公益及文体活动79起，其中公益捐助63起，覆盖15个省份的40个市县；文体赛事捐助8起。

烟草企业在35起捐资助学活动中，将中、小学作为了重点捐助对象，计23起，占66％。前面提到的"烟草希望学校"就是代表性的例子。这实际上是美化了烟草及烟草企业的形象，会吸引更多的青少年吸烟。

烟草企业是在假承担社会责任之名，而行烟草促销和企业宣传之实。中国控制吸烟协会对民众进行的调查也印证了这一点。在2103名受调查者中，80％的被调查者认为，烟草企业捐助公益活动是其营销手段；18％的被调查者表示在吸烟品牌的选择上，会选择从事公益活动的烟草企业品牌；7％的被调查者表示因烟草企业从事公益捐助活动而具有好感并开始尝试吸烟。

2011年2月，南京黄埔灵露滋生物技术有限公司创始人潘锴红，被南京市白下区人民检察院批准逮捕。这位顶着"优秀民营企业家"光环的"著名"慈善家，结束了其以慈善之名敛财的生涯。

露灵滋公司的公开资料显示，其主要从事美容化妆品、日化品的研发、生产和销售，而销售是他们的主营项目。通过高调慈善所带来的知名度和美誉度，露灵滋公司的产品吸引了众多消费者。不过，相对于做慈善的广为人知，露灵滋产品的知名度并不高，但是售价却不算便宜，一套化妆品售价1980元。

而露灵滋的产品销售政策也与慈善紧密相连。一些希望批量进货或者代理露灵滋产品的经销商，若想购买产品，首先要捐出不低于20元钱，多则不限。露灵滋公司称，这些善款将直接捐给南京市慈善总会，公司还会给每一位客户发放一张捐款证书。根据此销售政策，露灵滋公司每一名客户都成了其"爱心团队"成员。

这些企业做点公益活动，就会四处宣扬，唯恐天下不知。

高调慈善某种意义上来说只不过是另一种广告形式罢了，并非完全意义上慈善行为。其目的不过是为了宣传自己，抬高自己社会地位，进而牟取一定的利益。

既然高调慈善可算是一种广告，那么就有广告真实性的问题了。

真实性是广告最基本的要求，虚假广告由于传递的是虚假的内容信息，容易误导政府部门、社会民众，最终可能造成不良后果；是一种不但道德上要受到谴责，同时也要承担相应法律责任的恶劣行为。越是高调宣传慈善，这种传播和示范效应就越强、越广，若是其中存在弄虚作假行为，那么就可能同时对人们的诚信行为造成不良示范效应，从而不利于加强诚信教育等道德建设。

高调慈善尚且还能带来一定好处，但如果只为做广告，甚至是虚假

"广告"，那就太没有道德了。

4. 有名无实的慈善

阿瑟·赫尔普斯说："高明的伪君子不会在一切可能的场合施展自己的技艺的。在所有不重要的事情上，谁能比他更公正、更诚实、更坦率、更高尚？"

2004年6月，在成都举办的"希望之声大型慈善公益演出活动"，成为当时群众和媒体关注的焦点。这场后来被媒体称为"成都慈善义演风波"的大型慈善公益演出，不仅没有像预期的那样，为贫困的孩子和孤寡老人募集到救助资金，而且各个环节都出现了违规操作行为，导致义演以慈善为名，实际行商业演出之实。

之前，四川省慈善总会委托成都市演出公司向文化部申报演出批文，演出公司收取承办费4万元。成都市演出公司在向四川省文化厅和文化部申报时，隐瞒了组委会拟向演艺人员支付演出报酬的事实。

利用虚假的文件，弄到了文化部的批文后，一场以慈善名义的演出就名正言顺地开场了。

此次慈善公益演出收取赞助费60万元，出售演出门票款70余万元，组委会全部收入130余万元。但是，组委会筹备组织此次演出各项支出总计近300万元。由于主办单位、承办单位和演出商违规操作，演出所得的100多万元除去给演出中间商和演员的费用外，四川省慈善总会不但没有募到一分钱，反而倒贴了几十万元，失学儿童和孤寡老人困难家庭没有得到任何善款。

经过几个月的调查，一度在全国造成恶劣影响的"6·11四川慈善义演"的有关单位和承包商终于受到了严肃处理。有关人士指出，这场所谓"慈善义演"，纯属是利用虚假文件报批、违规操作的非法演出。而它亵渎的，不仅是慈善本义，还亵渎着政府及社会扶贫济困的"爱心机制"。

2008年，"赖捐"一词出现，指的是先承诺捐助，获得社会名声后却又赖账，这无疑是另一种诚信危机，也促使我们反思慈善的本意。

2009年，某集团董事长在北京宣布，将以个人出资的形式成立"慈善基金"，资金形式全部为有价证券，市值当时为83亿元人民币，占到该董事长个人所持有股份的90％左右。这笔当时最大数额的股捐承诺，一直未到账，也鲜有关于其进展的消息。

通过"赖捐"事件我们就可以发现，一些企业所谓的慈善捐助并非出于发自内心的善心和爱意，而把慈善当作了一种相时而动的宣传炒作工具。承诺时轰轰烈烈，信誓旦旦，借此获取了社会名声，美化了企业形象，达到目的之后却成了"老赖"，直接亵渎慈善。在这些企业眼里，慈善成为捞名誉、捞形象、捞利益的工具，利用本意为"付出"的慈善，一味地"索取"，让慈善文化逐渐扭曲，让善心爱意蒙着受辱。

类似"赖捐"这样的"慈善丑闻"和"慈善炒作"，也改变了慈善的社会认知，使慈善遭遇信任危机，成了作秀和炒作的代名词。

2011年6月，《中国企业家》报道，号称"红十字青少年视力关爱工程"唯一指定产品的"眼康近视治疗仪"，正由西安一家叫瑞安医疗科技有限公司在网上公开"招商加盟"。随后，该报记者在陕西、北京两地，深入调查了"红十字青少年视力关爱工程救助基地"项目的运作情况，一个贴着"红十字"标签、"慈善+商业"的"独特商业模式"渐次浮出水面。

以上这些案例，充分显示了我国慈善事业存在的漏洞，很多企业通过各种方式轰轰烈烈地搞着慈善，比如义演、和慈善机构合作，但实际上却有着不可告人的目的。

这些活动都可谓有慈善之名，却没有慈善之实。

要想做好公益，要想企业的信誉不受损害，只有让真正纯粹的善心得到彰显，让打着公益幌子的沽名钓誉者曝光于公众，这样公益慈善事业才会在健康的轨道上越走越远。

　　公益活动另有目的，诈捐骗捐、诺而不捐这些关键词在刺痛公众内心的同时，也反复冲击着人们对相关企业、组织的信任。

信誉警言

◇ 轻诺必寡信，多易必多难。

——老子

◇ 人而无信，不知其可也。

——孔子

◇ 诚者，天之道也；思诚者，人之道也。

——孟子

◇ 巧诈不如拙诚。

——韩非子

◇ 言无常信，行无常贞，惟利所在，无所不倾，若是则可谓小人矣。

——荀子

◇ 信犹五行之土，无定位，无成名，而水金木无不待是以生者。

——朱熹

◇ 马先驯而后求良，人先信而后求能。

——《淮南子》

◇ 丈夫一言许人，千金不易。

——《资治通鉴》

◇ 一言之美，贵于千金。

——葛洪

◇ 自以为聪明的人，往往是没有好下场的，世界上最聪明的人是老实的人，因为只有老实人才能经得起事实和历史的考验。

——周恩来

信誉警言

◇ 千教万教，教人求真；千学万学，学做真人。

——陶行知

◇ 遵守诺言就像保卫你的荣誉一样。

——巴尔扎克

◇ 失足，你可能马上复站立；失信，你也许永难挽回。

——富兰克林

◇ 一个人严守诺言，比守卫他的财产更重要。

——莫里哀

◇ 诚实的人必须对自己守信，他的最后靠山就是真诚。

——爱默生

◇ 诚实人说的话，像他的抵押品那样可靠。

——塞万提斯

◇ 诚实是力量的一种象征，它显示着一个人的高度自重和内心的安全感与尊严感。

——艾琳·卡瑟

◇ 要我们买他的诚实，这种人出售的是他的名誉。

——沃夫格

◇ 如果你做事缺乏诚意，或者迟迟不愿动手，那你即使有天大本事，也不会有什么成就。

——狄更斯

◇ 诚实，像我们所有的情操一样，应当分成消极的与积极的两类。消极的诚实没有发财的机会时，是诚实的。积极的诚实是每天受着诱惑而毫不动心的。

——巴尔扎克

信誉警言

◇ 当一个人是一个真正的人的时候，他就应当在大言不惭和矫揉造作之间保持等距离。既不夸夸其谈，也不扭捏取宠。

——雨果

◇ 一个诚实的人绝不会白用人家的东西，也决不会白拿人家的东西……

——高尔基

◇ 我欣赏"诚信"，热爱"诚信"，认为唯有诚信是最经得起时间的磨砺的。"健康"随着时间毁坏；"美貌"随着时光枯萎；"金钱"因光阴而耗尽，"荣誉"随着历史而尘封。只有"诚信"如一杯醇酒，年代越久，则酒香愈纯、愈浓，意味绵长。

——摘自网络

◇ 如果你深刻认识到了失去诚信给你生活带来的不便，你就应该能找到应对解决的方法，如果你仅仅觉得，诚信对我时有时无的，也没太大影响，那么，你就无法明白诚信的重量。

——佚名

第四章

信 念

对中国特色社会主义的信念是企业发展的追求和动力。中国走到今天，特别是近代史100年的路程，我们什么主义都试过，什么制度都探索过，最终得出一个结论，只有走中国特色社会主义道路是唯一正确的道路。

——全哲洙

第一节
信念缺位与价值迷失

> 缺乏信仰的人，在一个缺乏信仰的社会里，便无所畏惧，便不会约束自己，就会忘记千百年来先人的古训，就会为了利益，让自己成为他人的地狱。
>
> ——白岩松

尽管很多企业家认可中国特色社会主义发展道路，对实现"两个百年"目标和实现中华民族伟大复兴中国梦充满信心，但是还有为数不少的企业家对中国特色社会主义不以为然。他们在企业生产经营过程中，对社会主义理想信念不再坚持，对社会主义核心价值观不再坚守。

有些企业家迷恋权力、崇拜权力，利益至上、唯利是图。和古代商人比较，现在有些企业家的商业信念更加单薄，并且不断突破社会的道德底线，有些企业家官商勾结、权钱交易，一个企业家出事了，往往迁出一串儿的官员；有些企业家法律意识淡薄，遇到商业和个人纠纷不懂得、也不愿意通过法律途径解决，而是找门路托关系、通过行贿乃至借助黑社会力量解决问题；还有些企业家无视安全生产和环境保护，一味追求利润制假售假。在遵循基本道德底线方面，现代有些企业家远不如古代商人，古代商人至少有自己道德底线，有守法和守信的商业规则和传统。

有些企业家也追随过社会主义理念信念，但是对社会主义道路发展过程出现的曲折、反复，认识不清、估计不足，有些企业家有了错误看法，对发展社会主义产生了消极情绪。

有的企业家甚至把生产经营活动和坚守社会主义理想信念割裂开来，认为在商言商，理想信念不能代替商业经营。这些都是认识的误区。如果放任不管，不仅危害企业的健康发展、企业家的健康成长，也会给社会带来不良的示范效应。

1. 不要和我谈信念，戒了！

一个人没有信念是可怜的，一个企业家没有信念是悲哀的。

新中国成立以来，全国人民一直在探索符合中国国情的社会主义建设道路。很长一段时间，党和国家的中心工作就是抓政治革命，经济建设位居次要地位。当时，全国人民急于向共产主义过渡，但又忽视生产力的发展，以为只要坚持以阶级斗争为纲，不断推进政治革命，就可以实现既定的目标。在政治统帅的年代，人们对政治过于痴迷，对社会主义无比的信念。过于强调阶级斗争和政治革命，中国经济一段陷入崩溃的边缘。好在

微链接

张小娴的爱情语录里有个《请相信"相信"的力量》：某人想练盖世武功，师傅让他天天拍水缸，拍了一周特无聊，师傅说继续；他又拍了一个月要崩溃，师傅说继续；他又拍了半年心想这个老王八蛋骗我，老子我不练了，拂袖而去。回家，拍门，一掌，门碎。弟子哭回山中长跪。什么叫相信？"相信"就是指未看见任何未来时，你仍旧坚持。

经过真理标准的大讨论和召开了党的十一届三中全会，党和国家的工作重心转向经济建设。与此同时，党确立了改革开放的战略方针，从而开启了中国特色社会主义发展的新征程。

改革开放以来，国家确立以经济建设为中心的指导思想，经济和社会发展发生了翻天覆地的巨大变化。改革开放一个最伟大和最显著的标志，就是诞生与壮大了一支生气勃勃的民营企业家队伍，他们领导的企业已经成为中国经济和社会建设的生力军。中国的经济总量已经跃居世界第二，经济实力不断增强。根据国际货币基金组织（IMF）数据显示，基于购买力平价（Purchasing Power Parity，PPP）计算中国2014年的GDP将达17.6万亿美元，超过美国的17.4万亿美元，从而成为世界第一大经济体。

但是，随着社会主义市场经济建设的不断推进，传统意识形态逐渐祛魅化，日常生活世界，人们较多关注自身现实利益，物质财富的积累与占有逐渐成为一些人行为的主导原则。企业家们更多地只是注意到企业经济利益，在这种情况下，作为市场经济基因的致富欲望与谋利冲动"迸发"，物化生存与精神懈怠现象较为明显。很多企业家逐步从关心政治转变到关心经济、关心企业发展上来，慢慢对政治信念松懈，甚至无视。有些企业家认为"中国特色社会主义离自己很遥远，不是自己关心的事"。有些企业家对中国特色社会主义的信念，不是自觉主动，而是被迫接受。极端重视经济，忽视政治生活，让很多企业家在价值目标上缺乏理想信念，过多地关注当下的物化世界和物化生存。这种对物的过度关注与理想信念缺失，一方面可以视为对新中国成立后至改革前所宣扬的那种过于高远价值观的矫枉过正；另一方面也与改革开放以来面对五光十色的物质利益诱惑不无关系，一些企业家的法律与道德的底线往往被突破，理想信念被动摇，有些企业家成了没有理想信念的人。

当前，在我国大改革、大调整、大发展的背景下，在国际政治多极化、经济全球化和文化多元化的影响下，企业家的思想状况，呈现出更为复杂、碎片化甚至错误的思想倾向。有些企业家丢掉了信念，走到了人民的对立面上去，让人痛惋不已。

2. 被误读的中国特色社会主义理想

目前，国内外存在种种对中国特色社会主义的误读和偏见，诸如西方国家把社会主义"妖魔化"、把社会主义与专制集权体制划等号，而国内也有人对社会主义存在着种种错误认识，对中国走社会主义道路的正确性、社会主义制度的优越性、社会主义价值的普世性、社会主义发展的时代性等还抱有种种质疑。

党的十八届三中全会明确指出，公有制经济和非公有制经济都是社会主义市场经济的重要组成部分，都是我国经济社会发展的重要基础，公有制经济和非公有制经济没有老大老二之分，没有主导和补充之说。民营企业家和国有企业经营管理人员地位平等，都在主导着社会主义市场经济的发展，民营企业家理应是中国特色社会主义最忠实的拥趸者，但现实中，有些民营企业家受种种因素影响，对中国特色社会主义理想产生了误解，认同感不高。

（1）社会主义道路认同感不高

道路关乎党的命脉，关乎国家前途、民族命运、人民幸福。近代以来中国波澜壮阔的历史和中华民族充满希望的未来，昭示了一个颠扑不破的真理：全面建成小康社会，加快推进社会主义现代化，实现中华民族伟大复兴，必须坚定不移走中国特色社会主义道路。

但在中国特色社会主义道路的发展过程中，市场经济出现的一些负面影响、发展中存在的难以避免的问题动摇了部分企业家对中国特色社会主义道路的认同。

我国社会主义市场经济的建立和发展，使得社会生活的很多方面发生了巨大变化。我国社会经济成分、组织形式、就业方式、利益关系和分配方式日益多样化，人们思想活动的独立性、选择性、多变性和差异性日益增强。人们的价值取向、行为准则出现重经济、重物质、重实惠、重消费、重市场等观念，不同程度地存在政治信仰迷茫、理想信念模糊、价值取向扭曲，诚信意识淡薄、社会责任感缺乏、艰苦奋斗精神淡化、团结协作观念较差、心理素质欠佳等问题。另外，随着收入水平的变化，社会上出现了不同的消费层次，导致了一部分人心理严重失衡，长此下去就会引起不同群体之间的裂痕。

另外，各种社会不公正现象阻碍了部分企业家对中国特色社会主义道路认同。党的十八大指出："公平正义是中国特色社会主义的内在要求。"社会公平是和谐社会建设的基石。维护和实现社会公平，不仅关系到社会的稳定与和谐，关系到人民群众对党和政府的信任与合作，关系到党和国家的长治久安。公平正义如果缺失和谐社会将面临考验。当前社会不公正现象主要体现在贫富差距拉升幅度过大、社会再分配力度较弱、市场经济领域中竞争规则不公正、政治生活中权利不公正、社会生活中的机会不均以及腐败等，这些必然会影响人们对中国特色社会主义道路的认同。 种种原因让部分企业家对社会主义道路产生了疑虑。比如先让一部分人富裕起来，先富带动后富，实现共同富裕。

再比如中国特色社会主义道路是坚持以经济建设为中心，又要全面推进经济建设、政治建设、文化建设、社会建设、生态文明建设等五位一体建设。再比如我们现在经济增速将长期维持在7.5%的中高速阶段，很多企业家认为这条发展道路不可持续，有些企业家甚至对此表示悲观。很多民营企业家纷纷跑路，因为他们觉得未来不可期。

社会主义的原意是共同富裕，是民主自由。但现实却并非如此，一项调查显示，在792位个人资产千万元以上的民营企业家中，有83.7%认为贫富差距过大。2014年10月12日，首届人大老博士论坛在中国人民大学举行，中国人民大学劳动人事学院院长曾湘泉在论坛上表示，全国收入差距已达本世纪以来的最高水平，收入分配改革刻不容缓。曾湘泉说，描述居民收入分配差异状况的基尼系数按照国家统计局的统计是0.48，按照西南财经大学学者的统计是0.61，无论哪一种都远高于0.4的警戒线。有人基于此便开始否定社会主义，认为社会主义只能带来贫困，只能造成贫富差距的加大，认为现在不是社会主义，而是资本主义，是国家资本主义；有些人认为是新官僚主义，还有人认为是权贵资本主义。甚至还有人说，"马克思主义是对的，但中国不是社会主义，现在是资本主义初级阶段。只有西欧才是社会主义"。

很多企业家因为改革开放、因为实施社会主义制度而富裕起来，但是由于国际社会唱衰中国的言论不绝于耳，有些企业家被言论左右，对社会主义道路不认同，选择了移民。招商银行与贝恩公司联合发布的《2013中国私人财富报告》指出，约60%的高净值人士（可投资资产超过1000万元的个人）表示自己正在考虑或已经完成投资移民；超高净值人群（可投资资产超过1亿元的个人）中该比例超过70%。中国公民移民国外的现象非常普遍，尤其先富起来的企业家群体。有位企业家就对移居国外的儿子说："总有一天中国会不行的！"这暴露了一个严重的问题，那就是缺乏家园感，缺乏对中国特色社会主义道路的足够认同。

（2）社会主义理论被误读了

中国特色社会主义理论体系是我们党在改革开放中的理论创新和实践经验的总结。胡锦涛同志在十一届三中全会召开30周年大会上的讲话中，把改革开放以来我们党探索和回答的基本问题归结为"四个怎样"。他指出："30年来，我们党的全部理论和全部实践，归结起来就是创造性地探索和回答了什么是马克思主义、怎样对待马克思主义，什么是社会主义、怎样建设社会主义，建设什么样的党、怎样建设党，实现什么样的发展、怎样发展等重大理论和实际问题。"

正是通过对这四个基本问题的探索和回答，我们党深化了对马克思主义发展规律、共产党执政规律、社会主义建设规律、人类社会发展规律的认识，形成了包括邓小平理论、"三个代表"重要思想和科学发展观在内的中国特色社会主义理论体系，从而实现了科学社会主义的一系列重大创新。

但是，在社会主义理论的宣传和执行过程中却出现了偏差，很多企业家对其解读错误。

有些企业家社会理想的缺失，他们对社会主义没有信心，觉得只要依靠自身力量就能完成发展，并且认为企业发展与否之只与自身相关。

社会理想的精神缺失，使得整个社会充满了极端的物质功利主义倾向，企业家更是成为信奉这一价值观的典型群体。在获得了越来越多的物质财富享受的同时，企业家的内心所表现出的空虚却越来越明显。富裕起来的企业家们在不断追求炫耀性消费的同时，对社会的漠视也达到了前所未有的程度。富人与穷人之间隔膜的不断加深，社会底层所表现出所谓的"仇富"心态。这些连锁反应，让企业家离正确的社会主义道路越来越远。

与国家积极宣传社会主义理论背道而驰，有一小部分企业家不愿意学习社会主义理论，觉得这是在浪费时间。在各类培训课中，有关社会主义理论的培训也是很少见，相反，企业家更愿意听西方经济学和西方管理学理论，觉得这样的理论才能给他们带来财富，他们宁愿削足适履，也不愿意信奉被证明行之有效的社会主义理论。

（3）社会主义制度不被认同

中国特色社会主义制度是一个具有内在逻辑的制度体系。由于制度体系的系统性、制度建设和完善所处的阶段性、制度优势显现的过程性，广大人民群众对社会主义制度的各个层面的具体制度、体制的认同不可能是同步的。

有些企业在生产经营过程中，受市场、资源、环境以及自身素质的制约，面临着进入门槛高、有效需求不足、经营成本上升、融资难融资贵、执法日益严格等困难，有些民营企业还遭遇不公平对待，有些民营企业家因此心存对社会主义制度的不满。

有些企业家没有认识到社会主义社会也是不断变化的社会，它始终面临着朝哪儿发展、朝哪儿变化的问题。恩格斯早在1890年就指出，社会主义社会不是一种一成不变的东西，而是"经常变化和改革的社会"。毛泽东也说过，任何新生事物的成长都是要经过艰难曲折的。在社会主义事业中，要想不经过艰难曲折，不付出极大努力，总是一帆风顺，容易得到成功，这种想法，只是幻想。同任何制度一样，中国特色社会主义道路也需要不断探索。

党和政府为探寻一条符合国情的有中国特色社会主义道路，可谓披荆斩棘、上下求索。

巴劳尔有句名言："一个不被理解的真理会变成一个错误。"改革开放30多年的实践充分证明了中国特色社会主义道路的正确性和有效性。但是任何制度都有不完全适应经济社会发展实践的情形，客观环境在变化，社会主义制度也要跟着变化。当社会主义某项制度不能适应客观环境时，制度就应该修改。我国当前正在全面深化改革，就是改革不合时宜的规章制度。但是有不少企业家将某些不合时宜的制度等同于社会主义

微链接

1978年，邓小平说："按照历史唯物主义的观点来讲，正确的政治领导的成果，归根结底要表现在社会生产力的发展上，人民物质文化生活的改善上。如果在一个很长的历史时期内，社会主义国家生产力发展的速度比资本主义国家慢，还谈什么优越性？"1984年，邓小平在《建设有中国特色的社会主义》一文中说："社会主义的优越性就是体现在它的生产力要比资本主义发展得更高一些、更快一些。如果说我们建国以后有缺点，那就是对发展生产力方面有某种忽略。社会主义要消灭贫穷。贫穷不是社会主义，更不是共产主义。"

制度，认为社会主义整体制度都与客观实际格格不入，应该全盘抛弃。有些企业家因为误读了社会主义制度，不能主动作为来适应制度环境，因此丧失了前进的力量。

3. 遁入空门，企业家看破红尘何其多

2014年初，盛大文学原CEO侯小强在微博中自曝，正式在少林寺皈依佛门，成为佛教俗家弟子。

皈依佛门，侯小强不是第一个，也不可能是最后一个。中国企业家群体，一群生活在浪潮之巅的人，或者是大富大贵，风光无限；或者负债破产，甚至身陷囹圄。无论一个企业家是成功还是失败，享受多少声誉，就要承受多少磨难。企业家注定和一般人不同，注定在风浪起伏中浮沉。

越来越多的企业家在这些压力面前，出于各种目的，选择了遁入空门，一时间感叹企业家看破红尘者何其多！

作为中国民营企业家中的常青树，鲁冠球用四个字总结中国民营乡镇企业的发展。从"穷"字里逼出来，从"田"字里跳出来，从"卡"字里冲出来，从"干"字里站起来。

鲁冠球说："人一旦看透了就两种结果——一是消极地看破红尘，遁入空门。所谓天也空，地也空，人生茫茫在其中；金也空，银也空，死后可曾在手中；官也空，职也空，无数冤孽恨无穷，翻身不觉五更钟。另一种选择就是干，从自己做起，从实事做起。我在办企业过程中，遇到过各种挫折，有些足以让我的事业半途夭折。但我都挺过来了，靠什么战胜自己？靠对贫困生活的不满，靠不但要自己富，也要周围人富的精神支柱。进一步海阔天空，退一步前功尽弃。事业是无止境的。列宁说得好，革命者的休息地是墓地，革命不息，奋斗不止。作为企业领导者，也要这样。"

是的，很大一批企业家没能挺过来，最后遁入空门。还有一部分企业

家是在成功之后，逐渐迷失了自己，巨额的财富、优质的生活让他丧失了前进的方向，实事求是、艰苦奋斗的革命精神没有了用武之地，他们对社会主义理想不再信仰，但却要寻找精神寄托，最后就改为信仰宗教。

总结起来，这些人都是因为精神空虚，没有了精神支柱，而遁入空门。企业家的信仰是个人问题，在本质上讲是一个独善其身的过程。但企业家是企业的灵魂，他的信仰最终会影响到企业信仰，企业信仰则是一个组织的问题，涉及到组织中的每个人。

可以说，"企业信仰"是"企业家信仰"的延伸，是企业家德识、才学、胆略、智慧、事业心、责任感、冒险精神与创新精神的综合体现，是企业家在长期的生产经营管理活动中，以自己的哲学思想、管理风格、理想价值、文化品质、伦理道德等融合而成的一种群体的文明意识、行为方式与管理风格。企业家要对整个企业负责，必须构建起合理的信仰，因为建立一个稳定的、健康的、卓越的、优秀的、有生命力的企业信仰，是需要以企业家信仰来倡导、支持和示范的。

我们可以看到很多企业家看破红尘，最后遁入空门，让人很痛惜，这对企业家有个人信仰固然重要，但是很多人仅仅停留在个人层面的烧香拜佛，甚至依赖"大师"的秘密指点，以八卦、风水、算命等方法来左右企业决策，这对于企业的健康发展毫无益处，甚至会产生危害。

一个钢铁行业的企业家这样说："我们小企业忙着赚钱，也赚了很多钱，但赚更多的钱，却没有太大意思了，特别在钢铁行业，得不到尊重。怎么办，出路在哪？当财富和个人事业关联不大时，一定要寻找支撑上升的动力。企业家要去生意外探索一种心灵的安稳，不管是佛教、道教、儒家，抑或是其他何种信仰。即便这些都不信，也需要继续寻找，否则心得不到安顿，企业就容易出问题。没有信仰的企业家，或者是没有寄托的企业家，心态肯定不好。"

帕斯卡有句名言说道："信仰有异于迷信，若坚信信仰甚至于迷信，则无异于破坏信仰。"

我们的很多企业家遁入空门，放下了对责任、对员工的责任和承诺，最终影响了企业的发展，影响了事业，对社会和企业家本人都是重大损失。

4. 心理扭曲的企业家

任志强说，强大的内心有4个心理，分别是：无论做什么，记得是为自己而做，就毫无怨言；面对困境不要悲观厌世；人生没有绝对的公平，但是相对公平的，在一个天秤上，你得到的越多，也必须比别人承受得越多；任何时候都不怕重头再来，每一个看似低的起点，都是通往更高峰的必经之路。

企业家们从无到有的掘金故事和各种各样的商战传奇，经常成为人们津津乐道的话题以及商学院研究的案例，但他们也在不经意间把焦虑、孤独和苦闷留在光鲜的背面：他们之中杀人者有之，发疯者有之，逃遁者有之，犯罪者有之，抑郁者有之，有些企业家对员工极其苛刻，有些心理扭曲到靠烧钱来发泄情绪……

人们不禁要问：一向被认为集财富与幸福于一身的企业家，到底怎么啦？造成这种现象的因素很多，但有一点则是共同的：这些企业家都不同程度患有心理障碍，他们失去了信念，不知道经营企业、发展事业为了谁，为了什么，更不知道自己努力打拼的目的是什么？

企业家是一份辛苦且劳心费神的工作，如果没有强大信念的支撑，整个人很容易垮掉。

美国心理学者杜顿有一项新的研究课题，他提出了十大具有精神变态特质者的职业。对精神变态十大职业的排序分别是企业主管、律师、电视台和电台从业者、营销人员、外科医生、记者、警察、神职人员、厨师和公务员。

在这十个职业中，位居榜首的是企业主管。

杜顿指出，在世人眼里看来，上述职业的从业人员或是地位显赫，或是有机会获得权力与控制力。杜顿说，精神变态者并不必然是害人性命的杀人犯，对精神变态的临床诊断定义，是指那些情感冷漠、不理解和不同情他人，以及不认错的人，他们的特点往往是冷酷无情、浅尝辄止、控制欲强、浮躁轻佻和不负责任。

也有专家甚至指出，企业家普遍存在不同程度的心理健康问题，这主要表现为：不少企业家深感工作繁忙，心理压力过重；相当部分企业家劣性情绪增加；许多企业家有"亲情减少引起的心理失衡"感受；许多企业家内心孤独感加重，朋友减少；很多中年企业家慨叹"心力疲惫"；很多中年企业家缺乏安全感，心理承受力下降；很多中年企业家对工作产生厌烦感。另据对全国数百个企业家的抽样调查也表明，中国企业家群体已成为与心理因素有关的多种疾病的高危人群。在他们中，有相当数量的人呈现出群体精神疲劳现象：有的人感到压力沉重，有的人幸福感淡薄，有的人焦虑与抑郁缠身，有的人则干脆选择"退出社会"……

种种表明，中国企业家的心理问题涉及人数之多，范围之广，感染程度之深，已经发展到了不得不重视的程度。

据调查，企业家身上的抑郁症通常有以下几个特点：

——自卑，有做企业家不如做一般人的感觉；

——自责，遇到挫折时，倾向于全盘否定自己；

微链接

"中国企业家健康工程"曾对500多位企业家进行调查，结果显示，55%左右的企业家常处于创业竞争的心理重压之下，45%左右的企业家阶段性感受到心理压力。企业家们面临的创业竞争的压力，不光给企业家造成情绪和精神上的强大影响，更直接导致了抑郁症的产生。

——心烦，往往情绪恶劣、压抑、痛苦、失望伴有失眠、多梦、疲乏无力、神情阴郁；

——孤独，无知心朋友，心境落寞；

——绝望，可能伴有自杀动机！

美国心理学家史培勒说过："抑郁症这种病往往袭击那些最有抱负，最有创意，工作最认真的人。"而企业家通常正是这类人。

当这些心理问题发展到一定程度，再没有信仰的支撑，部分企业家就变得没有底线思维，做出些让人匪夷所思的荒唐举动，让人觉得很变态。

很多企业家都有一样的感受：我们每天都很忙碌，但我们不充实，我们在不断取得成绩的同时，我们并不快乐。一句话概括，这是因为很多企业家活得不够明白，没有形成自己的价值观和信仰。

人人都需要一个正确的价值观。而对于组织的领导者，建立一个既服务于自己、又服务于组织的价值观格外难。只有具备适合于自己价值观的心灵，才是充实的心灵，才能够在企业遇到危机或是需要重大决策的时候，恰当地行动，做出抉择。

浙江一位著名企业家为了发泄心中烦闷，开着自己的宝马车往路边树上撞，结果自己在医院待了两个月……

一位企业家因犯罪而身陷囹圄后，反而觉得心里轻松了许多，他说："我心里终于可以解脱了，我不用再承受社会给予我那么大的重压了，我终于可以为自己而活了……"

圣诞节前夜，人们用各种方式庆祝节日，各种狂欢活动一浪高过一浪。在兴高采烈的人群中，一个满脸涂满油彩的女人一边疯狂地大喊"上帝，我爱你"，一边用一把剪刀将身上的衣服绞成碎片。人们以为又是谁在表演行为艺术了，于是拼命鼓掌，给以热烈的喝彩。他们不知道这个疯疯癫癫的女人曾经是一位拥有上千万资产的女老板，她的服装一度是市场的宠儿。只是因为被自己的丈夫骗走了全部财产，背上了一大笔债务，她的神经才开始失常。

某顶级夜总会内，一位《福布斯》上榜富豪，抓起一扎扎钞票朝旁边的小姐身上砸去，一边嘴里狂吼："拿去，都拿去，都是你的……"

这些企业家的精神已经崩溃，达到了变态的地步。企业家由于所从事职业的特殊性，其心理问题产生的原因，在某种意义上显得更为复杂而扑朔迷离。

社会、经济体制的剧烈变革对企业家的心理承受力构成了严峻挑战；越来越激烈的市场竞争常常导致企业家随时感到危机四伏，精神焦虑；职业的特殊性决定了企业家对世态炎凉有刺骨的体验；经营与管理工作的千头万绪决定了企业家常常身心交瘁难以承受……

所有企业家的发展历程都是艰苦的，但最终我们会发现，心理阳光的企业家做慈善、热心公益事业，积极参政议政，给社会传递正能量，但有的企业家却走上了歧路，最终被社会唾弃！他们之间的区别就在于是否有社会主义理想和信念的支撑。

如果企业家变态了，整个经济发展模式还能正常么？

5. 误入歧途的企业家

有的企业家，误入歧途之远，如同卡里·纪伯伦所说的，"不要因为走得太远，以至于忘记自己为什么出发。"

2009年7月，新疆发生打砸抢烧严重暴力事件，其始作俑者之一的热比娅，是一个得益于改革开放，得益于党和政府大力扶持的，在短短十年里建立起商业帝国的民营企业家。

热比娅是一个从"练摊儿"的跃升为新疆女首富，曾任新疆工商联副主席、全国政协委员的民营企业家。因信念不坚定、经营不守法等原因，最终走到了人民的对立面，成为人民的罪人、历史的罪人，给国家和人民带来了极坏的影响。

2014年5月23日，原四川汉龙集团董事局主席一审判决，"被告人刘汉犯组织、领导黑社会性质组织罪，判处有期徒刑十五年，并处没收个人全部财产……犯故意杀人罪，判处死刑，剥夺政治权利终身，决定执行死刑，剥夺政治权利终身，并处没收个人全部财产"。

被坊间称为"资本大鳄""矿业大亨"的刘汉，是四川最大的民营企业汉龙集团董事局主席、上市公司金路集团董事长，旗下拥有数十家子公司，横跨金融证券、能源电力、房地产、矿业开发等多个领域，资产高达数百亿元，曾被《福布斯》杂志称为"潜在水底的真正富豪"。

经济实力加速扩张的背后是更多的黑幕。大量证据显示，刘汉安排孙某、刘小平（刘汉之姐）等人通过放高利贷、操纵股市、违规并购，从高利润的房地产、矿产、电力、证券等领域敛财数以亿元计。

更有甚者，专案组侦查获取的大量证据表明，在长达十多年里，刘汉黑社会性质犯罪组织涉嫌实施故意杀人、故意伤害、非法拘禁等严重刑事犯罪案件数十起，造成9人死亡，9名被害人中有5人是遭枪杀身亡。

企业家们误入歧途，除了上述这些方式之外，还有很多其他的方式。例如有一小部分企业家选择了支持邪教，还有一部分选择了和东莞的太子辉一样，制毒贩毒涉黄。

这些企业家们在创业之初都有着坚定的理想和立场，他们从小到大、从弱到强，但因为没有把握好方向，逐渐走上了一条不归路，甚至与人民对敌。总结来看，这些企业家们在创业初期，坚定地沿着社会主义道路前进，但没有一个坚定的理想信念、没有遵纪守法的经营理念、脱离了党的领导和改革开放的好政策，就会走上邪路、歪路、不归路。

误入歧途的企业家给社会带来的危害将是巨大的。作为民营企业的带头人，我们必须坚定理想信念，要加强对社会主义理论及科学发展观的学习，要加强法律法规的学习，无论工作多忙、事务多繁重，都要全面提升自身的思想政治素质和修养，进一步提高业务水平，要坚信党的领导，坚定走中国特色的社会主义道路，坚定实现共产主义的理想信念。

6. 走向虚无的企业家

2014年6月30日晚上，在绵绵阴雨中的南京六合化工园区，民营企业家、南京市六合区政协委员、拥有南京银双环化工科技有限公司和南京宏诚化工有限公司的伍宏上吊自杀了。留在他身后的是两个残破的企业和一个残破的家庭，但他已经无力承担。死亡，已经成了他承担这一切责任的唯一方式。伍宏公司的资金链撑了很久之后，仍然崩断了，其在遗书中说道："我只能以死谢罪了，我活得也太累了。"

2014年5月20日，三精制药董事长刘占滨自杀身亡的消息震惊了业内。5月16日，刘占滨被立案侦查，在调查期间自杀身亡，有人认为刘占滨被调查一事与其操盘三精制药重组并购关系密切。而就在东窗事发之前，关于其被内部举报、收受黑钱的传言已在集团内部发酵多时。

2014年1月6日，湖南常德市镇德桥大米厂老板张久林服农药自杀。张久林因无脸面对亲人朋友，又负债累累，所以选择喝农药自杀，并留下一封遗书，在遗书最后写着请放过他老婆，她一概不知。

2013年11月12日下午，一位名叫王检忠的民营企业家从湘潭市政府办公楼15楼跳楼身亡。死者是湘潭市恒盾集团有限公司的董事长，该公司为湘潭市雨湖区的民营企业。

2012年6月6日，57岁的包头市鼎太置业董事长魏刚上吊自杀身亡。据知情人士透露，魏刚生前为发展企业融资近7亿元，后因开发的小区销量不佳，无法偿还高额的融资款，所以选择自杀。

2012年3月10日上午，浙江省永康市最大熟食企业、浙江利康熟食有限公司的老板徐某从永康三联·时代广场12楼跳下，砸到楼下停在路边的一辆百万豪车，人当场死亡。

2011年5月23日，刚刚上市仅3天的万昌科技，就传出董事长高庆昌跳楼身亡的消息。这位带领万昌科技登陆深证中小板的企业家，其发家地也在万昌科技股份的所在地淄博市临淄区。上市融资，本是许多企业家不懈的追求，但刚刚达成夙愿的高庆昌却无法再享受巨额财富带来的美好生活。

2011年5月20日，浙江商人卢立强在台州临海灵湖公园溺水身亡，他是台州最大的钢结构生产企业之一的珠光集团浙江钢结构有限公司董事长。

2011年5月13日，内蒙古包头警方披露一起亿万富翁自焚案：包头市惠龙商贸公司涉嫌非法集资12.5亿元，公司老板金利斌于4月13日自焚身亡。

2008年4月29日，九芝堂集团董事、湖南涌金系掌门人魏东在其位于北京紫竹院附近的居所坠楼身亡，年仅41岁。

2007年8月11日，由于在轰动全球的美泰玩具召回事件中"身败名裂"，佛山利达玩具厂老板张树鸿，在自己的厂房一角上吊自杀。

2005年1月1日，时年52岁的山西鑫龙集团董事长赵恩龙跳楼身亡。在其所留的遗书中，他把自己自杀的原因描述为：政策变化快，负担过重，银行的贷款无法如期归还，借了朋友一些钱，不要说兑现当时约定的利息，就是本钱也无法归还，上门讨债的人很多，等等。

2003年9月7日，拥有10亿元身家的河南黄河集团董事长乔金岭，在他位于河南长葛市的别墅内自缢身亡。2002年，乔金岭曾以1.2亿美元的资产排名《福布斯》内地富豪榜第58位，有"河南首富"之称。

······

自杀身亡的企业家还可以列得更长，很多或在成功巅峰或遭遇挫折的企业家走向了人生的末路，不经让人唏嘘不已。

中国企业家群体已经被主流经济文化认同，被赋予"经济脊梁"特性，他们身边总被"精明强悍""春风得意""慈善家"等众多词藻围绕。然而，不少抽样调查表明，中国企业家群体已成为与心理因素有关的多种疾病的高危人群。

企业家自杀，大多与企业经营失误有关，与巨大的资金压力有关。由于资金压力过大，难以承受巨额债务，导致企业无法运转。他们是民营企业主，看着一生打拼发展起来的企业挽救无望，债务难以偿还，无颜也无力再立足世上，只好选择死亡。

深究其中原因，则是因为这部分企业家失去了信念。这部分企业家因为经营不下去，想不通，对于未来失去了东山再起的信心，觉得没有人能够帮到自己，包括自己也没法信任自己，最终选择结束生命。

在中国，做个民营企业家不容易，他们身上承载了太多的东西，不仅承受竞争压力、经济压力，还要承受社会文化的责任，如慈善、公益等，除此之外，企业还有体制方面带来的压力。他们既要管理企业，又要搞好"公关"，哪里也不能出现差错。一个人的能力是有限的，在一个相对简单的环境里，他可能会经营得很好，而在另一个复杂的环境里，他的能力就要经受考验。

如此之大的精神负担，如果没有信念的支持，企业家是难以顺利前进的。一个企业资金断链，如同一个人供血障碍，求助医生又不给输血，企业家只能在绝望中挣扎。许多民营企业家经营企业不仅为了创造物质财富，而且把企业当作一生中唯一的精神支柱，像对待儿女一样精心培育。一旦企业垮了，精神支柱便轰然倒塌。

当一个人身心俱疲，又求助无望时，离开成了一种解脱。

除了资金上的压力，企业家在企业日常的运营和管理上，也需要承受巨大的压力。很多的案例证实，企业家非正常死亡背后的直接原因，很大程度源自企业的运转状况。

企业在运营过程中总会发生很多突发性事件，处理得不好企业就有可能损失，甚至是破产，企业家们不得不亦步亦趋地前行，精神一直处于紧绷状态。

企业家心理上的疲态，还有一部分是源自生理上的超强负荷。超高强度的工作强度，常常让企业家忽视了健康，同时也没有时间去调整自己的心态。

王育琨在《强者：企业家的梦想与痴醉》里说道："因为那太阳般的盔甲过于耀眼，人们的目光穿透不了那耀眼的盔甲，抵达不了他们的心灵。在人们眼里，他们像那盔甲一样的坚硬，直到有一天，那坚硬的躯体轰然倒下时，人们在震惊之余，不明白为什么如此坚硬的身躯会毫无征兆地坍塌。"

某机构对温州地区87名著名企业家进行健康体检时发现，按世界卫生组织的标准，完全意义上的健康者几无一例。

不愿意说累，似乎是中国企业家的通病。

"他们不允许自己软弱，争强好胜，也不愿意让人看到内心的软弱。特别是情感上的缺乏，使他们在面对危机的时候找不到心灵的港湾。"这种因信念危机而导致的发展危机数不胜数。

微链接

一位企业家改编的歌词或许更能让人形象地感受企业家的生活：

起得最早的人是我，睡得最晚的人是我；

应酬最多的人是我，休息最少的人是我；

吃饭最少的人是我，喝酒最多的人是我；

吃得最好的人是我，缺乏营养的人是我；

跑路最多的人是我，运动最少的人是我；

陪笑最多的人是我，快乐最少的人是我；

住店最多的人是我，回家最少的人是我；

朋友最多的人是我，心灵孤独的人是我；

看似潇洒的人是我，麻烦最多的人是我，是我是我还是我……

太多太多的任务需要他们完成，他们甚至学会忘记休息，忘记健康，忘记保养。

在正常人的心目中，企业家是心理素质非常过硬，办事能力一流的一个群体。过于常人的冒险行为，企业的生存压力，不可告人的商业机密，非常规的竞争手段……任何一个人面对这些问题的时候，都难以轻松面对。

在重重压力下，失去了信念的支撑，难堪重负的企业家走向了虚无。

第二节
信念缺位的原因

　　我们已经建国60多年了，现在一些经历过建国以来发展历程的人，就把这60多年的发展实质上分为两个阶段，前30年是斗争的30年，改革开放之后的30年则是发展的30年；前30年可以用两个字来概括——"斗人"，后30年则可用一个字来总结——"钱"。于是历史进入到现在，大家都很浮躁，甚至达到了狂躁的程度。比如说，为了所谓的"中国式过马路"，举国讨论。话又说回来，为什么老挝那边的人都心如止水？说白了，他们人人心中都有尊"佛"，而我们国人心中就只有"钱"。

　　于是，"小富即安，大富不安"等一些问题就出来了。

　　在我们北方，在我们家乡，很多人都还在做实体经济，但是南方人做实体经济的就没那么多。为什么？因为做实体经济太累，而且收益不明显。归根到底，还是信仰问题和对社会的不信任问题。

　　在一些人心中，我们党和政府用了几十年的努力，在民众中积累起来的信任感都给淡化甚至破灭了。虽然党和政府会通过总结和纠正来继续指引国家前进的方向，但是仍然会有一些人信任缺失。

我们应该坚信，在党和政府的正确领导下，我们所追求的理想和信念、民主与法制，终究会实现。事实雄辩地证明，没有"改革开放"政策的实施，我们国家就不可能发展到今天这样的地步；坚持实施改革开放，我们的国家一定会越来越繁荣发达，并且总有一天会超越美国，成为世界上最大的经济体。我们作为中国人，都应该对中国的未来发展充满信心和希望。

——节选自郑有全《谈谈理想和信念问题》，作者写在集团公司开展"理想·信念，共筑企业梦"主题教育活动之际

1. 企业家无视政治学习

"从现在起我们要在商言商，以后的聚会我们只讲商业不谈政治……"

2013年6月，柳传志在小范围座谈时说的一席话，随后在一个名为"正和岛"的企业家社交网站上，引发了一场风波，很多企业家纷纷发表自己的观点。其中很大一批企业家表示出了对于"在商言商"理论的绝对推崇，认为企业家没有必要去理会政治。

娃哈哈集团公司董事长兼总经理宗庆后则表示，企业家应该懂政治而不能参与政治。"因为我们经济是政治经济学，你懂政治才能知道整个社会发展方向，那你去投资，去经营企业可能不大会失误"，（但）"你不能想赚钱又想当官，两者不可兼得"。

但是，很多企业家不重视政治学习，进而不能和中央保持一致，不清楚紧随政府的发展思路，最终导致投资和管理的失误。

现在很多企业家认为政治离自己很遥远，自己没有必要花那么多工夫

去学习和研究政治和政策，没有必要花那么多工夫去学法律法规，其实这些都是错误的认识。

纵观全球商界，凡有作为的大企业家都有敏锐的政治判断力。

在经济活动当中，企业家不可能离开政治、法律、法规。关心政治的企业家可以把握政策的发展走势，从而决定投资的方向，做出正确的决策。此外，企业家掌握了国家的法律法规和党的政策，就可以在生产经营方面，能够不违规，能够保证企业健康的发展，增加自己的竞争力。企业家关注政治、学习政策，不仅对投资决策有意义，不仅对生产经营，而且对增强企业内部职工的凝聚力有重要意义。

我国的情况是，在创业之初，大多企业家总是一心扑在企业的生存和发展上，时时为企业生存和个人生活而奔波。经过多年打拼，不少企业家完成了原始积累，有些企业家深感政治地位普遍偏低，经济上富裕起来了，他们开始考虑政治上的进步。他们普遍关注自己的社会地位，关心企业的合法权益，并且希望有相应的话语权，渴望得到相应的政治待遇。

马列主义的基本常识告诉我们，政治与经济两者是不可分割的。经济基础决定上层建筑，上层建筑反作用于经济基础。经济决定政治，政治反作用于经济。经济与政治两者是辩证统一的关系。

列宁的那句名言"政治是经济的集中表现"，深刻地揭示了政治与经济的辩证统一关系，揭示了政治在经济中的地位和作用。那种把政治与经济割裂开来、对立起来，借口发展经济而否定政治的观点是错误的，是违反马克思主义基本常识的。

微链接

中央党校原副校长李君如教授有这样的感叹："我到温州去，我原来心目当中，温州的企业家他们就是搞经济活动的，做生意的。但他们告诉我，他们对每天晚上的新闻联播特别关心，他们为什么那么关心呢？在了解天下大事、政治，知道国家的政策，从中来决定他的投资方向，来决定他怎么样按照国家的政策法规来办好企业。"

列宁还说过："一个阶级如果不从政治上正确处理问题，就不能维持它的统治，因而也就不能解决它的生产任务。"如果一个企业的经营管理工作，离开了政治思维，也就是离开了党的路线方针政策，离开了人民群众的根本利益，就会迷失政治方向，容易把经营管理引向邪路。

中国的企业对于社会和国家而言，既是经济细胞，又是政治细胞，是社会经济文化发展和国家政治发展的支撑点。浙江省工商局原局长郑宇民在与中央电视台主持人对话时，曾这样坦言："我们这样一个国度，这样一个执政条件，企业家离开党的领导，离开政策，你就是盲人骑瞎马。"阿里巴巴集团董事局主席马云也精辟地总结说："中国企业家不懂政治，就做不好经济。"有人为浙商总结了一个22条军规，其中第一条就是，每天看中央电视台一套的《新闻联播》，要想把握经济全局，必须关注政局，《新闻联播》图文并茂，有声有色，着实为中国商人的最佳晴雨表。

人是政治的动物，企业家不可能离开政治谈经济，但是现实情况却令人难堪，在实践过程中，很多企业家因为业务，而忽略政治学习。

在新形势下，有人曲解了以经济建设为中心的思想，认为从此重要的是发展经济，不再需要讲什么理想信念了，管它什么社会主义、资本主义，只要能把经济搞上去就行了。有人公开说"主义不能当饭吃，公有制又不打粮食"，什么主义、什么所有制都行。他们反对讲理想、信念，认为那是"讲空话"、"说大话"，不如干点实事，公开提倡实用主义。

这种非意识形态化的言论，听起来十分超脱，相当迷惑人，然而这是做不到的。自有人类以来，人们总是向往一种对自己最有利的、也就是自以为最好的社会制度，不管是否自觉地意识到这一点。这就是理想信念。问题仅仅在于，他所向往的社会制度是否符合社会发展规律，也就是说，这种理想、信念是否正确。不讲理想信念，客观上是做不到的。然而，这种非意识形态化的思想却对一部分人产生很大影响，使得他们走上淡化社会主义信念的实用主义道路。

改革开放以来，党中央一再强调要加强思想政治教育，然而在实际工作中，出现了"一手硬、一手软"的现象，重视经济工作而忽视思想工作。

在开展的思想教育工作中，我们也得反思其效果如何。作为企业的所有者或经营者，企业家十分重视企业的发展和效益，这往往是他们考虑问题的出发点和落脚点。同时，他们又十分忙碌，对他们而言时间就是效益，他们更喜欢谈问题单刀直入，开门见山，抽象的说教和不切合企业实际的交谈，对他们来说往往既没有时间，也少有兴趣，因此很难产生好的效果。这就需要各界齐心协力想办法。

政治学习教育成效如何，不能光看读了几本书，记了多少笔记，而是要真正做到入脑入心、独立思考、学用结合，真正学会运用马克思主义立场、观点、方法去观察和解决问题，最终通过学习教育补足精神之"钙"，筑牢思想之"魂"，做到面对大是大非敢于亮剑，面对歪风邪气敢于坚决斗争。

存在着这些不足，我们必须立马着手结局，只有加强学习，才能坚定理想信念，确保政治坚定。

随着民营经济的快速发展，民营企业家队伍迅速扩大，他们在经济社会和谐发展中发挥的作用也越来越大。做好他们的思想政治工作，对促进民营企业家队伍健康成长和民营经济健康发展显得尤为迫切和重要。

我国的民营经济最初大多是在公有制经济不发达的领域发展起来的，夹缝中成长起来的民营企业家思想活跃，紧跟时代潮流，很多人尤其对国家方针政策的变动有着天然的敏感。有些企业家十分关注时事和政策的变化，注意从新闻报道、政策文件、领导讲话中捕捉信息，用自己的智慧分析、加工、判断经济走势，以此作出自己的决策。有些企业家就是在这一次又一次的分析判断后找到了商机。但随着企业的不断发展，有些企业家迫切希望组织上及时提供有关信息，并进行政策解读，帮助他们正确理解和把握方针政策，在思想上和发展上都能适应新的形势。

纵观商业历史，有些企业家跌倒是因为与政治的疏离。在民企沦陷中，最具震撼性的非德隆集团莫属。唐氏兄弟在沿着资本惯性滚雪球般全国扩张时，没能同比例地编织政治避险网。一遇风吹草动，因无援手，紧绷的资金链崩塌。这个本最有可能成为中国首个民营金融帝国的企业，于2006年走进了历史。"实际上，德隆留下的600亿元资产中很多都是优质资产。如果能撑到2007年，也许结局就完全不同。"一位参与债务重组德隆的人表示。德隆德恒证券副总裁王世渝公开撰文提及唐万新如是悔道："我们远离政治是一个巨大错误。如果今后还有机会，我们一定不去上海，一定就在北京设立总部。"

与此相反，有一些企业家认识到国家政策具有前瞻性，主动提高自己的政策领悟能力。

在铜加工行业，1989年就成立公司的海亮起步很早，也算是该行业的老大，但是其董事长冯亚丽早早地认识到，"如果我们固步自封不发展，就会被市场挤掉。"

冯亚丽自己总结企业发展，指出海亮集团能够在几次考验面前顺利渡过，一方面是幸运，一方面是领会了党的政策。

"我记得中央是2003年提出调整产业结构的说法的，事实上，浙江省早就在强调了。我们很听中央的话，2003年开始提高产品附加值，研发新的产品。"冯亚丽把传统的铜加工工艺进行调整，设备也进行了全面更新。

因为要换新设备，看到原来还很好的机器就当做废铁淘汰掉了，冯亚丽就这么咬着牙，忍着痛，海亮下决心实现了产业的转型升级。

"那个时候，如果一些老板能够领会精神，提早升级，也就不会在2008年的金融危机中陷入困境。"2006年，冯亚丽听说国家要对一些传统行业的出口退税率进行调整，"我怕铜加工行业也会下调，就先走了一步，到越南去办厂。"

随着这几年国内用工成本的提高，国际反倾销调查的双面夹击，海亮在越南办工厂的优势一下子显现出来。"这几年国内用工成本上升很快，但越南一个工人一个月只要80美元不到，同时也规避了国际双反的风险。"

新奥集团25年前从卖液化气起步，今天已发展成为总资产超600亿元的新型能源企业，正持续为国内外100多个城市的上千万个家庭和数万家企业提供清洁能源服务。很多人问公司董事局王玉锁，新奥的几次战略升级都能"踩在点上"，秘诀是什么？王玉锁说，其实很简单，"秘诀"就是紧跟国家战略。在他看来，国家大政方针就是企业发展最好的可行性报告。如果中国的民营企业，都能做到把握国家战略，瞄准市场发展，不断创新升级，就一定能走出一条属于自己的康庄大道。

理论和实践都给我们证明，只忙于经济业务，忽略政治学习终不会获得长久发展。

傅军说："政治跟经济是分不开的，在中国你不能不讲政治。一个企业的发展要跟国家的发展战略结合起来，要跟各级政府的发展规划结合起来。你想办的事，如果与国家产业政策相符，与地方的发展方针相符，事情就好办了。因此，我觉得我们民营企业家不能就做一个纯粹的商人，既要懂经商，又要懂政治。"

企业发展，终归还是需要点精神的。

2. 多元化思潮的影响

随着改革开放的进一步深入和人们思想的进一步解放，社会上的信仰多元化、多样化思潮逐渐影响到企业家们，影响到企业家们的信仰状况。

很多企业家在这样一个开放的世界里，更多地接触到了外来文明、思想、理论。企业家在接受外来先进事物的同时，也受到了多元化思潮的影响。这其中多样化的价值观和社会思潮干扰了人们对中国特色社会主义道路的认同。

此外，由于经济生活的多元化带来的人们社会文化观念、政治价值观的多样化也从一定程度上削弱了社会公众对主流意识形态的政治认同。一方面，我们倡导用社会主义核心价值体系武装人们，另一方面，社会生活中还存在着大量的不良思潮影响人们的成长成才，影响了人们对主流意识形态的接受和对中国特色社会主义的认同。

多元化的思潮下，企业家们的社会主义信念受到了动摇。

首先，新自由主义动摇了一部分人对共产主义最高理想的追求。马克思主义属于世界观理论体系，马克思主义信仰是最伟大的科学信仰。然而，新自由主义作为一种新的社会思潮，严重影响了我国的政治、文化形态及国民的马克思主义信仰和共产主义理想方向。

其次，民主社会主义思潮影响人们坚持中国特色社会主义的共同理想。目前，全国各族人民的共同理想是建设中国特色社会主义、坚持中国特色社会主义。不过当前我国还处于传统社会向现代社会的转型期，某些社会思潮使社会某些群体开始怀疑中国特色社会主义共同理想。尤其是民主社会主义思潮，它宣扬资产阶级的平等、民主，他们认为"只有民主社会主义才能救中国"。这种民主社会主义思潮误导了他们对中国特色社会主义共同理想的认知。

此外，多样化社会思潮中，最明显的是极端个人主义思潮对企业家社会主义价值观所带来的影响。在我国改革开放进程中，社会主义市场经济得到了全面发展，只有抵制极端个人主义思潮，才能促进个体的社会主义价值观的形成。

亦舒说："很多时候，因为没有选择的缘故，人们往往走对了路。"

道德观是衡量人们在社会中的道德认知水平及社会道德行为的价值标准与尺度。其核心体系是社会主义荣辱观，社会主义道德观是广大人民群众评判荣辱与否的标准。不过，现在一些不良社会思潮尤其是拜金主义思潮使部分企业家的社会主义道德观开始淡化。

3. 舆论误导

在高度信息化的时代，我们不得不承认社会舆论的作用，其社会影响功能被逐渐放大。外国势力借机对我国传媒进行渗透，散布不利于中国特色社会主义的言论。

周小平在其文章《美国对华文化冷战的九大绝招》中就指出，美国的文化冷战采取逐步渗透、不露声色间瓦解对方的战略。他们组织职业写手日夜编撰着成千上万的文章和段子，通过美资背景控制的网络平台以及精心打造的导师、偶像和大V在中国社会广泛传播。每一段每一篇文章看似"问题不大"，但是如果我们把这些文章都看一遍，就会发现我们社会的方方面面和道德基础正在被这些段子和文章日夜侵蚀，如果放任不管，中国人的民族自信心将消失殆尽。

文章列出了美国对华文化冷战的九招，一是，灭偶像，毁灭中国道德标杆，改树美国偶像；二是，毁信仰，针对中华文明世庶信仰下手，毁灭祖先崇拜，改造为洋人崇拜，基督崇拜；三是，反人类，大搞种歧视，打击当代以及下一代中国人的自信心，维持中国人的自卑感；四是，反智，传播伪科学，力推环保恐怖主义，打断中国工业化和科技进程；五是，唱衰中国；六是，先亡其史，全面诋毁中国历史，全面美化美国历史；七是，瓦解公信力；八是，打击幸福感，把中国人所关心的所有话题和领域用海量谣言全面抹黑；九是，散播政治鸦片。

这九招中，很多直指中国经济，让很多企业家们难以招架。随着科技的进步，企业家都认识到了科学技术是第一生产力，因为科技的不断进步和生产力的不断进步，大多数中国人终于过上了过去想都不敢想的生活，但是近年来利用互联网疯狂丑化中国工业化进程，丑化现代化城市生活，美化农耕文明才是世外桃源的氛围愈演愈烈，反智色彩极端严重。

如此的舆论环境，让企业家如何安心发展？再有就是，近年来从金融到科技，从文化到创新方方面面都有人通过互联网长期专业散播各种中国崩溃论，以及社会不公论，唱衰中国。制造这样的舆论氛围，让很多企业家对中国经济产生了错误判断。

像类似《中国国情最新数据让人震惊》《中国不敢公开的大数据》《中国即将崩溃》等文章比比皆是，每年都有大量的文章从经济、政治、产业结构、国情数据等方方面面来论证中国不久之后就要崩溃的文章。这些造谣文章用虚假数据极近夸张扭曲之能，在微博、微信等社交媒体以及各大论坛疯狂传播。而写下这些文章的人，同样也得到了微博、微信的大力推荐和包装打造，经常出现在网站首页、各类高端论坛，向全社会传播一种灭世氛围和沉船学说。这些虚构的恐吓性文章让企业家们对自己的未来，对中国的未来，对中国政府，对中国体制充满了不自信和抵触心态。实际上很少有人知道美国并非橄榄形社会，根据美国白宫自己公布的数据我们可以看到，美国有40%的人只占美国总资产比的0.2%！而有20%的人占有美国总资产比的40%！也很少有人知道美国因经济衰退造成的华尔街暴乱持续长达一年之久，失业率至今高居不下。诺贝尔经济学奖得主斯蒂

微链接

近年来从《高铁乘务员因辐射流产》的谣言到《全球变暖，北极冰川融化》的骗局，再到《中国雾霾的元凶是煤炭里的放射性物质》、《PX项目被环保人士称之为断子绝孙工程》、《断子绝孙核电站》等虚假谣言和文章在微博微信以及各大论坛的疯狂传播，更是培养了大量的反智人群，加之博主大V的煽风点火，一场又一场的闹剧不断上演，每逢建厂必有大谣，每逢大谣必有动荡，从厦门PX工厂到昆明PX项目，从钼铜冶炼到启东造纸，从高铁受阻到江门核燃料棒项目被搁置，这些反智文章和段子都起到了巨大的作用。而事实上，这些企业都是低污染的产业升级项目，中国的这些项目被打断之后，同样生产这些产品的新加坡、日本、韩国当即联手对中国实行出口涨价政策。

格利茨将林肯的名句"民有、民治、民享"改成了"1%所有、1%治理、1%享用",以反映美国的财富集中和社会不公。

戴旭说:"这就是舆论战。舆论战不只是在报纸电视上打嘴仗,抹黑对方,尽一切可能妖魔化对方的行为,制造一种真实的谎言,是舆论战的最高境界。伊拉克战争中,人们第一次知道了美国的舆论战,现在,中日钓鱼岛危机也让中国人有了全新的见识。……制造一种真实的谎言,是舆论战的最高境界。"

我国很多企业家对中国特色社会主义道路的误解来源于媒体的不公正报道。他们没有精力去阅读繁杂难懂的政治学说,他们对体制的看法,他们对官员的印象,乃至他们对国家社会的感受恰恰是来自于网络和新闻对他们的灌输。那么,我们只要想一下,这十几年来网络每天都这样这样地传播消息,我们就不难明白为什么很多企业家对中国的体制、对中国共产党、对官员和社会如此地不信任了。

4. 错误认为社会主义没有出路

2013年,大连市对民营企业家进行了问卷调查,结果显示,目前民营企业家的基本素质是好的,但也存在一些问题。

从政治态度上来看,大多数人具有比较坚定的政治立场,但部分人在坚决拥护党的政策同时心存疑虑。在调查问卷中,有5.7%的人士对走什么道路认为"无所谓";有9%的人士实现"两个百年"目标表示"信心不足";有3.1%的人士对党的十八大报告中关于"平等使用生产要素,公平参与市场竞争,同等受到保护"的论述认为"不可能做到"。

对当前经济形势和企业发展的信心来看,民营企业家充分肯定国家对民营企业的政策支持,希望切实贯彻落实好有关政策,但部分民营企业家对进一步深化改革和经济发展抱有观望甚至悲观的情绪,调查中有6.3%的人对进一步深化改革信心不足。

从这些调研数据我们可以看出，大部分的企业家对社会主义制度有着正确的认识和态度，但有少部分人对社会主义的认识有误差。更有甚者，小部分人在评判标准上缺乏中国话语，以西方模式为圭臬。无可否认，西方学术思想和发展模式中确具有某些积极合理的因素，应当加以汲取。然而，有些人把西方理论或者模式看作无所不能、包治百病的"灵丹妙药"，反而对我们中国自己的理论、模式创新成果缺乏认同与自信。

更有甚者，很多企业家认为社会主义已经失败了，理由是现在全世界实行社会主义制度的国家只有中国、朝鲜、越南、古巴等少数几个国家。在社会主义与资本主义的争论中，我们许多人总是用苏联的解体与东欧的巨变，且捎带加上朝鲜来说事。这种举例并没有什么错，也使持反对意见的人显得有点"张口结舌"，甚者有"哑口无言"。

这种局势的形成的确使人难堪。社会主义理论大有"经实践证明"后将成为"永远不得翻身"的可能。社会主义再好，架不住现实的"证明"，架不住现实形成"失败"的尴尬局面。于是，有一小部分人开始认为苏联解体是因为社会主义没有出路，认为资本主义是对的。

诚然，社会主义在部分国家遭遇了挫折，但不能因此就断定"社会主义理论"就是错误的。

一个理论正确与否是要经过多次的，反复的实践证明才可以得出理论的正确与否的结果。而社会主义理论，尽管有苏联、东欧及其他国家的实践，但这种实践的结果并不能作为最后的判断。当爱迪生在发明电灯的时候，所经过的实践是1600多次，也就是说经过了1600多次的失败，最后才证明他的想法（认识、理论）是正确的。1600多次的失败并不能说明爱迪生发明灯的认识与理论是错误的。我想从这个例子可以证明"苏联的解体，东欧的巨变，朝鲜的艰难"不能证明"社会主义理论"是失败的理论、不正确的理论这个事实。

作为企业家，首先要看到的就应该是社会主义在经济发展领域的卓越优势。

目前，我国政府在经济运行中的宏观调控能力，能在基本面上消解着市场经济的固有缺陷，能够有效调动和聚集经济资源，做到全国上下一盘棋，同心同德办大事。这是很多资本主义国家过去没有将来也必然没有的巨大优势。正是凭借这种优势，我们帮助香港在20世纪平安渡过东南亚金融危机；正是凭借这种优势，我们将2008年以来国际金融危机对我国的消极影响降到了最低程度；正是凭借这种优势，我们创造了汶川、玉树抗震救灾的世界奇迹。完全可以肯定，只要我们头脑清醒、意志坚定、应对得法，完全可以凭借高度的国家动员力和经济凝聚力，在国际市场中帮助民营企业战胜来自国外境外企业和资本的挤压和挑战。

方志敏曾经说过："敌人只能砍下我们的头颅，决不能动摇我们的信仰！因为我们信仰的主义，乃是宇宙的真理！"

归根到底一句话，优越的社会主义制度和自主的社会主义祖国，就是民营企业生存、发展的坚实保障和强大后盾。市场化改革在当代政府改革中的地位毋庸置疑，但激情之后需要回归理性，系统总结其经验十分重要。

5. 遁入空门背后的缘由

很多企业家满腔热血，辛苦打拼，想通过自己的努力，让家人和自己过上更好的生活。也有很多企业家抱有更高尚的情怀，希望创业报国。很多企业家随着企业越做越大，财富积累越来越多，但很多企业家发现财富的增长并没有给自己和家人带来真正的快乐。很多企业家变得越发忙碌和烦躁，由于没有正确的信念，很多企业家遁入空门，看破红尘，甚至走向毁灭。企业家遁入空门，原因多种多样，主要有：

（1）寻找心灵慰藉

由于没有精神支点，企业家往往面临着沉重的压力，商海的跌宕起伏，成功巅峰背后隐藏着不为人知的焦虑空虚。

国务院发展研究中心中国企业家调查系统曾推出《中国企业经营者成长与发展专题调查报告》，报告显示：中国的企业家"有时出现"或"经常出现""烦躁易怒"症状的占70.5%，"疲惫不堪"的占62.7%，"心情沮丧"的占37.6%，"疑虑重重"的占33.1%，"挫折感强"的占28.6%，"悲观失望"的占16.5%；而根据不完全统计，在过去20年中，自杀的中国企业家多达1200位。

太大的压力让企业家们精神极度紧张，他们希望能够通过某种方式来寻求慰藉，为了寻求心灵安定，企业家比一般人更需要信仰。所以皈依就成了不少企业家的心灵选择。

企业家们在商海浮沉，很多人渐渐迷失了自己，他们希望通过某些途径来慰藉自己，找回当初的自己。

（2）为了赎罪

在国内某位著名企业家的办公室里，挂有巨幅书法："为商日益，为人日损"，意为：做生意在于每天多赚一点，做人在于每天减少一点杂念与欲望。

但这位企业家笑称，现实与墙上挂的梦想恰好相反："为商日损，为人日益"，做生意时使用越来越多的损招，做人感觉一天比一天复杂、心眼儿多了。

商业诈骗、违规操作在频繁发生，有些企业家昧着良心赚钱，或欺骗、或以次充好、或不正当竞争、或破坏环境，钱是赚到了，但是良心难安。很多民营企业在掘取"第一桶金"、在发家过程中，往往使用了一些卑鄙伎俩和不道德的钱权交易，有的行为已触犯法律。有些专家学者，社会人士认为企业家有"原罪"，应该清算。

步步高的创始人段永平更是觉得，眼看着财富越来越多地积在手里，怎么想怎么觉得是一个祸害、一个麻烦。

据报道，广州有一个企业家在接连知道企业家被杀的消息后心理非常恐惧，竟想赶快自杀了结自己的生命。被家人救下后，他对心理医生说，自事业做大以来，他就十分担心自己会死亡，当听到多个企业家被杀的消息后，他更感到随时都有人在把枪口对准他。因为他知道，自己在商场打拼，得罪了不少人，并曾经有人暗示过要他的命。

随着贫富差距的不断扩大，一种仇富心理逐步滋生，加重了一些企业家的心理负荷。为了赎罪，抑或是为了逃避，很多企业家选择了自尽。

一部分企业家想"赎罪"，想要摆脱不安，因此选择了礼佛。企业家们这份"赎罪"的心常常令他们自己难以启齿，或碍于尊严假装坚强，或因无人能懂和无处可诉，最终落定、藏匿于内心不易发觉处，经年累月，变为精神中的"结石"。但总要有某种力量和出口，将"结石"震碎、排出。遁入空门或者短暂修行成为震碎"结石"的秘诀。

上海一位女企业家，曾经开过车行，现专职化妆品生产和美容解决方案。生意巅峰阶段，竟是她最苦楚时。因为身心都垮了，走十步路便气喘，上层楼得由先生背着，"每日数着钞票泪流满面"，因为"穷得只剩下钱了"。

内心深处的愧疚源于她当年风生水起的二手车买卖。但凡旧车到她手上，便送去修理厂，修毕即转手，赚取差价。她坦言，做生意，往往要修炼胆魄和硬心肠，可她偏是感性女人，一边收人钱财，一边替人顾虑，"因为既为二手车，总有不大不小的毛病，不是发动机，就是刹车片。我对修车毕竟外行，又强迫症般怕人家没修好"。

但面对客户时，她对车子的履历含糊其辞，心口不一并且强装出一副"你完全不用担心"的表情。客户多是无知无畏，满意地提车而去，她却因担惊受怕而失眠抑郁。尽管，那些在脑海中盘亘过无数次的"万一"，在她数年前告别老本行时也未成事实。

在云南多地开矿的刘总也有不安。在发展到一定规模之后，他陆续将几处矿山卖给了上市公司。他说，山有多高，水就有多高，但开矿需要打山洞，山体中的水就此断了脉络，容易造成塌陷与泥石流。对于从业中的险情他并不愿多谈，只反复强调自己"即将洗手不干"。

是的，揭开过去需要莫大勇气。一位浙江老板从欧洲原装进口葡萄酒，随后通过勾兑和添加色素，1瓶原装酒被分装成6瓶，3年净赚了5000万元。他时时被负罪感折磨，终有一天下决心只卖真酒。然而，部分老客户的味蕾对勾兑酒早已产生依赖，言辞强烈斥他"卖假酒"，要求他换回原来的酒。

他连改正的机会都没有，让人啼笑皆非。

内心满是愧疚，为了找到途径去释放，他们选择了礼佛。

很多企业家会定期放生，都是因为内心觉得对某些人或事有亏欠，怀着一颗"赎罪"的心。

（3）因为疲惫，需要休息

做企业的人，普遍很累，尤其是做得好的人。有些企业家因为太累了，无法安心休息，偶尔有了机会，就义无返顾，遁入空门。

据统计，在2010年1月到2011年7月的19个月里，知名上市企业中就出现了19名总经理/董事长级别的高管离世，其中，百事通COO吴征等高管因病辞世。在这19名逝者之中，因患病而亡者的比例最高，为12位，达到63%；因抑郁原因自杀身亡的有4位，占21%；另外3位则系意外身亡。企业家们常常感叹：无论是身体上还是精神上都不自由。

他们太累了！很多企业家的财富都是以牺牲自由和健康换来的。

《中国企业家》杂志通过问卷调查方式，向252位活跃在中国商界的企业家进行《企业家健康状况调查》，调查结果显示：

有超过1/3的企业家每天的工作时间超过12个小时，每周工作时间为65个小时；

企业家用在会议、社交、商务旅行这三项工作上的时间，占其全部工作时间的比例为84.8％；

有60％的企业家承认面临一定程度的工作压力，最大的压力是制定企业战略；

有90.6％的企业家存在"过劳"的倾向，其中，45.3％的企业家已经处于"过劳"的状态……

种种数据表明，企业家的确需要休息了。忙碌的企业家很需要静下来的智慧，一个调整、调节自己身心的好方法。

企业家陈某，横跨几个行业经营，为了更好地发展，他需要高频率地"孝敬"至关重要的客户和渠道商，恪守并践行着行业内各种"潜规则"。陪酒陪唱时，他绝对不让客人觉察出他的厌恶，他必须让对方感觉彼此气味相投，"内心将对方恨得牙痒痒，但表面上却伪装得比客人还投入、更积极"。

作为温州人，他被家乡几乎人人经商的大环境推着，随波逐流，奢谈个人选择。创业的钱，都是亲戚朋友凑起来的，"他们对你投注重望，你必须对他们负责。代价就是承受有违自己喜好的事，咽下无数疼痛。假若无法承受，你便是个'逃跑主义者'"。

巨大的压力，让他渴望休息，能够找一个清静之地放松一下自己。佛门修行就成了他很好的一个选择。

苹果公司创始人之一乔布斯也是佛教徒，他是从瑜伽开始，逐渐了解了禅和禅定，进而了解并接触了佛教，并实践了禅定修习，改善了自己高速旋转的身心状态，尤其得知自己患病后，禅定使得乔布斯进入了最佳身心平衡的修养境界，通过心理调节，改善了生理状态，提升了体能中专一精进的创新维度。

佛教禅的理念不仅让乔布斯拥有精神支撑，更让乔布斯拥有了简洁的人生目标与审美趣味，所有的苹果产品设计都体现出东方佛教中禅的简洁流畅之美。

在繁忙的工作之余，静静参禅，成为企业家之中流行的调养方式。宗教信仰中一些修行的做法，像打坐、读书、记录心得，都利于企业家保持良好心态、修养身心。

禅定现在成为很多企业家休息调整的方法，禅定有许多技巧和方法，不少书籍、磁带、CD以及网站对此都有介绍。一位企业家就说：一旦开始练习禅定，你所达到的水平以及运用各种技巧的能力将随着你的体会的不断加深而逐渐提高，禅定的效果有点儿像打盹，打盹过后，人会陡然精神，对于休息时间少、连续工作高强度的企业家来说，效果尤其明显。

有企业家就说：佛法能帮助我们调整心态，让我们的心得以放松，从而以放松、从容而又健康的精神面貌面对各种机遇，迎接各种挑战。

在今天这个瞬息万变的时代，因为缺乏心理素质而一败涂地者，早已不在少数。所以，越来越多的人开始认识到，良好的心理素质，和才能、技术、资金、机遇一样，也是成功不可或缺的重要条件。目前，国内的教界、学界也开始举办面向企业家的禅修班、人文班，使他们通过这种全新的充电方式，全面加强人文素养和心理素质。在充实自己的同时，从容应对外境，在变化的市场上立于不败之地。

毋庸置疑，中国需要某种东西来舒缓企业家们承受的压力，让他们在繁重的工作之余得以休息，佛教无疑比苯二氮平类药物（常作镇静催眠药使用）要好。

（4）寻找精神力量

做企业的人，在某个阶段，或多或少会遇见瓶颈，遭遇困难，有些企业家无法从现实中得到支持，转而求助佛。

在"盛产"富人的苏浙沪一带，越来越多的老板、企业家们，纷纷遁入寺庙，或"短期出家"，或热衷于当义工，给和尚师父们打打下手、化化缘。他们很多人的目的就是为了寻找力量，蛰伏之后，飞得更高。

江森自控中国区总裁曾一度只埋首于工作，"我害怕失去这一切，我输不起。"充满压力和焦虑的他，在信基督教以后，学会放慢节奏，戒掉酒瘾，常常陪伴家人。他笑称，"我想我周末不看E-mail，这个世界也不会改变"。

摩托罗拉中国区总裁时大锟则用家庭、信仰、公司、乐趣和未来五个词代表他的生活。"五个一定要平衡。我常问自己一个问题，我是为了生活而工作还是为了工作而生活。"

博雅公关公司北京总经理大卫·沃尔夫，一个自律的犹太教徒，这样说道，"每个人都必须平衡工作和生活。信仰无疑是个很大的帮助。我能接受每周工作50~60个小时，但每礼拜必须有一天让我和神，和我的家庭在一起。"

传奇企业家史玉柱每当事业陷入困境，就会进西藏和喇嘛聊天。他认为，"一个人能对自己命运能把握的时候，最不信佛，不如数学家，物理学家；当一个人对自己命运无法把握的时候，特别容易相信，不如出海的渔民。"

越来越多的企业家通过参禅悟道获取企业发展的力量，他们认为，宗教里沉淀着几千年人类智慧的结晶，包含着一些普适性的哲理和特定的伦理准则。像因果报应、众生平等哲理，往往也是企业经营和发展所不可或缺的。而对博爱和诚信互助等道德品质的强调，也契合了现代企业管理的需要，有利于企业文化的建设。

罗曼·罗兰说："因不堪承受世俗压迫而想遁入空门以求逃避的人，事实上就是弱者。"不知道，这些企业家，是弱者还是强者？

第三节
中国梦，我的梦

在认真总结非公有制经济人士理想信念教育实践活动成功经验和规律性认识的基础上，把以引导非公有制经济人士对中国特色社会主义的信念、对党和政府的信任、对企业发展的信心和对社会的信誉为主要内容的理想信念教育实践活动，作为在非公有制经济领域开展中国特色社会主义学习实践活动的重要方式，继续广泛深入开展下去。

没有理想信念，精神上就会缺钙，就会有"软骨病"。我们是改革开放政策的受益者、中国特色社会主义事业的建设者，社会主义核心价值观就是我们的精神信念。

——王钦敏

1. 美国有美国梦，中国有中国梦

马丁·路德·金《我有一个梦想》的发言响彻历史，在岁月长河里激荡。

今天，我有一个梦想。

我梦想有一天，幽谷上升，高山下降；坎坷曲折之路成坦途，圣光披露，满照人间。

这就是我们的希望。我怀着这种信念回到南方。有了这个信念，我们将能从绝望之岭劈出一块希望之石。有了这个信念，我们将能把这个国家刺耳的争吵声，改变成为一支洋溢手足之情的优美交响曲。

有了这个信念，我们将能一起工作，一起祈祷，一起斗争，一起坐牢，一起维护自由；因为我们知道，终有一天，我们是会自由的。

这就是美国梦。美国梦意味着什么？从狭义的角度来理解，在美国，人们相信，只要经过不懈努力和奋斗，个人便能获得更好生活，即人们必须通过自己的勤奋工作、勇气、创意和决心实现自身的价值，而非依赖于特定的社会阶级或他人的援助，这就是美国梦。可以说，美国梦已经成为一个被众多美国人普遍信仰的信念，是美国文化精神的缩影。

"美国梦"在美国的发展历程中已经成为了价值观的载体。传播"美国梦"的过程，就是美国构建文化软实力的过程。中国科学技术大学王光

微链接

　　1931年5月，正当经济大萧条时期，亚当斯在《美国史诗》一书中第一次提出"美国梦"，提出"让我们所有阶层的公民过上更好、更富裕和更幸福的生活的美国梦，这是我们迄今为止为世界的思想和福利作出的最伟大的贡献"。从此，"美国梦"流行开来，成为美国人的共同信念。

　　"美国梦"成为流行词，不仅激励了一代又一代美国年轻人，也激励了一批又一批移民美国的新美国人不断奋斗，为实现个人的理想与价值付出汗水和智慧。"二战"以后，随着美国成为世界超级大国，"美国梦"的外延不断扩大，世界上许多国家竞相效仿。

照教授深入剖析了美国构建文化软实力的路径。

1938年，美国国务院美洲司的理查德·帕蒂曾经说："政治渗透带有强制接受的烙印，经济渗透被谴责为自私和强制，只有文化合作才意味着思想交流和无拘无束。"从那时起，美国政府就把文化作为谋求经济、政治权力的一种特殊政策工具。大力开展对外文化教育交流活动，是传播"美国梦"的重要途径之一。

始于1964年的"富布赖特项目"，通过派遣美国专家出国讲学和资助外国学者赴美研修，造就了一大批致力于加强国家间相互了解的领导人和舆论制造者，被视为是对美国国家长远利益投资的范例。

较之政府发挥的直接刚性作用，非政府组织、非营利性组织、跨国公司等因其间接的柔性作用，看上去更具有客观中立性，更易为国际社会所接受，也更易获得他国公众的信任。

美国拥有数量众多的以麦当劳、微软、美国文化交流协会、卡特基金会等为代表的非政府组织、非营利性组织、跨国公司，在其文化软实力建设中体现出了社会能量。以强大的文化产业为依托，不断对外输出文化产品和价值理念，始终贯穿美国的文化发展战略。

美国原本是一个文化资源相对匮乏的国家，但时至今日，美国已发展成为全球文化产业最为发达的国家之一，其文化产业占GDP的比重超过25%，仅次于居于首位的军事工业。

好莱坞影视作为美国向世界打开的一扇大众窗，始终是美国外交政策中的一个有力工具，被称为"不是宣传部的宣传部"。

好莱坞电影只占据世界电影生产总量的6%~7%，却占世界电影总放映时间的一半以上。好莱坞凭借娱乐业的身份背景，减弱了不同种族、阶层、信仰、价值观的人群对其所持的抵触和猜忌，以铺天盖地的架势和胸有成竹的自信向全世界渗透美国主流价值观、大众文化和生活方式，成为"美国梦"的重要传播载体。

不可否认，"美国梦"对美国的起到了巨大的作用，它成为了一个信仰、一个坚持、一个奋斗目标。

2012年底，奥巴马的胜选感言是《为了永远的美国梦》。2012年11月29日，习近平在参观《复兴之路》》展览时也强调，要实现"中华民族伟大复兴中国梦"。很显然，两个国家领导人提出的国家梦，都在本国国民中产生共鸣。

正如庄建中所说："尽管中国梦和美国梦有诸多不同，但在全球化的今天，世界各国之间是一种激烈竞争而又相互依存的关系。……中国梦和美国梦应该比翼双飞，而非对抗冲突。"

一个国家的强盛必须依靠全民族的集体信念，西方国家人民有信念，美国国民的信念是实现美国梦，那么中国的强盛也需要信念，这个信念就是实现中国梦。

2. 中国梦是一个什么样的梦

习近平同志在十二届全国人大一次会议上的讲话中系统阐述了中国梦思想，在出访俄罗斯、非洲国家和出席博鳌亚洲论坛等讲话中又进一步作了论述。现在，不但中国，而且全世界都在关注中国梦这个词，希望从中国梦中获益。正如习近平同志所说，我们要实现的中国梦，不仅造福中国人民，而且造福世界各国人民。

中国梦，反映了中国人民包括海外同胞、全世界华人的共同心声、共同愿景、共同意志，是凝聚全党和全国人民的最大共识，极大地激发了中国人民发展国家、振兴民族的热情。

习近平定义"中国梦"——实现伟大复兴就是中华民族近代以来最伟大梦想，而且满怀信心地表示这个梦想"一定能实现"。

中共中央党校原副校长李君如认为，全面建成小康社会是21世纪头20年的"中国梦"。这是实现21世纪头50年"中国梦"和后百年"中国梦"

的最重要的一个发展阶段。

中共中央党校教授吴忠民分析说，习近平主席描述的中国梦，是通过努力可以实现的梦想。"中国作为一个有着几千年历史的文明古国，曾在近代遭受百年屈辱。新中国经过60多年的发展建设，特别是30多年的改革开放，强国富民、民族复兴的梦想，从来没有像现在这样近距离地展现在我们面前。"

习近平在莫斯科国际关系学院演讲时指出，"中国梦"是要实现中华民族伟大复兴，是近代以来中国人民最伟大的梦想，我们称之为"中国梦"，基本内涵是实现国家富强、民族振兴、人民幸福。

习近平在博鳌亚洲论坛2013年年会上发表主旨演讲，提出我们的奋斗目标是，到2020年国内生产总值和城乡居民人均收入在2010年的基础上翻一番，全面建成小康社会；到本世纪中叶建成富强民主文明和谐的社会主义现代化国家，实现中华民族伟大复兴的中国梦。

习近平还强调，中国梦是民族的梦，也是每个中国人的梦。他说：

"生活在我们伟大祖国和伟大时代的中国人民，共同享有人生出彩的机会，共同享有梦想成真的机会，共同享有同祖国和时代一起成长与进步的机会。"

"每个人都有理想和追求，都有自己的梦想。现在，大家都在讨论中国梦，我以为，实现中华民族伟大复兴，就是中华民族近代以来最伟大的梦想。国家好，民族好，大家才会好。"

中国梦是每一个人的梦，大家都有权利对自己的梦想进行规划和描述。很多企业家就表达了自己对中国梦的理解。

阿里巴巴总裁马云就表示，所谓中国梦不是把全中国统一为一个梦，因为13亿人不同梦想才会有今天、明天。马云称，大企业要有小作为、小企业要有大梦想，我们每个人都要去想想自己有了一些想法后，怎么把它变成现实，怎么把它变成一个真正的不是一个空想的事。大企业的小作为往往是很多事情是一个瞬间的小动作影响了你这个企业未来发展的决定，影响了整个企业甚至社会变革。

神州数码控股有限公司董事局主席郭为认为，如今在互联网时代，人与人之间关系越来越透明的大背景下，要通过技术创新来推动社会变革。关于梦想，他认为人们更需要的是人文精神和科学素养的结合。

郭为已经不止一次地在不同场合强调了技术创新的重要性。他曾经说过，"中国梦就是要靠创新。"因为投资是不可持续的，特别是外来的投资是不可持续的。依赖出口是不可持续的，只有通过不断的创新，改变我们的经济质量，不断的提升我们的经济含量，可能才能够真正扩大内需。产业的升级，就是要如何推动整个民族的创新意识和创新能力，才是中华民族"中国梦"的出路。

"中国梦的根还在中国，离开了中国的发展，中国人在世界各地难以立足。"郭为说。

大连万达集团董事长王健林谈到中国梦时说，"我的梦想就是通过自己的努力和奋斗，在世界上，为中国企业、中国民营企业争光。中国梦则一定是在一段时间内能着实变成现实的梦。万达的中国梦则包括三个方面：做成世界一流的民族企业品牌；成为世界一流的跨国企业；做成世界一流的文化企业。"

地产业企业家茅永红认为，居民买得放心、住得安心、过得舒心则是他的"中国梦"。"我宁可少出房10%，也要将房屋设计成南北朝向，通风采光，让居民少开空调少开灯。"茅永红说。中国梦将企业的经济属

微链接

改革开放之后成长起来的第一代民营企业家尹明善，这样理解中国梦："改革开放发展了中国经济，改善了人民生活。洋货充斥的时代已一去不返。中国已有120多种产品产量世界第一。尽管中国产品、技术目前在全球还处于中低端，但坚信要不了多久，中国将步入世界先进国家之林。这个梦想一定能实现。"

性和社会属性有机地结合在一起，企业家应该将经济和社会协调发展的重担挑在肩膀上。

中国梦，我的梦。落实到企业家的具体工作，就是要求每个企业家都怀揣中国梦，在自己的岗位上发光发热，敬业奉献，完成自己的本职工作，无论境遇如何，都坚守道德底线。

3. 中国梦也是企业梦

2013年3月，习近平总书记在全国人大代表会议闭幕会上发表重要讲话，呼吁13亿中国人实现国家强盛和繁荣的中国梦，指出中国梦是民族的梦，也是每个中国人的梦。我们从习总书记的讲话中，能感受到要实现中国梦需要中华儿女万众一心、团结奋斗的组织呼唤，每个人都应成为实现中国梦的参与者，汇聚起推动社会发展进步的强大正能量。

然而，一个现实的问题放在我们面前，要实现中国梦离不开强大的经济发展，而强大的经济发展又是以企业作为基础的。为了更好的发展，我们要求企业家，尤其是民营企业家，要自觉把人生梦、企业梦、中国梦结合起来，与党同心、同向、同行，积极参与社会光彩事业和感恩行动，陶冶个人情操、促进企业发展、为共同编织美丽的中国梦增光添彩。

所以，中国梦和企业梦紧紧相连。

我国正进行全面深化改革，将不断释放改革红利，为企业发展带来了重大战略机遇，企业家应肩负责任感，做强企业，支撑起中国强大的经济，实现强国梦想，担负起中华民族伟大复兴的重任。

中国梦是每一位个体中国梦的汇聚，在时代背景下成长为企业家、助推经济社会发展的过程，就是一个追逐梦想、实现梦想的过程。企业家的中国梦，是伟大中国梦不可缺少的一部分。企业家的健康精神，是实现企业梦想的根本保证，也是企业健康力量不可缺少的精神内核。

中国梦是每一个中国人的梦，同样也是每个企业的梦。我们知道，只有所有人信任社会主义，走中国特色社会主义道路，才能实现中华民族伟大复兴的中国梦。企业梦作为中国梦的题中之意。只有中国梦实现了，企业梦才能实现。

中国梦是人民梦也是企业梦。现在是放飞梦想的时代。

（1）这里是做梦的沃土

有些企业家移民了，但更多的企业家选择留在国内。移民的企业家，国籍变了，但很多人依旧在国内做生意，究其原因，因为除了中国，全世界已经很难找到利润率超过15%的地方。

可以说，中国是个创业的沃土，在这里成就了一大批企业家的创业梦，马云就是企业梦的代表。他从草根成为中国首富，最好地诠释了企业梦实现的可能性。

2014年9月，阿里巴巴集团成功登陆纽交所，并且开盘报以92.7美元，较68美元发行价上涨36.3%，阿里巴巴集团市值达到2383.32亿美元。至此，阿里巴巴执行主席马云的身价也达到212.12亿美元，超过王健林和马化腾，成为中国新首富。

上市当天，马云在纽交所换上了正面写有"梦想还是要有的"、反面写有"万一实现了呢"的文化衫，阿里巴巴成为美股最大IPO。根据阿里巴巴提交给美国证券交易委员会的文件显示，1999年创立以来，阿里巴巴已经以股票期权和其他股权奖励的形式，向现任和前任员工总计发放了26.7%股份。根据开盘价计算，阿里巴巴员工将分享约636.35亿美元的巨额财富。阿里巴巴目前总共约有1万多人拥有股权，以此计算，平均每位员工的身家达到约600万美元，折合约3700万元人民币。

除了马云的阿里巴巴，近年来，中国还有很多民营企业挤入世界500强。2013年，我国共有95家企业上榜2013年《财富》世界500强。单就内地民企而言，内地共有7家民企上榜，新上榜2家。虽然与队伍浩荡的国企相比，上榜的内地民企数量仍偏少，但整体排名的重心正在前移；为首的中国平安排名181名，首次实现了进入前200名的突破。

这些现象表明，中国民营企业的发展环境还是很好的。企业要实现创业的梦想，除了自身的努力外，还有两个重要的条件，一是社会政治、经济制度改革给企业提供创业的机遇，二是社会文化氛围的营造。如果没有改革开放，民营企业就不可能得到发展壮大。

今年，全球经济仍存在不确定性，但亚洲经济或将迎来全面复苏，欧美经济有望回暖，中国将继续引领新兴市场发展，GDP可望较长期维持在7.5%左右的中高速增长。中国宏观经济增速继续回升，城镇化投资渐热，其间蕴藏的巨大商机备受关注。

为了给民营企业发展创造更好的环境，在全球产业技术革命不断深化、金融危机雾霾尚未消弭的大背景下，我国采取了很多措施，已经取消或下放416项行政审批事项，占本届政府承诺的70%以上，2014年还将再取消和下放200项以上。在这些举措下，国内的创业环境表现出很好的趋势，例如中关村创业活动就保持逆势增长。仅2013年，中关村就有超过6000家创新企业在这里生根发芽。在国家"转方式、调结构"的新时期，中关村进一步以高技术创业带动自主创新和内生增长，以体制机制创新加速全球创业资源在中关村的集聚与融合，不断提升服务与发展环境，让追求梦想的人们可以在这片创业的沃土上筑梦踏实。从并购IBM个人电脑业务的联想，到创造纳斯达克中国神话的百度，再到成立三年市值就达百亿美元的小米，这些有着传奇式辉煌的企业，都成长在中关村。随着创业环境的改善，中关村新创办的科技企业逐年增加，2010年3600多家，2011年4200多家，2012年增加到4800多家，2013年增加到6000家。可以说，创业是中关村不朽的灵魂。

2014年3月实施企业注册资本认缴登记制度后，新登记注册市场主体呈现井喷之势，据国家工商总局发布数据显示，2014年前三季度，全国新登记注册市场主体920.24万户，注册资本（金）14.67万亿元，同比分别增长13.12%、88.35%。其中，新登记注册企业264.8万户，注册资本（金）13.42万亿元，同比分别增长52.44%、99.76%。据统计，全国市场主体快速增长，特别是3月1日注册资本登记制度改革实施以来，激发了市场活力，平均每天新注册企业超过1万户。我国迎来了全民创业的新高潮。

（2）这里有做梦的舞台

中国梦的实现需要全国人民的共同努力，在这其中会有巨大的空间需要我们推动进步。中国梦的广阔舞台将为企业梦提供蓬勃生机的空间。

为实现中国梦，中国正在进行全面深化改革，释放制度红利，为民营企业家的发展提供了宽广舞台。

改革始终是推动我国民营经济健康发展的根本动力。改革开放以来，民营经济不断发展壮大，已成为改革开放的一个重要标志、中国特色社会主义的重要特征、社会主义现代化建设事业的重要推动力量。

近年，中央出台了一系列深化改革的政策措施，加快了行政管理体制、财税体制、投融资体制、资源价格等重点改革，出台了扶持小微企业发展和光伏产业发展、促进贸易便利化等促进实体经济发展的措施，还将有序推进城镇化和积极发展服务业等方面的改革。这一系列改革措施，就是要转变经济发展方式、调整经济结构、释放改革红利、提高要素配置效率，就是要减少不必要的行政干预，处理好政府和市场的关系，发挥市场配置资源的基础性作用和更好发挥政府的作用，不断增强市场活力和经济发展的内生动力，促进经济实现持续健康发展，打造中国经济升级版。党的改革开放政策催生了民营经济的不断发展壮大，新一轮的市场化改革举措必将为民营经济发展提供重要机遇和广阔舞台。

党中央强调，要大力推进以企业为主体的创新体系建设，推动创新驱动发展，为企业加快转型升级和国家加快转变发展方式指明了方向。广大民营企业要抓住时机，不断加大研发投入力度，努力掌握关键核心技术和自主知识产权，在对传统产业改造提升的同时，加快培育以创新驱动为核心的新优势。要通过技术创新带动产品创新、品牌创新和生产经营模式创新，努力将价值链向研发、标准制定、销售服务和品牌建设拓展；在风险可控的前提下，积极进入新兴产业和新兴业态，不断提升产业档次和水平；有实力、有条件的企业应积极"走出去"参与对外投资、并购等国际化经营，努力在国际市场获取技术、人才、知识产权、渠道、资源等要素，逐步实现研发、生产、销售的全球化布局。要千方百计提高经营管理团队素质，帮助他们树立世界眼光，加强战略思维，掌握现代经营管理知识。还要积极培育内涵丰富、特色突出、员工认同的先进企业文化，努力为企业可持续发展提供动力保障。中国梦向全世界展示，党和国家领导人向全世界展示我们的中国梦，带领民营企业家"走出去"，到世界各地投资兴业，为企业开拓了新的发展空间。

2013年中国经济增长对世界经济增长的贡献率超过30%，今后5年，中国进出口商品将超过10万亿美元，对外投资将超过5000亿美元。这些都表明民营企业发展有着巨大的发展空间。

（3）这里可以点燃中国梦

中国梦是每一个中国人的梦，所以，每一个企业梦的实现都能为中国梦的最终实现贡献力量。

在这里，每一个企业家都能通过自己的努力，点燃中国梦。只有企业梦实现了，每个企业把企业梦想融入到国家和民族的伟大梦之中，敢于有梦、用于追梦、勤于圆梦，就会汇聚成实现中国梦的强大力量。

建国初期，企业家们满怀热情建设祖国。大家认为中华民族之所以蒙受不尽的耻辱，皆因技不如人，实力不如人，只有自己强大了才能不被人欺负、别人才不敢欺负。要中华民族永世不受外侮，只有实业强国，因为有一大批企业家一直脚踏实地地走在实业强国的路上。实业兴国，实业报国，成为了这些企业家毕生的追求。

企业家们坚信实业能够兴邦，因为很多欧美国家的经验验证了这一点，德国就是实业强国最好的例子。德国之所以强盛，完全仰仗于其雄厚的实业。比如西门子、奔驰等公司，时至今日已历经上百年，大众、宝马等公司也享誉世界，正是这种代表德意志民族精神的百年品牌、实业品牌的支撑，才能使德国从两次世界大战的战败国、百废待兴的残桓断壁，发展至如今年年盘踞世界经济前五位的国家，成为欧洲经济的顶梁柱。德国正是以其做事严谨认真、注重质量标准的工业精神成就了德国精湛的制造业，造就了德国制造的品牌，尤其是专业的制造业和汽车品牌，同时也铸就了整个德意志民族的铮铮铁骨。时代瞬息万变，经济日新月异，但实业兴国仍是铁定如山的真理。

均瑶集团董事长王均金说："我们要用可持续发展的思考方式、价值体系约束自己，成为一个对社会有促进有价值的经济细胞，成为中国百年企业的探索者。有梦想，有机会，要奋斗，我们不懈奋斗，做勇于追梦的人，因为追梦才能够圆梦，才能够梦想成真。"

发展到了今天，中国经济和整体实力早已如日中天，但依旧有一大批企业家坚持为中国的强盛奋发向前。也许每个企业家内心深处都有英雄情结，都有为民族、为国家效力的理想，因为大家都知道，只有企业强了，中国梦才能圆。

第四节
中国梦，行动梦

> 一个有事业追求的人，可以把"梦"做得高些。虽然开始时是梦想，但只要不停地做，不轻易放弃，梦想能成真。
>
> ——虞有澄

民营企业家要加强对中国特色社会主义的信念，增强对坚持中国特色社会主义发展道路的政治认同，自觉把实现企业梦和个人梦融入中华民族伟大复兴的中国梦。

中国梦，既是目标，亦是动力。人们常说没有理想的人如同行漂流在海上的扁舟，随波逐流没有方向。没有梦想的国家也是如此当下，实现中华民族伟大复兴就已经成为了亿万国人共同的理想，如今以更加直观的方式总结出了全国人民的共同目标，也是更明确地指出我们的前进方向。

中国梦标示着我们前进的方向，也是鼓舞我们不懈努力达成梦想的动力之源。

中国梦，成为了一个行动梦。

1. 成功之路无法复制，走自己的路

毛泽东在其《被敌人反对是好事而不是坏事》一文中写道，其实这个世界上每一个国家每一个民族都有权利选择自己的道路，无须别人来指点，中国人从来不比任何国家的人笨，我们需要探索自己路。

经过长期摸索总结，中国逐渐走上了一条具有中国特色的社会主义道路和制度。它能够适应我国国情，也照顾到不同群体的利益诉求。中国特色社会主义制度有的并不符合某些人眼中的所谓西方现行的"国际惯例"，但能解决我们自己的问题。这足以成为我们坚持它的理由。

我们现在坚持走的中国特色社会主义道路，是一条我们自己闯出来的路，它已经被无数次的证明其正确性，所以我们要有道路自信。加纳前总统罗林斯说过，"西方人总是给你规定一个模式，只能照搬；但你们的邓小平说，千万不要照搬我们的模式，而是要实事求是。有几千年文明史的国家才能讲出这样的话，这是一种西方永远不及的智慧。"在人类历史上，没有一个民族、没有一个国家可以通过依赖外部力量、跟在他人后面亦步亦趋实现强大和振兴。近代历史也告诉我们同样道理，全部照搬照抄欧美国家制度的某些亚洲、拉美国家，鲜有成功的案例。照搬照抄的结果，要么遭遇失败，要么成为他人的附庸和傀儡。

习近平同志指出，实现中国梦必须走中国道路，这就是中国特色社会主义道路。

我国社会主义制度确立以后，社会生产力得到了前所未有的快速发展，这一点无论在新中国成立后还是改革开放以来都得到了证明。中国革命、建设和改革的伟大历程，充分显示了马克思主义及其中国化理论的正确性和强大威力，其指导地位任何时候都不能动摇。社会主义道路也在一代一代中国领导人的带领下，逐渐完善、逐渐开阔。

以毛泽东为核心的党的第一代中央领导集体带领全党全国各族人民完

成了新民主主义革命，进行了社会主义改造，确立了社会主义基本制度，成功实现了中国历史上最深刻最伟大的社会变革，为当代中国一切发展进步奠定了根本政治前提和制度基础。

以邓小平为核心的党的第二代中央领导集体作出把党和国家工作中心转移到经济建设上来、实行改革开放的历史性决策，深刻揭示社会主义本质，确立社会主义初级阶段基本路线，明确提出走自己的路、建设中国特色社会主义，科学回答了建设中国特色社会主义的一系列基本问题，成功开创了中国特色社会主义。

以江泽民为核心的党的第三代中央领导集体依据新的实践确立了党的基本纲领、基本经验，确立了社会主义市场经济体制的改革目标和基本框架，确立了社会主义初级阶段的基本经济制度和分配制度，开创全面改革开放新局面，推进党的建设新的伟大工程，成功把中国特色社会主义推向21世纪。

新世纪新阶段，党中央抓住重要战略机遇期，在全面建设小康社会进程中推进实践创新、理论创新、制度创新，强调坚持以人为本、全面协调可持续发展，提出构建社会主义和谐社会、加快生态文明建设，形成中国特色社会主义事业总体布局，着力保障和改善民生，促进社会公平正义，推动建设和谐世界，推进党的执政能力建设和先进性建设，成功在新的历史起点上坚持和发展了中国特色社会主义。

胡锦涛同志在2012年指出，中国特色社会主义道路，就是在中国共产党领导下，立足基本国情，以经济建设为中心，坚持四项基本原则，坚持改革开放，解放和发展社会生产力，建设社会主义市场经济、社会主义民主政治、社会主义先进文化、社会主义和谐社会、社会主义生态文明，促进人的全面发展，逐步实现全体人民共同富裕，建设富强民主文明和谐的社会主义现代化国家。

习近平总书记在2014年提出，我们走自己的路，具有无比广阔的舞台，具有无比深厚的历史底蕴，具有无比强大的前进定力。中国人民应该有这个信心，每一个中国人都应该有这个信心。我们要虚心学习借鉴人类社会创造的一切文明成果，但我们不能数典忘祖，不能照抄照搬别国的发展模式，也绝不会接受任何外国颐指气使的说教。

中国道路最适合中国，这是被实践检验过的真理。很多地方盲目照搬西方民主，造成东欧、西亚、北非、中东、东南亚"颜色革命""街头政治"此起彼伏，社会动荡不断，政党之争、利益之争、政权之变给经济社会发展和人民的生产生活造成极大损害。这说明，世界上没有哪一个模式能走遍天下，没有哪一副药方能包治百病。

总之，中国特色社会主义理论的形成和发展，大大推动了我国社会主义事业；而我国社会主义事业的具体实践，又总是会凝结出新的思想成果，进一步丰富和完善中国特色社会主义理论。这是马克思主义实践观在当代的历史验证，也是我国取得巨大历史成就最重要的经验所在。

张小平在《企业家来信》中说："我们的信念决定了我们所走的路。"

中国梦是全国各族人民的共同理想，也是企业家们应该牢固树立的远大理想。中国特色社会主义是我们党带领人民历经千辛万苦找到的实现中国梦的正确道路，也是广大企业家应该牢固确立的人生信念。

2. 弘扬中华民族精神

国家，是民族的根本。民族，是国家的精神。每一个民族都有它独特的民族精神，在独特的民族精神下的国家，才算是完整的国家精神。民族精神是民族的血脉，是民族赖以生存和发展的精神支柱。

在当代中国，我们需要弘扬和培育的民族精神，既有中华民族几千年形成发展起来的优秀传统文化和美德，又有在中国共产党领导中国人民进行革命、建设和改革进程中形成的崇高的理想和信念、优良的传统和作风；既有与世界其他民族共同的东西，又有与自己国情和历史相联系的特殊的东西。"以爱国主义为核心的团结统一、爱好和平、勤劳勇敢、自强不息的伟大民族精神"，支撑着中华民族五千年来的生存和发展，维系着我们国家多民族的团结和统一，奠定了绝大多数人民群众的道德基础和价值体系，是数千年文化积淀留给我们的宝贵精神财富。

作为中华儿女，我们需要积极弘扬以爱国主义为核心的民族精神。中国梦是中华民族的梦，要圆中国梦，只能靠中华儿女，靠我们自己。中国几千年来，一直是全世界最强大的，只是最近一百多年落后了，但是中华的民主魂依然在，我们可以重新来过。

民营企业家作为一群爱国志士，要弘扬民族精神，就要以产品、以企业文化占领世界制高点。

企业家要将事业做强做久，就要发扬勤劳勇敢的民族精神。勤劳是一切事业成功的基本前提，是一切民族兴旺发达的重要保证。中国人民历来以勤劳为立身立国之本，强调"民生在勤，勤则不匮"，倡导"克勤为邦""业广推勤"。在中国，同勤劳紧密联系着的勇敢，是和智慧、仁义并列的三大美德之一，成为中华民族精神的鲜明特征。为了真理而不惧权势，不畏强暴，不怕孤立，不顾利害，不计生死，才称得上大勇、真勇。这就是所谓的"率义之谓勇""见义不为，无勇也"。正是由于对于勤劳勇敢有独到的理解并身体力行，所以中国人民能够在人类历史发展的进程中创造出辉煌的物质文明和精神文明，为世界文明做出杰出的贡献。

此外，企业家还要发扬自强不息的民族精神。自强不息是中华民族精神的精华，自古以来就受到广大有识之士的重视和倡导。自强不息表现为自尊自信的品德，不卑不亢的人格；表现为坚忍不拔、奋发图强，在困难和挫折面前不悲观，不丧气，勇于开拓，积极进取；表现为志存高远，不安于小成，不诱于小利，为着远大的理想和目标执著追求等。自强不息的精神是中华民族精神的脊梁，是我们国家和民族屹立于世界民族之林的精神动力。

吴玉章说："不辞艰险出夔门，救国图强一片心；莫谓东方皆落后，亚洲崛起有黄人。"

只有企业家积极弘扬中华民族精神，才能在日趋激烈的市场竞争中保持旺盛的增长意志，才能为中国梦的实现贡献自己的力量。

3. 积极创新

改革开放以来，在深化改革、扩大开放的历史进程中，在我们党的正确领导下，我国人民锐意进取、敢为人先的创新精神不断迸发；与市场经济相适应的自主、平等、竞争、效率观念不断增强；扶贫济弱、公平共享，着眼于人的全面发展的人文精神得到普遍推崇；民主、科学、法治的理念成为广泛共识，从而形成了以改革创新为核心的时代精神。

时代精神是一个社会在最新的创造性实践中激发出来的，反映社会进步的发展方向、引领时代进步潮流、为社会成员普遍认同和接受的思想观念、价值取向、道德规范和行为方式，是一个社会最新的精神气质、精神风貌和社会时尚的综合体现。

在时代精神这一有机整体中，改革创新居于核心地位。因为改革创新是时代的最强音，是中华民族繁荣发展的灵魂，是我们国家兴旺发达的不竭动力。所谓创新，就是解放思想、实事求是、与时俱进，社会的发展一刻不会停顿，改革创新也就永无终点，坚持创新、创新、再创新，才能实现跨越、跨越、大发展。正是依靠改革创新精神，我们创造了改革开放30年来举世瞩目的辉煌成就。以改革创新为核心的时代精神，在建设和谐社会的进程中，已深深熔铸在中华民族的生命力、创造力和凝聚力之中，成为社会主义核心价值体系的精髓之一。

当下我国企业创新水平低下，大量产品的生产都处于较低端的环节，仅仅完成简单的加工。例如iPhone手机每销售一台，苹果独占58.5%的利润，而中国相关从业者，只能分配到1.8%的利润。再例如而现在中国需要卖掉8亿件衬衫才能换来一架波音飞机。这些数据的对比充分证明了创新的作用，以及我国企业在这其中的劣势。

在2013年全国企业管理创新大会上，中国企业联合会会长王忠禹表示，当前中国企业最需要做好的是解决创新能力不足和生产成本上升问题，要从转变发展观念、创新商业模式、发挥技术创新主体作用、强化生态文明建设和深化内部改革五个方面着手提升企业发展质量和效益。

企业家精神的关键点事创新能力，一个企业如果没有创新能力，那就构不成一个企业家精神。企业家要大胆的去摸索，而不能只是亦步亦趋去跟别人走，所以创新变革的能力也是企业家精神里面非常重要的一点。

企业创新能力高低是一个国家和民族创新能力的晴雨表，它不仅关系着企业自身的生存和发展，也关系着一个国家和民族能否兴旺发达和长治久安。目前，中国企业的总体创新能力还较低，主要表现在缺乏创新人才、自主知识产权和核心技术上，由此不仅造成绝大部分外向型企业微利生产，而且也给整个国家和社会带来诸多问题，应该引起全社会的高度重视。

企业要有质的飞跃，就一定要创新，这样企业才能立足，国家也才能强大。为了完成创新，企业就要在某些领域寻求突破，勇于改革。

国内很多企业认识到了创新的作用，坚持创新，取得了一定的成绩，例如马云的阿里巴巴、雷军的小米。

马云的阿里巴巴可谓引领时代，改变中国。马云实现阿里巴巴网站上线，开辟电子商务（B2B）。2001年会员达100万个，成为全球第一。2003年打造C2C淘宝网。到2012年淘宝网和天猫交易额突破1万亿。2004年推出第三方支付平台——支付宝，掀起一场金融领域的革命。2013年进军互联网金融和智能物流，被称为对传统商业模式、金融模式、生活方式最大的颠覆。

雷军的小米公司公司成立于2010年，以火箭升空的速度，从中国智能手机市场的搅局者变成了新的领军者。小米从零起步，2013年营业收入高达316亿元，销售额增长150%，为中国最赚钱的手机企业，根据公司的计划，2015年销售额将达到1000亿元。小米的成功就在于，创造性地按照电脑的思维做手机，以互联网哲学创新安卓系统；针对草根群体，用超低价格做出了高品质产品，使小米手机真正成为性价比之王；还借助电子商务营销，不仅快捷、有效，而且把更多的中间环节利润让给消费者。

这些成功企业的案例告诉我们，创新作为一种时代精神，对于企业发展有着决定性作用。

黄汉清说："企业的成败在于能否创新，尤其是当前新旧体制转换阶段，在企业特殊困难时期，更需要有这种精神。"

在知识经济时代，创新是中国社会和企业的主题，是每一个企业扭亏为盈的契机，是每一个成功人士手中所必有的法宝。创新是从新思想、新概念开始，通过不断地解决各种问题，最终使一个有经济价值和社会价值的新项目得到实际的成功应用。

4. 中国梦，行动梦

一个国家，没有一点精神是立不起来的，更不能走在时代前列。正如习近平在讲话中强调的：我们中国必须再接再厉，一往无前，继续把中国特色社会主义事业推向前进，继续为实现中华民族伟大复兴推向前进，继续为实现中华民族伟大复兴的"中国梦"而努力奋斗。

空谈误国，实干兴邦。仅仅有呼喊、有政策、有意愿是不够的，中国梦和企业梦都是要干出来的，"喊破嗓子不如甩开膀子"。实干兴邦，务实之下"中国梦"必然梦想成真。如果"实干"二字植根于每个人心中，不难想象全国各族人民万众一心，为了共同目标而不懈奋斗的场景。我们

微链接

　　"空谈误国"一词，来自于"清谈误国"。该说法应该源自明朝末年顾炎武的总结。习近平同志十八大期间参加上海代表团讨论时纵论中国历史，也曾经提过到魏晋南北朝。魏晋时代，风流名士以清谈为风尚，被王羲之砭为"虚谈废务，浮文妨要，恐非当今所宜"，后人更是批评两晋亡于清谈，遂有顾炎武"清谈误国"之说。

　　"空谈误国，实干兴邦"这句话的由来，是邓小平同志。1992年1月18日，邓小平南方讲话，专列抵达汉口火车站时，湖北省委书记关广富陪邓小平在月台散步。邓小平当时有个谈话，他说，"空谈误国，实干兴邦，不要再进行所谓的争论了。"

　　也可大胆展望，在13亿国人的共同努力下，实现中华民族伟大复兴的"中国梦"并不是纸上蓝图。

　　"实干兴邦、中国梦"能得以迅速传播，因为它契合了民心思变、渴求改革的心声。这句话虽然并非创新，但却具有很强的现实意义。

　　吴敬琏早在2003年就警醒说，"不能因为有了好的口号，或者有了某个开局措施就自满自足起来，以为问题都解决了。"事后来看，这样的论断是非常有预见性的。

　　有的人谈起理想信念头头是道，高谈阔论，实际行动中却把理想、原则丢到一边，对中央精神合己意则执行，不合己意则变通，这样的理想信念是伪理想、伪信念。

　　扎实改进作风，就要把坚定理想信念贯穿于日常的具体工作中，在生活与工作的实践中砥砺意志品质，锤炼良好作风，在处理关系、推动工作的实践中筑起一道理想信念的坚固防线，以抵制各种利益诱惑和思想纷扰，做好实干兴邦。

　　领导人提倡实干兴邦，有两层基本含义：第一，有方向，就要认真去做，争论没有意义。第二，防止只会"空谈大义"，而不愿意解决任何具体问题。现在有些企业只知道"埋头苦干"，没有明确的方向，不知道企业的业务要多元化还是单一化、要传统还是现代、要商业还是要制造。

作为企业家，实现企业梦，就要从日常生活和工作开始，要扎实推进诚信建设、以优质服务树立企业形象、以热心公益反馈社会。

践行社会主义价值观，实现中国梦，企业家要坚持从"我"做起。实现中国梦的共同理想确定后，需要我们每个人来做、来执行。如果把我们美丽的国家比作是一台轰轰前行的机器，那我们每个人都是这个机器中的一个零件。要想国家这台大机器不偏不移地朝确定的目标前行，最终让"中国梦"成为现实，我们—国家机器中的每一个零件，都必须以"天下兴亡，是'我'的责任"之精神，不推萎、不懈怠，站好自己的岗，从我做起。

实现中国梦，要坚持从现在做起。美好的未来，源于真实的现在。

"等"、"靠"、"要"，实现不了中国梦，"明日复明日，明日何其多？吾生待明日，万事成蹉跎"。

"拖"、"推"、"怕"，实现不了中国梦，"寒号鸟"的惨叫至今仍是懒惰者的最好例证。

让梦想成真，必须以"时不待我、只争朝夕"精神和"精卫填海、愚公移山"的勇气，付出万般艰辛努力，把握住现实中的分分秒秒。

实现中国梦，要坚持从小事做起。小事不可小看，更不要怕做小事。"万丈高楼平地起"，再伟大的成功，都源于平凡小事的积累。大事败于小事的先例屡见不鲜。在为实现中国梦的奋斗过程中，我们一定不能眼高手低，更不能拈轻怕重，唯有用心做好每一件小事，做成每一件小事，才能使中国梦更美，才能让梦想成真。

歌德的《浮士德》有一句话："理论总是灰色的，生命之树常青！"

对于企业家来讲，没必要整天喊一些无关紧要的口号，认真从点滴做起，为中国梦奋勇实践才是关键。企业家为了实现中国梦和企业梦，可以从最基本的做起。

　　企业家要继续发扬"敢为天下先"的光荣传统和"说了就干，干则必成"的精气神，只要我们凝聚正能量，心往一处想，劲往一处使，认真落实企业长远规划和"路线图"，企业梦才能实现。

　　立好理想信念这个本，必须对照具体问题看具体表现。坚定理想信念不是空泛的，不能空对空，而必须通过在面对一个个具体问题时，所呈现出的态度和行为来体现。骨头硬不硬，得让事实说话，看具体行动。

信仰警言

◇ 理想信念是共产党人精神上的"钙"。

——习近平

◇ 凡事都要脚踏实地地去工作，不驰于空想，不骛于虚声，惟以求真的态度作踏实的工夫。以此态度求学，则真理可明，以此态度作事，则功业可就。

——李大钊

◇ 人，只要有一种信念，有所追求，什么艰苦都能忍受，什么环境也都能适应。

——丁玲

◇ 信念，你拿它没办法，但是没有它你什么也做不成。

——撒姆尔·巴特勒

◇ 喷泉的高度不会超过它的源头，一个人的事业也是这样，他的成就决不会超过自己的信念。

——林肯

◇ 最可怕的敌人，就是没有坚强的信念。

——罗曼·罗兰

◇ 如果一个人有足够的信念，他就能创造奇迹。

——温塞特

◇ 信念是鸟，它在黎明仍然黑暗之际，感觉到了光明，唱出了歌。

——泰戈尔

◇ 在荆棘道路上，惟有信念和忍耐能开辟出康庄大道。

——松下幸之助

◇ 伟大的作品不只是靠力量完成，更是靠坚定不移的信念。

——塞缪尔·约翰逊

——— 信仰警言 ———

◇ 每个人都有一定的理想，这种理想决定着他的努力和判断的方向。在这个意义上，我从来不把安逸和快乐看作是生活目的本身——这种伦理基础，我叫它猪栏式的理想。照亮我的道路，并且不断地给我新的勇气去愉快地正视生活的理想，是善、美和真。

——爱因斯坦

◇ 一个有信念者所开发出的力量，大于99个只有兴趣者。

——列夫·托尔斯泰

◇ 信念是储备品，行路人在破晓时，带着它登程，但愿他在日暮以前足够使用。

——柯罗连科

◇ 信念只有在积极的行动之中才能够生存，才能够得到加强和磨炼。

——苏霍姆林斯基

◇ 宁肯孑然而自豪地独守信念，也莫不辨是非地随波逐流。

——丘吉尔

◇ 一个能思想的人，才真是一个力量无边的人。

——巴尔扎克

◇ 智慧是做事用的，对于灵魂来说，靠的是信仰。

——高尔基

◇ 人有没有信念并非取决于铁链或任何其他外在压力。

——托·卡莱尔

◇ 这种信念是空的，只因生命在继续才盲目地产生信念。

——乔·桑塔亚那

◇ 对我协助最大的并不是朋友们实际协助，而是坚信得到协助的信念。

——伊壁鸠鲁

信仰警言

◇ 当我沉默的时候，我觉得充实；我将开口，同时感到空虚。现实是此岸，理想是彼岸，中间夹着湍急的河流，则行动却是架在河上的桥梁。梦想一旦被付诸行动，就会变得神圣。

——阿·安·普罗克特

◇ "我亲爱的人，我对你们如此无情，只因民族已到存亡之际，我辈只能奋不顾身，挽救于万一。我的肉体即将陨灭，灵魂却将与你们同在。敌人不会了解，老鬼、老枪不是个人，而是一种精神、一种信仰。"

——《风声》